人物叢書

新装版

加藤友三郎《かとうともさぶろう》

西尾林太郎

日本歴史学会編集

吉川弘文館

加藤友三郎肖像（大正 10 年）

加藤友三郎の書
「忠誠貫於金石　孝弟通於神明」
（加藤家蔵）

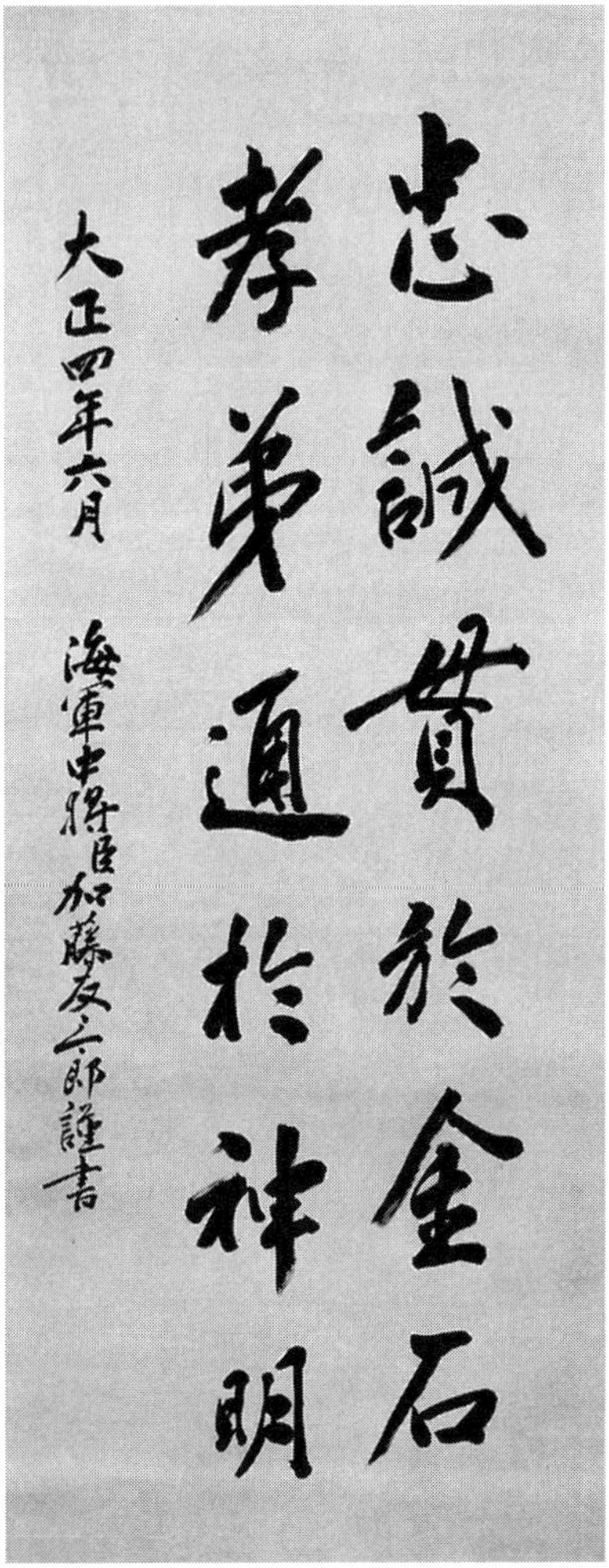
忠誠貫於金石
孝弟通於神明
大正四年六月
海軍中将臣加藤友三郎謹書

忠誠は金石を貫き　孝弟は神明に通ず
大正四年六月
海軍中将臣加藤友三郎謹書

はしがき

加藤友三郎《かとうともさぶろう》は、大正期の日本海軍を代表する海軍大将である。彼は明治期には、日露戦争の際、東郷平八郎《とうごうへいはちろう》のもとで連合艦隊参謀長、さらに海軍大臣（海相）斎藤実《さいとうまこと》のもとで次官をそれぞれ務めた。大正期には五代にわたる内閣の海軍大臣となった（五代目は首相と海相を兼務）。大正一〇年（一九二一）には、第一次世界大戦後の海軍軍縮の協議を主な目的としたワシントン会議の首席全権として、ワシントンに赴いた。帰国後、高橋是清《たかはしこれきよ》内閣の瓦解を受け、今度は自ら内閣総理大臣として海相を兼任しつつ、彼はワシントン会議で締結した諸条約の批准や陸・海軍の軍縮に尽力するとともに、諸外国から疑惑の目を向けられていたシベリア出兵の清算、すなわちシベリアからの撤兵を実現させ、内政面では普通選挙（普選）実現のため、大きな一歩を踏み出した。

　加藤は明治六年（一八七三）、生徒として草創間もない海軍に入った。海軍兵学校を卒業の後、多くの卒業生と同様に艦隊勤務と陸上勤務を交互に繰り返すなかで、海軍の大御所の山本《やまもと》権兵衛《ごんべえ》（鹿児島）に見出され、山本の庇護のもと海軍のエリート街道をまっしぐらに歩いた。特に、彼は明治三七、八年の日露戦争後、「薩の海軍」と言われる海軍にあって、緊張しつつある日米関係への対応を視野に入れた「八八艦隊《はちはちかんたい》」と称せられる海軍大拡張計画の策定と実施の中枢にあった。

しかし、この計画の実施は容易ではなかった。明治憲法体制の変容、すなわち権力の中心が薩長藩閥から政党勢力に移りつつあったためである。議会政治が定着し、大正政変（大正二年）、ジーメンス事件（大正三年）、米騒動（大正七年）など、民衆の動向が政権交代を引き起すようになった日露戦後から大正前半期の政治状況のなかで、政党勢力の協力なくしてもはや軍拡など不可能であった。加藤はこうしたなかで、藩閥勢力でなく政党勢力と連携しつつ海軍の拡張を実現していった。そしてまた、第一次世界大戦後の不況と国際的な軍縮ムードのなか、自ら作り上げてきた「大海軍」を、今度は自ら縮小することを決断し、実行したのである。

本書はこのような加藤の人生の航跡を辿るものである。今までに刊行された加藤の伝記は少なくなく、以下の五点である。①宮田光雄編刊『元帥加藤友三郎伝』（一九二八年）、②新井達夫『加藤友三郎』（時事通信社、一九五八年）、③豊田穣『蒼茫の海―提督加藤友三郎の生涯―』（プレジデント社、一九八三年、のち光人社NF文庫として再刊）、④田辺良平『わが国の軍備縮小に身命を捧げた加藤友三郎』（春秋社、二〇〇四年）、⑤工藤美知尋『海軍大将加藤友三郎と軍縮時代』（光人社NF文庫、二〇一一年）。

①は加藤友三郎内閣の内閣書記官長（今日の内閣官房長官）を務めた元貴族院書記官の宮田光雄（のち貴族院勅選議員、警視総監）が編著者となり、没後五周年となる昭和三年（一九二八）に刊行された。海軍の先輩である斎藤実（元海相、のち首相）が序文を寄せ、加藤家をはじめ関係者から提供された写真が多数収められ、関係者の追想も豊富である。②はジャーナリストによるもので、「三代宰相列伝」の一冊として刊行された。③は海軍兵学校出身の戦記作家による評伝、④は郷土史家による評伝である。加藤は広島市出身で、戦前には唯一の同県出身の首相であった。戦後、被爆地広島が注目される一方で、加藤の広島県における存在が希薄になることを憂えたことが、執筆の動機であった。⑤は外交史家によるもので、ワシントン会議を柱に明治・大正期の日本の外交と海軍の動向を軸に加藤を論ずる。この他、伝記ではないが、平松良太「第一次世界大戦と加藤友三郎の海軍改革―一九一五～一九二三―（一）～（三）」（京都大学法学会編『法学論叢』一六七巻六号、一六八巻四・六号、二〇一〇～一一年、所載）は、従来あまり注目されてこなかった海軍大臣時代の加藤の動きを、旧海軍

省所蔵資料など、今まで使われることが少なかった資料によって解明を試みた論考である。

平松の論考を除き、①〜⑤にほぼ共通するところは、日露戦争時における連合艦隊参謀長時代とワシントン会議首席全権時代に執筆の力点が置かれ、海軍大臣および首相時代についての記述は手薄であることである。ワシントン会議についても、主力艦保有比率問題が注目される一方、加藤が悩み、苦闘した「太平洋防備制限」問題への論及も不十分である。彼は、「薩の海軍」を大きく揺るがしたジーメンス事件（海軍高官への贈賄事件）や戦争のあり方を大きく変えた第一次世界大戦から何を学び、新たな知見や教訓をもとにどのような海軍を目指したのか。また、最晩年の首相時代、ワシントン体制の構築に向けて、彼はどのようなリーダシップを発揮したのか。このような今まであまり注目されてこなかった諸点に留意しつつ、彼の六二年にわたる生涯を本書で描きたい。

ところで、加藤家は戦災にあい、友三郎関係のほとんどの資料が灰燼に帰した。したがって、加藤に関するまとまった資料を求めることは困難である。ただ、斎藤実、山梨勝之《やまなしかつの》進《しん》（海軍省軍務局第一課長、のち海軍次官、学習院長）ら元上官や元部下が加藤に関する追想を少なからず残しているし、明治海軍の大御所・山本権兵衛の娘婿である財部彪《たからべたけし》（海軍大臣、のちロンドン海軍軍縮会議全権）の克明な日記には、加藤に関する情報も少なくない。本書はこれらの資料や斎藤実関係文書（国会図書館憲政資料室所蔵）、加藤海相秘書官らが遺した「書類等綴」（防衛省防衛研究所戦史研究センター史料室所蔵）などを基本資料として加藤友三郎の人物像を浮かび上がらせることとしたい。

なお、本書で引用した資料は、読みやすさを考え、一部を除きカタカナは平仮名とし、旧漢字は新漢字に改め、表記も現代仮名遣いを原則とした。資料の出典等はカッコ内に注記し、引用した資料における〔 〕は筆者による補足・注記である。また、帝国議会での発言などの引用は国会図書館作成「帝国議会会議録検索システム」によるが、日時と本会議など会議名を記すにとどめた。刊行されている、海軍次官・海軍大臣時代の『財部彪日記』と『原敬日記』の引用については、繁を避け日付の記載のみとした。

最後に、加藤家ご当主で加藤友三郎の玄孫にあたる健太郎氏には、友三郎揮毫の写真をご提供いただくとともに数々の有益なお話を伺った。また、広島での現地調査の折、加藤友三郎顕彰会の田辺良平・多山順一両氏に大層お世話になった。心より感謝申し上げる。

令和六年八月

西尾林太郎

目次

口絵

挿図

挿表

第一　誕生から海軍士官になるまで

一　生い立ち——父母と兄姉——

誕生

加藤友三郎《かとうともさぶろう》は文久元年（一八六一）二月二二日、加藤七郎兵衛・竹夫妻の三男として、今日の広島市大手町に生まれた。

父加藤七郎兵衛

加藤家は代々広島藩主浅野家に仕えた。同藩は総石高四三万石の中国地方の大藩であった。友三郎の父の加藤家第四代七郎兵衛は、文化八年（一八一一）に同三代百内の長男として生まれ、天保六年（一八三五）、父の後を継ぎ歩行《かち》組に属したが、特に学識に秀でていた。藩主は七郎兵衛を学問所（のち「修道館」）助教授に抜擢した。その後、教授頼聿庵《らいいつあん》（頼山陽の長子）の退任の後を受け、七郎兵衛は教授となり、藩主の子や藩士の子弟の教育にあたった。他方で、広島藩が京都警備のため送った一行に加わり、朝廷や諸藩との連絡・交渉にあたった。その後、彼は江戸に移り、文久三年八月五日、江戸藩邸で病気のため五三年の生涯を終えた。

母竹

母竹（明治18年）

友三郎の母の竹は文化一四（一八一七）年、広島藩士・山田愛蔵の次女として生まれ、七郎兵衛との間に三男三女をもうけた。彼女は武術の心得があり、胆力に勝れていたと言われるが、夫が京都や江戸で活躍するなか、広島の家庭を守っていた。夫と死別した時、四七歳であった。

友三郎は三男、六番目の末っ子であった。

兄と姉

父が亡くなった時、彼はまだ三歳であったが、家督を継いだ長兄・種之助が母とともに彼の養育にあたった。長女・静は広島藩士・辻淳之丞に嫁いだが、二九歳の時に夫と死別した。長命で友三郎死去の五ヵ月前の大正一二年（一九二三）三月、八四歳で亡くなった。次女・清および次男・敬次郎は夭折したが、三女・きほは広島藩士・岡島真作に嫁ぎ、明治二九年（一八九六）、四七歳で亡くなった。

兄種之助

種之助は弘化元年（一八四四）に生まれ、父から学問について手ほどきを受け、長じては父の薫陶を受けた山田養吉に学んだ。漢学と武術に秀で、人望もあった。文久三年、広島藩による京都警護の要員に選抜され上洛した。父の没後、彼は家督を相続し歩行組となったが、友人たちと「発機隊」を組織し、志と違うと見るや「神機隊」に転じた。神機隊は第二次長州征討において広島藩軍の一部として幕府軍の一角を担ったが、鳥羽伏見の戦いの後、広島藩は討幕側につき、種之助は小隊長として従軍、上野での彰義隊討伐戦への参加を皮切りに、以後福島、仙台に転戦した。会津落城後、神機隊は広島に凱旋し、彼は歩行組から中小姓組に転じ、同隊の副奉行となった。戊辰戦争での彼の功績が評価されたと言えよう。

明治二年となり、三月に実質的な東京遷都がなされ、五月に五稜郭の陥落による旧幕府軍の組織的抵抗が終了した。同年七月、薩長土肥四藩主導により版籍奉還《はんせきほうかん》が実施され、さらに二年後の明治四年七月には廃藩置県《はいはんちけん》が断行された。新政府による中央集権化が進行するなか、翌五年四月五日に兵部省が廃され、陸軍省と海軍省が新設された。同月一九日、中央軍として東京、大阪、東北、鎮西の四鎮台《ちんだい》が設置され、さらに各地にその分営が置かれていった。このように旧藩の軍事組織の解体が進められるなか、旧広島藩は藩兵の一部を中央軍に差し出した。この時、種之助は旧藩兵を率いて上京し、自らは陸軍中尉に任ぜられた。種之助、二八歳の時である。しかしその後、彼は少尉として海軍に転じた。その理由は定かではない。

幼少期の友三郎

ところで、幼少期すなわち広島時代の友三郎はどのようであったか。彼は藩校「修道館」に学ぶ一方、兄種之助や市井の漢学者として著名であった高木忠次郎が主宰する「高木塾」で漢学や儒学を学んだ（田辺良平『わが国の軍備縮小に身命を捧げた加藤友三郎』三四〜三五頁）。また、彼は腕白小僧で癇癪持ちであった。隣近所の遊び仲間から「ひいかち《癇癪持ち》の友公」と呼ばれた。後年、二〇歳年の離れた長姉の静はこの頃の彼について、「潔癖なきかぬ気の子で喧嘩早くて何時も私共へ弟の喧嘩の尻を持ちこまれ、末はどうなるかと案じておりました」（宮田光雄編『元帥加藤友三郎』二五五頁）と述べている。また、加藤の首相就任直後、広島在住の幼馴染の一男性は「戦争ごっこ」をよくしたと、次のように「友さん」こと友三郎の広島時代を回想する。

　私たちは幼い時から友さんの家の近所におりましてよく知っています。この頃この界隈は侍屋敷が沢山ありまして、子供の遊びは戦争ごっこでした。刀はもう持たぬ時代でしたが、友さんだけは赤鞘の長い刀を一本（腰に）打ち込んで、二言目にはそれを抜き放ち、広島弁で「打った斬るぞ」とおどしてお山の大将をきめこんでいました。その頃は鉛筆が珍重されていて、友さんはそれを種に、ワシントン会議の駆引よりもっと上手に私達子供をあやつって、相撲を取らせる、駆けっこをさせるなどして、とどのつまりただ一本の鉛筆をくれる位でした。子供をまとめる統率力は若い時から持ち合わせているようでした。今こそ友さんは蠟燭の燃え残りと言われておりますが、若い時はなかなか隅に置けぬ人でした。或る屋敷のお嬢さんが好きで仲がよかった。友さんが戦争ごっこに飽いて、例の長い赤鞘に左の手を掛けグット反身になって、そのお嬢さんの家の方へ往くのを私達子供連中が大勢ではやし立てるとムキになって、ギラリと長いやつを抜き放して私たちを遂っ払うというなかなか面白い場面もありました。（同前、九～一〇頁）

上京時の加藤（明治5年2月）
着物姿が加藤，右隣が長兄種之助，左右の２人は従者

幼馴染が言うように、晩年の友三郎は寡黙で痩せて目立たず、「蠟燭《ろうそく》の燃え残り」と揶揄された。しかし、幼少期は違ったようだ。幼馴染は加藤について、幼少の頃は腕白で統率力があり、そして、早熟で「隅に置けぬ人」であったと述べている。

さて明治五年二月、友三郎は兄種之助に従い上京した。二人で築地本願寺境内の寺に住み、英語、数学、漢文などを学習したと言われるが、上京直後の時期の兄弟の動向の詳細は不明である。近場で火事が出た時、兄は弟を傍に悠然と酒を飲み、居室に火が燃え移って避難した、というエピソードが伝わる（同前、一〇～一一頁）。ともあれ兄種之助が上京して間もなく海軍に転じたことが、弟友三郎の運命を変えることになった。

二　海軍兵学寮・兵学校・大学校時代

海軍兵学寮に入学

翌明治六年（一八七三）八月、加藤は海軍兵学寮の入学試験を受けて合格、同年一〇月に同校予科に入学した。入学者は基礎教育のための予科を修了した後、本科に進むことになる。この年の予科入学者は五五名。翌年は六八名で、そのなかには、のちに彼のライバルとなる島村速雄《しまむらはやお》（高知出身）がいた。なお、明治七年一〇月には、やがて海軍のリーダーとなる山本権兵衛《やまもとごんべえ》や日高壮之丞《ひだかそうのじょう》ら一七名が兵学寮での学修を終え、少尉候補生に任官している。海軍兵学寮は、のちに海軍兵学校とその名を変えるが、卒業生については兵学寮から数える。兵学寮は明治六年一一月に最初の卒業生二名を出すが、この二名が兵学校第一期の卒業生である。

加藤の進学は兄の勧めによるところが大きいだろうが、官費で勉強でき、将来への見

海軍兵学寮（『ザ・ファー・イースト』より）

通しも立つということが受験の動機であろう。受験資格は入寮時において一三〜一五歳、試験項目は「身体」「作字」「読書」（海軍兵学校編『海軍兵学校沿革』一三〇頁）である。今日的に言えば、身体・体力検査、小論文、文章理解ということになろうか。文章力中心の基礎学力による入試であるが、明治九年には身体・体力検査の外に小論文、漢文、英語、数学が入試科目となっている。さらに明治三〇年代、例えば明治三二年度には、それぞれ百点満点の四科目「身体」「漢学《〔漢文〕》」「数学」「英学《〔英語〕》」に「雑科《〔諸学科〕》」が新たに加えられた。「雑科」の内容は地理、歴史、物理、化学、画学で、各二〇点満点である（同前、一一一頁）。

　ところで当時、海軍兵学寮は東京の築地にあった。明治初年において浜離宮に隣接する築地一帯は海軍の所属地で、明治二年九月、新政府はこの地に海軍操練所を設け、海軍士官の養成を目指し、諸藩から選抜された生徒を受け入れた。その近くにはかつて幕府の軍艦操練所があった。翌三年一一月、海軍操練所は海軍兵学寮（以下、兵学寮）と改称され、さらにその翌年四月、兵学寮はその海軍の敷地内で場所を替えた。現在、そこには国立癌研究センターの研究施設や病院が建っている。また、兵学寮に隣接する旧尾張藩蔵屋敷跡には海軍省が置かれ（現在、その跡地に海上保安庁の建物や朝日新聞社屋がある）、言わば築地は当時の日本海軍の拠点であった。

草創期の海軍士官養成教育

では、加藤はここでどのような教育を受け、生活したのか。彼が入学した当時、すなわち草創期の海軍士官養成に関わる教育は混乱し、試行錯誤の連続であった。教師や生徒にはさまざまな規則が出され、また変更されている。例えば、教室から勝手に外に出るな、私語の禁止、さらには質問の際に自説を滔々と述べないよう、などの質問のマナーが説かれる一方、池で小便をするなと厳命されていた。また、教師に定刻に授業を始めるよう要請されるとともに、生徒には遅刻が厳禁され、行動開始の五分前には待機するよう求められた。その後、これは五分前主義として海軍全体に浸透することになる。こうした規則ができ、指示が頻発されることは、草創期の兵学寮の雰囲気を表している。兵学校は言わば梁山泊《りょうざんぱく》であった。

英国海軍からダグラス少佐ら教官団を招聘

こうしたなか、明治六年七月、イギリスからアーチボルド・ダグラス（Archibald Lucius Douglas）海軍少佐以下三四名からなる教官団が到着した。士官五名、下士官一二名、水兵一六名で、当時の艦船の多くが木造だったため木工技師もいた。教官団は全員が兵学寮内の宿舎に寝起きし、生徒を指導した。団長とも言うべきダグラスは来日時三一歳。一四歳で海軍に志願した、叩き上げの海軍士官だった。彼は着任後二年余りで帰国（後述）、累進して先任海軍中将となり、一九〇七年（明治四〇）、ポーツマス軍港司令官を最後に海軍を退く（池田清『海軍と日本』一四九頁）。

兵学寮の校長、すなわち兵学頭の中牟田倉之助《なかむたくらのすけ》（海軍少将、のち軍令部長）は、兵学寮の教育改革のすべてをダグラスに委ねた。中牟田は佐賀藩出身で、同藩の蘭学寮を経て幕府が長崎に設立した海軍伝習所に学んだ。伝習所ではカッテンディーケら多数のオランダの海軍士官や水兵が教官を務め、勝海舟《かつかいしゅう》（のち幕府海軍奉行、維新後は新政府の海軍卿）、川《かわ》村純義《むらすみよし》（のち海軍卿）、榎本武揚《えのもとたけあき》（のち海軍卿、農商務大臣）らもここで学んだ。修了後、中牟田は佐賀藩海軍の創設に尽力し、戊辰戦争では官軍の海軍指揮官として函館沖海戦に参加、顔に大火傷を負った。彼は薩摩出身の川村の後を受け兵学頭に就任したが、イギリス海軍の協力を得て、海軍教育の立て直しを思い立ったのである。

兵学寮の教育改革と機関科教育の特化

ダグラスは中牟田らの期待に応え、早速、建議書を提出した。それをもとに明治六年一〇月、兵学寮の改革が行なわれた。まず機関科教育の特化である。彼は船舶について、帆走から汽走への転換が行なわれつつあることを考慮し、蒸気機関の専修コースを設けるよう提案した。その提案を受け、兵学寮に蒸気機関科が新設されたが、これが海軍における機関科士官養成の発端となり、翌七年六月に横須賀に分校が設けられ、機関科生徒の実習や研修の場となった。さらに分校は明治一四年に、海軍機関学校として独立するに至る。この改革は日本海軍が模範としたイギリスより三〇年ほど先を行くものであった。ちなみに、イギリス海軍では一九〇二年（明治三五）に、大規模な人事・教育改革が実施されたが、その一環として兵科および機関科士官の養成を目的に、初めて陸上に海軍兵学校が設けられた。これは汽走艦時代にふさわしく機関科士官を兵科士官と同等に評価し、養成しようとした意図があったとされる（海軍歴史保存会編『日本海軍史』第二巻、五八頁）。

兵学寮のカリキュラム

また、新たに六ヵ条からなる「兵学寮規則」が制定され、通則など諸規則が定められた。通則では日課や休日が定められ、土日やイギリス女王の誕生日や復活祭などは休日とされた。第二条では、「日本及支那《（中国）》の書籍を読み文字を書し」「能く算術及英学」に通じたる人物を兵学寮予科や他の学校から選抜すべきとした。日本語および「支那語」すなわち漢文をそれぞれ自由に読み書きする能力は、旧幕時代の知識人の基礎学力であった。それに加え、数学と英語の能力が海軍士官にとっての基礎学力とされた。

加藤たちが履修した予科のカリキュラムは次のようである。予科は第一期から六期に分かれ、今日的に言えば歴史学、地理学、作文、文章理解、博物学・化学、医学、数学（代数・幾何）、英語、フランス語（第三期から）、図学、体育、水泳の各科目が配された（同前、一九二頁）。文章理解は作文と並んで第一期から五期までで、第四・五期で『西国立志篇』が教科書として使われた。授業は講堂で受講し、英語、数学、漢学に限っては能力別のクラスに分けられたようだ（中川繁丑編・刊『元帥島村速雄伝』九頁）。

一方、本科生の教育について、ダグラスは練習艦を使用して長期にわたる実地教育をする必要があると考えた。彼の意見に基づき、兵学寮は本科における教育の集大成として、最終学年の生徒を遠洋航海に出すよう決定し、それは明治八年に実施された。その後、それは恒例となり、日露戦争の二年間を除き昭和一五年（一九四〇）に至るまで毎年継続して実施された。

スポーツ振興と運動会

また、ダグラスらはスポーツ振興に熱心だった。彼らは生徒たちにクリケットやサッカーを教えた。特にサッカーはその後海軍兵学寮（のち海軍兵学校）で盛んに行われるようになった。日本サッカー協会（ＪＦＡ）によれば、明治六年から翌年の冬にかけ、海軍兵学寮と工部省工学寮（のち工部大学校）のそれぞれの校内で、それぞれの外国人教師の指導で学生たちが日本人として初めてサッカーのプレーをした（日本サッカー協会編『日本サッカー協会百年史』三八〜四〇頁）。このように日本にサッカーが伝えられたのは、英国サッカー協会（The Football Association）創立から一〇年後のことである。

ところでダグラスの助言により、生徒たちの一日の授業は、午前中二時間の座学中心の授業と、午後の屋外での授業に改められた。このため服を破るものが続出し、縫製職人を雇ったほどであった（同前『海軍兵学校沿革』一六四頁）。加藤もサッカーやクリケットのプレーをしたであろう。また兵学寮の日本人教員たちは、生徒の実情からして、勉学を厳しくするだけでなく、「鬱散《うつさん》慰楽《いらく》」を考える必要があるとしてダグラスたちに相談した。安上がりの「鬱散慰楽」の手段として考えられたのは、予科・本科挙げての運動会の実施である。

それは明治七年三月二一日に実施された。『海軍兵学校沿革』では「生徒競争遊戯」（同前、一六六頁）と記している。一二歳以下、一五歳以下、一五歳以上のクラスに分け、それぞれ一五〇ヤード〔約一三七メートル〕、三〇〇ヤード〔二七四メートル〕、六〇〇ヤード〔五四八メートル〕の距離を走らせる競技や見物人の飛び込み参加による三〇〇ヤード競走、目隠しによる五〇ヤード〔四五・六メートル〕競走、水の入った桶を頭上に載せ五〇ヤードを走り、速さと残った水の量を競う競技、さらには豚を放しその尻尾を捕まえるなどという競技まであった。審判は三名のイギリス人士官があたった。この時、加藤は一四歳。

彼も三〇〇ヤード競走に興じたのであろうか。

兵学寮は水路寮、軍医寮など海軍省内の各部局にも参観を呼びかけ、本省は競技ごとに入賞者への賞品を用意するとともに、軍楽隊を派遣して運動会を盛り上げた。同書によれば、この「生徒競争遊戯」は日本における運動会の先駆けで、明治二八年に日清戦争が終結して以後、文部省所管の学校で運動会が盛んに実施され、「我校の運動会」に比して大いに盛んであった（同前、一六九頁）。運動会は兵学寮に始まり、二〇年後には文部省所管の学校、すなわち大学・高等師範学校や高等学校等でより盛んに行なわれるようになったという。

ダグラスの帰国

ダグラスは本国に召還され、明治八年七月に帰国した。二年という短い期間であったが、彼が草創期の日本海軍に与えた影響は小さくない。『海軍兵学校沿革』は「我海軍今日の発達は〔ダグラス〕氏の力に負う所実に少なからず」（同前、二一四頁）とする。

友三郎の成績

さて、予科は六期に分けられたが、各期とも脱落者は多かった。加藤は入学して三年後の明治九年九月に本科に進んだが、彼が予科に入学した翌年に入学してきた島村速雄（のち海軍軍令部長）らといっしょの進学であった。島村は二年で予科を修了し、加藤は三年かかった。島村がスキップしたのか加藤が遅れたのか定かではない。島村ら明治七年予科入学組の多くが予科を二年で修了したことからすれば、加藤は一年遅れたとも言える。明治七年に予科に入学し、加藤と親しかった伊地知季珍《いじちすえたか》によれば、兵学校時代の友三郎は、勉強家ということもなく、秀才でもなく、目立つ生徒ではなかった、「最初の内こそ成績普通なりしも、歳月を経るに従って学業漸次優秀」（宮田光雄編『元帥加藤友三郎伝』一七頁）となった、という。学業について加藤は晩成型であった。

海軍兵学寮本科のカリキュラム

では、本科四年間でどのようなことが教授されたか。この時期のカリキュラム内容は明確ではないが、『海軍兵学校沿革』の明治一一年の項で、「船具、運用、海軍砲術、算術、航海測量及予科学（皇漢学〔古典〕、英学、算術、図学）」担当の教師団がいたことが確認できる。このことからすれば、築地本校の本科では艦船運用、砲術、航海および数学を中心に教育がなされたと思われる。教師は機関科教育を担当する横須賀分校を合わせ総勢六二名で、その内訳は日本人三五、外国人二七である。

「海兵七期」の面々

明治九年に本科生となり、四年後の明治一三年一二月に卒業し、同月少尉候補生となったのは以下の三〇名である。カッコ内は出身県、属籍で、属籍で見るとほとんど全員が士族である（まれに自費で華族が入学し学修したことはあった）。氏名の前の◎・○・△は退役時における階級で、それぞれ大将・中将・少将を示す。

◎島村速雄（高知、士族）　◎加藤友三郎（広島、士族）　◎吉松茂太郎（高知、士族）
△成田勝郎（静岡、士族）　佐々木広勝（鳥取、不明）　△中村静嘉（石川、士族）

◎藤井較一（岡山、士族）　○斎藤孝至（福島、士族）　馬場金八郎（静岡、士族）
今井寛彦（鹿児島、士族）　△福井正義（三重、士族）　△松本有信（石川、士族）
中江員可（鹿児島、士族）　志賀直蔵（福岡、士族）　田口三平（佐賀、士族）
△上原伸次郎（長野、士族）　△梶川良吉（鳥取、士族）　△浅井正次郎（愛知、士族）
○松本和（東京、平民）　○野元綱明（鹿児島、士族）　伊藤吉五郎（佐賀、士族）
川浪治倫（佐賀、士族）　栗田伸樹（高知、士族）　高橋助一郎（鹿児島、士族）
△今井兼昌（鹿児島、士族）　○伊地知季珍（鹿児島、士族）　○伊地知彦次郎（鹿児島、士族）
○坂本一（高知、士族）　仁礼幸助（鹿児島、士族）　高橋義篤（富山、士族）

彼らが本科に進む直前の明治九年九月一日をもって、兵学寮は兵学校と改称された。右の三〇名は兵学寮時代から数えて七回目の卒業生で、広く「海兵七期」と称される。この海兵七期卒業生から大将四、中将六、少将八の合計一八名の将官が出ている。その後に日清戦争と日露戦争があったためではあろうが、比率で考えれば、兵学校七六年の歴史のなかでも特に多い。ちなみに次の八期卒業生は三五名で、そのうち将官となった者は一一名、大将は八代六郎《やしろろくろう》（愛知、士族）一人である。付言すれば、兵学寮時代の卒業生も「海兵〇期」と称される。他方、兵学寮以前の海軍の教育機関を修了した場合の将校は「期前」、兵学寮・兵学校以外の教育機関による場合は「期外」と記される。

主席の島村速雄と次席の友三郎

のちに述べるが、島村と加藤は日露戦争時、第一艦隊司令長官（連合艦隊司令長官を兼務）の東郷平八郎《とうごうへいはちろう》の下で、相前後して参謀長を務め、大正期にはそれぞれ海軍軍令部長（以下、軍令部長）、海軍大臣に就任した。また、伊地知彦次郎は旗艦「三笠《みかさ》」の艦長であった。三〇名中唯一の平民出身者であった松本和は、斎藤実《さいとうまこと》海軍大臣のもとで艦政本部長を務め、海軍未曽有の贈収賄事件「ジーメンス事件」に巻き込まれ、海軍を追われることになる。なお、以上三〇名の記載順は、卒業時の席次（成績順）による。それはハンモックナンバーと呼ばれ、海軍における出世にも大いに関係したとも言われる。

練習艦「筑波」での遠洋航海実習

明治一二年九月、加藤らは実地練習のため練習艦「筑波《つくば》」に乗船し、二ヵ月余り日本近海を回り、一一月二三日、品川に帰着した。「筑波」は明治四年、兵部省がイギリス人から購入した中古の木造汽帆船（嘉永四年〔一八五一〕進水）で、当初は常備艦として艦隊に所属したが、明治八年に練習艦として兵学寮に所属替えとなった。同艦は乗員三九六、大砲八門を備え、排水量二〇〇〇トン弱だったが、加藤たちが乗船した時は、艦齢三〇年に及ぼうとする老朽艦であった。蒸気機関での走行（汽走）は出・入港や無風の際などに限られ、それ以外の大半の航行は風によった（帆走）。翌一三年四月、加藤ら三〇名は「筑波」に乗り込み、北米を目指した。太平洋横断の旅である。「筑波」はバンクーバーに至り、その後、サンフランシスコ、ホノルルに寄港して一〇月八日に無事品川に戻った。五ヵ月に及んだ、この遠洋航海が兵学校卒業の最後の難関であった。この年の一二月一日、遠洋航海を無事果たした加藤ら三〇名は兵学校を卒業した。右の一覧に明らかなように、首席は島村、加藤は次席であった。

練習艦「筑波」

遠洋航海中の加藤
(明治13年5月，サンフランシスコ港にて)

卒業後、加藤は通学士官となり兵学校で勉学を継続し、翌年三月以降、練習艦「乾行《けんこう》」、同「摂津《せっつ》」、さらに同「龍驤《りゅうじょう》」に乗り込み、海上勤務の実習を重ねた。「龍驤」では海兵同期の藤井較一《ふじいこういち》といっしょだった。この船はイギリス製の汽帆船で排水量二五三〇トンと、「筑波」より少し大きく、舷側には一一四ミリの鉄板を装着していた。

練習艦「龍驤」で卒業遠洋航海実習へ

明治一五年一二月、加藤と藤井は、卒業を控えた二九名の海兵一〇期生とともに「龍驤」（艦長伊東祐亨《いとうすけゆき》大佐）でニュージーランドへの遠洋航海に出発した。この生徒のなかには後年、島村速雄の後任の軍令部長として、海軍大臣の加藤を支えた山下源太郎がいた。同艦はウエリントンに寄港した後、チリのバルパライソ、ペルーのカリャオ（首都リマの外港）に寄港し、ハワイのホノルルを経由して翌年九月、品川に戻った。この九ヵ月余りにわたる航海は、加藤ら乗組員にとって試練の、そして苦難の旅であった。

爆発・沈没の危機

船が赤道直下の無風地帯に差し掛かった一月一六日、爆音とともに火薬庫から出火し、船に大火災が発生した。ただ呆然と立ちすくむ士官たちを尻目に、加藤は猛火のなかに飛び込み、大鉈《おおなた》を持って火が燃え移ろうとする弾薬の容器を壊し、弾薬を海中に投じて船を大爆発と沈没から救った。並み居る士官たちはその勇気と胆力に舌を巻いたという（「藤井較一氏談話」大正一二年八月二五日付『都新聞』。なお、この記事には「筑波」とあるが「龍驤」の誤りである）。付言すれば、加藤ら関係者はその後、「蘇生会」なる会を組織し、毎年一月一六日に集まり、往時を追憶した（同前）。

脚気

また、長い航海のなかで乗組員の大半が脚気《かっけ》に罹り、帆を張ることにも困難をきたした。死者も出た。当時の日本海軍では伝統的な米食が中心で、麦や肉をとることはほとんどなかった。急報を受けた海軍医務局副長の高木兼寛《たかぎかねひろ》（のち軍医総監）は、ただちに食生活の改善を指示、「龍驤」はホノルルで肉や野菜を大量に調達し、一ヵ月間、乗組員を休養させた。この経験をもとに、日本海軍の食事内容が一新される。脚気の主な原因がビタミンB_1の摂取不足であることが科学的に証明されるのは、昭和初年になってのことである。

少尉任官

ともあれ加藤は先の遠洋航海で北太平洋を往復し、今度は南太平洋を体験した。このような訓練と経験を積んだ後、明治一六年一一月、彼は少尉に任官した。時に二三歳。兵学寮に入学してから一〇年の歳月が流れていた。

大尉任官と海軍兵学校砲術教授就任

翌一七年九月、彼は「通学士官大試験」を受け、無事合格、翌月、海軍兵学校通学士官課程の修了書を受けた。その間、彼は「摂津」乗り組みとなり、砲術掛となったが、明治一九年二月、今度は教師として兵学校に戻った。砲術教授心得兼生徒分隊士というのが彼の職名である。彼はその年の一二月には大尉となり（明治一九年七月の官制改革で中尉が一時廃された）、「心得」が取れ、海軍兵学校練習所分隊長兼砲術教授に就任した。その後、彼は海軍大学校の砲術の教官に就任することになるが、兵学校や海軍大学校で砲術の教官となるほど、砲術について優れた能力の持ち主であった。ちなみに斎藤実は『元帥加藤友三郎伝』に序文を寄せ、「殊に砲術に長じ少尉にして既に海軍兵学校の教官となり砲術の教授を担当」と述べる。

「筑波」分隊長補任

明治二〇年七月、加藤は「筑波」分隊長に補せられ、少尉候補生たちに砲術を教授する一方、彼らを取りまとめ、指導することとなった。彼らは兵学校一四期の生徒たちで、小笠原長生《おがさわらながなり》（旧小倉藩主家当主、のち中将、東郷平八郎の伝記をまとめる）、佐藤鉄太郎《さとうてつたろう》（のち中将、戦史・戦術論に秀でた）、鈴木貫太郎《すずきかんたろう》（のち大将、首相）らがいた。明治一九年以来、兵学校ではイギリス海軍に倣い、各学年の生徒が混合して「分隊」と称する一つのグループを編成し、生活をともにした。艦艇などでの内務（公務以外の生活面）管理を目的としたものだが、この時の「筑波」の分隊は第一四期の少尉候補生によった。この年九月、加藤は彼ら一四期生四四名とともに遠洋航海に出た。サンフランシスコ、バルパライソ、サンチャゴ、パナマに寄港、加藤には三度目の遠洋航海である。

この航海での加藤のエピソードがある。小笠原が伝えるもので、彼は練習艦「筑波」を「艦底は化石しては居ないかとまで云われる程の古物だった」とこき下ろす一方、このような船で三万浬《カイリ》（約五万キロ）を航破したのであるから教官たちの骨折りも一通りではなかったであろう、なかでも加藤の指導ぶりは簡単明瞭水際立っていて、我々仲間に頗《すこぶ》る受けがよかった（小笠原長生『鉄桜随筆』二〇五頁）と述べる。

「事件」はメキシコのアカプルコを経て明治二一年一月九日、コロンビアのパナマに船が差し掛かったところで起きた。

「退屈しのぎ」の射撃「事件」

……折しも忽ち海面に絵に描いた海坊主のような得体の知れぬ黒色円頭の大怪物が群れをなして浮かみ出た。此の際、加藤少尉〔「大尉」の誤記〕が当直して居たが、其れと見ると艦長にも告げず、独断で兵員に小銃の一斉射撃をやらした。乗員一同、不意の銃声に驚くまいことか、何れも上甲板に駆け上がった。中にも艦長野村貞《ただし》大佐〔期前〕は大声で、「砲術長、何故《なぜ》報告もせず勝手に発砲したのか、一体何《どう》した理由《わけ》じゃ？」と詰《き》めつけた。すると加藤少尉〔ママ〕は四時間当直の退屈凌《しのぎ》にやったことなどおくびにも出さず、さもさも一大事と云わん許《ばか》りに大真面目の様子をして、「いや驚きました艦長！偉〔大きな〕い怪物が沢山出たので、艦の進行でも防害《さまた》げられては大変だから、ご報告の暇も無く発砲しましたら、奴等も吃驚《びっくり》したと見え、俄《にわ》かに逃げ散ったので幸に事なきを得ましたのは慶賀に堪えません」。艦長も思わずブッと噴出したのをグッと呑込んで、「漫《やたら》に発砲しては不可《いか》んぜ」。「以後気をつけます」。それで鳧《けり》がついた。但し此の野村艦長が亦無類の豪傑で、嘗て「清輝」〔木造の汽帆船、排水量八九八トン、明治九年竣工〕艦長の時台風に遭《あ》い兵士が困憊《こんぱい》したのを見て「総員死方《しにかた》用意」と大喝して士気を回復せしめたと云う、有名な逸話の所有者《もちぬし》であるから、これ位の事は実は彼自身行《や》りかねないのだから世話は無い。兎に角此の些事にも加藤少尉〔マヽ〕の果断と機智とが閃いて居るから面白い。（同前、二〇六～二〇七頁）

この「黒色円頭の大怪物」とは、マッコウクジラであった。鯨の群れがそれぞれ頭か背中の一部を円形に出して泳いでいたのであろう。その群れを見た加藤は、艦長の了解も得ないで兵士たちに小銃の一斉射撃をさせた。彼にとって四時間の当直勤務は退屈であったようだ。「退屈しのぎ」にしても、謹厳実直で口数が少ないと言われた加藤のイメージからすれば、これはきわめて意外な行動である。緊急事態でもない限り、軍艦ならずとも、船ではそれが新たな行動を起こす場合、船長の指示や了解が不可欠であることは加藤も熟知していたはずである。小笠原は「果断と機智」というが、野村艦長の豪傑ぶりを熟知したうえでの加藤の行動であった。

海軍大学校の新設

明治二一年七月、加藤は遠洋航海を終えて帰国した。その直後の翌八月、兵学校が広島県の江田島に移転し、跡地に海軍大学校が新設された。この学校の設置は、海相の西《さい》郷従道《ごうつぐみち》が、海軍近代化とその担い手たる若手将校の教育に関する改革の必要性を痛感したことによるところが大きい。西郷は駐日イギリス公使プランケットの推薦により、日

斎藤　実

本に派遣されたイギリス海軍大佐ジョン・イングルス（John Engles）を顧問に、士官の再教育機関として海軍大学校（以下適宜、海大と略す）を立ち上げたのである。発足に伴い、同年九月、加藤は同校の副官（当該機関長の業務補助を任務とする）に就任した。校長は海軍省軍務局長の井上良馨《いのうえよしか》（期前、少将、のち大将・元帥）が兼務した。海大は一一月に開校され、加藤は副官を免ぜられて同校第一期の学生となり、翌年七月に修了した。彼は砲術、水雷、航海、機関など、各科の長もしくは教官としての学術を修めることを目的とする甲号学生だった。同期生一〇名の中には兵学校同期の松本和がいた。

加藤はイングルスから多くを学んだようだ。そして、その講義ノートのなかから、彼は一期先輩の斎藤実（海兵六期、のち海相、首相）に、職務の参考となるような部分をわざわざ筆写して送った。それが職務上、大いに役立ったと斎藤自身が後年語っている（「斎藤実氏の談」、宮田光雄編『元帥加藤友三郎伝』二六八頁）。加藤と斎藤とが親しくなったきっかけは資料を欠きわからないが、斎藤によれば加藤は「海軍兵学寮以来の親友」（同前、斎藤実による序文）であった。

海軍大学校第一期生になる

加藤が聴講したイングルスの講義の内容は不明だが、海大第二〜五期生に対する彼の講義が『海軍戦術講義録』として、彼が帰国した翌年（明治二七年）に海軍文庫（海軍省大臣官房の一部局）より刊行された（前掲『日本海軍史』第一巻、三二一頁）。加藤が斎藤に提供した、講義ノートの筆写は海軍戦術に関する内容だったのであろう。加藤が海大に在籍していた当時、斎藤は軍令（作戦用兵）機関である海軍参謀部（明治二六年、海軍軍令部となる）勤務で、戦術に関する知識を必要としたと思われる。なお、海大はその後、兵学校を卒業した若手士官たちの将官への主な登竜門となっていった。

三　結婚と母・兄の死

東郷平八郎との出会い

明治二二年（一八八九）七月に海軍大学校を卒業した加藤は、翌八月には砲術専用の練習艦「浅間《あさま》」に乗り組み、砲術の訓練に励んだ。艦長は東郷平八郎大佐。翌年三月、彼は東郷艦長から「第一等卒業証書」の交付を受け、砲術長の資格を得た。彼が東郷に親しく接したのはこの時が最初であろう。続いて同年五月、加藤は砲術長として二等巡洋艦「高千穂《たかちほ》」に乗り込んだ。当時、海軍では排水量三五〇〇〜七〇〇〇トンの巡洋艦を二等巡洋艦と呼んだが、この船はイギリスのアームストロング社製で、明治一九年に竣工した最新鋭の装甲巡洋艦である。加藤が初めて乗り込んだ鋼鉄製の軍艦で、排水量は三七〇〇トン。二六センチ砲二門、一五センチ砲六門ほか多数の兵器を搭載していた。

山本権兵衛との出会い

加藤が「高千穂」に乗り込んで四ヵ月後、山本権兵衛大佐が「高千穂」に艦長として転任してきた。これが二人の出会いである。山本は翌年（明治二四）六月に陸上勤務となり、海相の西郷従道のもとで、海軍省官房主事（今日の官房長）として人事や艦隊編成について辣腕を振るうことになるが、それまでの九ヵ月間、加藤は砲術長として山本に仕えた。この時、山本は加藤を砲術家として評価したであろうが、また個々の作戦を統括する軍令家ではなく、軍の編成や人事・予算を管轄する軍政家としての素質を見抜いたものと思われる。

山本権兵衛

恵美喜代との結婚

ところで、明治二三年という年は、加藤にとって悲喜交々《こもごも》の年であった。彼は当時最新鋭の軍艦の砲術長に任ぜられ、海軍においてエリートの道を歩き出した。七月には、広島県士族である恵美《えみ》鉄允《てつじょう》の次女の喜代（明治七年一二月四日生）と結婚し、東京市芝区西久保城山町（今日の東京都港区虎ノ門四丁目のあたり）に新居を構えた。友三郎三〇歳、喜代一七歳であった。旧幕時代、広島藩家臣団の家格は上から侍士《さむらい》、歩行《かち》、足軽《あしがる》に大別されたが、加藤家は歩行であったのに対し、恵美家は侍士であった（林保登編『芸藩輯要』参照）。後年、岳父の鉄允は酒が入ると、「世が世なら加藤の家に娘をやることはなかったのにのう」と加藤本人を前に語った。これに対し、加藤は言い返すことなく、微笑しながら盃を口にはこんだという（豊田穣『蒼茫の海』二二五〜二二六頁）。

長女喜美の誕生

結婚から二年後、長女喜美を授かる。加藤夫妻の唯一の子供であった。喜美は長じて船越隆義《ふなこしたかよし》（のち海軍大将）の妻となった（後述）。長期にわたる出張や洋上勤務の多い加藤は、家庭を切り盛りする妻の喜代に、家で「海軍」について話すことはなかった。喜代が将校夫人の集まりに出かけた時、転勤や昇任など海軍内部の人事情報で話が弾んだが、自分だけ何も知らず「みっともない」ので少しは話して欲しい、と夫にせがんだ。これに対し加藤は天井を見上げ、しばらくして「お前までが海軍の事を知ろうというのか」と言ったきりであったという（「山梨勝之進追憶談」、加藤友三郎元帥を偲ぶ会実行委員会編『加藤友三郎元帥』四六頁）。

母と兄の死

結婚後間もなくして、母の竹が加藤の居宅で病気のため亡くなった（明治二三年一二月二三日)。享年七三。竹は、麻布に住む兄種之助の家と弟友三郎の家を行ったり来たりすることが楽しみだったようで、七三年にわたる人生の中で最も幸せの時であったのかもしれない(前掲『元帥加藤友三郎伝』六頁)。翌二四年一一月一四日には、今度は兄種之助が病気のため亡くなった。享年四八。兄を親のごとく思っていた加藤は非常に落胆し、それ以来、性格も変わったように思う、と斎藤は後年述懐する(「斎藤実談話」、同前、三五四頁)。種之助は海軍大学校副官を最後に大尉で海軍を辞したが、その理由や時期は定かでない。彼はその後、東京市麻布区我善坊町に悠々自適の生活を送った。彼も元広島藩士の娘(クマ、安政五年〈一八五八〉生)と結婚して、文(明治一三年生)、正(明治一八年生)の二人の娘がいた。長じて、文は村上鋹吉(海兵一八期、のち海軍少将)、正は竹谷辰郎(のち京都市立第一商業学校校長)にそれぞれ嫁いだ。

四　造兵監督官になる

造兵監督官補佐と英国出張

兄種之助の死の一ヵ月前となる明治二四年(一八九一)一〇月、加藤は造兵監督官に補せられ、イギリス出張を命じられた。これは、山本権兵衛による人事であった。これまで海軍は、アームストロング社などイギリスの企業に数隻の艦艇の建造を依頼し、装備品を発注してきた。従来、ロンドンの公使館付き海軍武官がこうした造船・造兵の監督に当たってきたが、新たに明治二三年一〇月、造船造兵監督官条例が制定され、専門の担当官が置かれることとなったのである。兄種之助の死没とほぼ時を同じくして、加藤は兄の葬儀もそこそこに一一月二二日、イギリスに向け東京を発った。

仏国軍港トゥーロン見学

斎藤実に宛てた書簡によると、加藤は一二月三一日にマルセイユに到着、即日トゥーロンに移動し、そこで新年を迎えた（明治二五年一月一日付斎藤実宛書簡、「斎藤実関係文書」所収）。トゥーロンは地中海に面した、フランス最大の軍港であり、造船所をはじめ海事・海軍に関係するさまざまな産業の集積地でもあった。加藤はロンドンに着任する前にフランスを訪れ、トゥーロンの軍の施設や港湾を見学したものと思われる。

英国滞在と巡洋艦「吉野」の建造

加藤がイギリスに滞在したのはほぼ二年間である。英語の習得はもちろん、イギリスにおける海軍の発注先の企業や工場を回り作業の進捗状況を確認したり、日本側の要求を伝達したりしていたであろうが、特に海軍がアームストロング社に発注した最新鋭の巡洋艦「吉野《よしの》」の建造を監督することがその主たる任務であった。この軍艦は明治二五年三月に起工された。加藤は三月九日付けで斎藤に「注文の新艦起工致せしも先月よりStrikeにて工事遅延」と報ずるとともに、「国会議員選挙は大部混雑の由承知」と書き送っている（明治二五年）三月九日付斎藤実宛書簡、同前）。この書簡は、内務大臣（内相）品川《しながわ》弥二郎《やじろう》（第一次松方正義《まつかたまさよし》内閣）による大規模な選挙干渉と、それによる第二回衆議院総選挙の混乱について、斎藤が加藤に報じた書簡に対する返信であろう。二人の親密な関係は既述したが、右の二通の加藤の斎藤宛書簡も、それを示している。

帰国

「吉野」は、明治二三年一一月に召集された第一帝国議会に提出され、協賛を得られた軍艦建造費により明治二五年三月に起工、同年一二月に進水、翌二六年九月に竣工した。排水量四二二五トン、枢要部分は一一・五センチの装甲で覆われ、一五センチ砲四門、一二センチ速射砲八門を搭載し、最大速力二三・五ノット（時速約四三キロ）の最新鋭の巡洋艦であった。厚い装甲は機関や弾薬庫などに限られるいわゆる「防護艦」であったが、二三・五ノットというのは、当時の軍艦として世界最速である。

加藤は「吉野」竣工を目前に、明治二六年六月、造兵監督官を免ぜられ、その砲術長とその回航委員に任ぜられた。日露戦争の折、第一艦隊参謀（連合艦隊参謀を兼務）として加藤とともに東郷司令長官を支える秋山真之《あきやまさねゆき》やワシントン会議の際、次官として加藤不在の海軍省を預かった井出謙治《いでけんじ》らもその委員であった。加藤らは一一月二六日、日本に向けイギリスを出発、翌明治二七年三月九日、「吉野」を無事に呉《くれ》軍港に回航した。

第二　日清戦争

一　清国北洋艦隊

日清間の対立

日本は、日朝修好条規の締結（明治九年〈一八七六〉二月）により、朝鮮の開国に成功し、その後、積極的に進出をした。しかし、そのことが朝鮮の社会や経済を混乱させ、朝鮮民衆の朝鮮政府と日本への不満を高めた。一方、朝鮮に対し伝統的な宗主権を主張する清国と日本との対立が深まった。朝鮮兵士による反乱（壬午《じんご》軍乱、一八八二年）、金玉均《きんぎょくきん》ら親日派官僚のクーデター失敗（甲申《こうしん》事変、一八八四年）と、日清間の対立は軍事的な抗争にまでに発展したが、いずれも清国軍の出動により鎮圧された。

当時、日清両国にはこのような「朝鮮問題」に加え、「琉球」すなわち沖縄の帰属をめぐる「琉球問題」という、もう一つの軋轢があり、清国は日本への警戒を強めた。清国政府は沖縄に近接する台湾を福建省から切り離して独立した省とし、その拠点を南部の台南から北部に移すため、台北城の造営に着手したのである。また、清国はイギリスやドイツから最新鋭の軍艦四隻を新たに購入し、李鴻章《りこうしょう》配下の北洋艦隊を増強した。

清国北洋艦隊

佐藤市郎《さとういちろう》（海兵三六期、中将、岸信介《きしのぶすけ》・佐藤栄作《さとうえいさく》首相の実兄）『海軍五十年史』により、日清戦争開戦直前の時点での日本海軍と北洋艦隊を比較しよう。艦艇の数や総排水量はほぼ同じであるが、火力と防御力は北洋艦隊が勝った（一三六～一三八頁）。二〇センチ以上の大口径の大砲について言えば、北洋二一門に対し日本は一一門、二〇センチ以下の中口径については北洋一四一、日本二〇九である。防御力については甲鉄艦の数によるところが大きい。艦船の船体が鋼鉄製で、機関・弾薬庫等艦艇の枢要部に限り装甲が施されている「防護艦」とは異なり、「甲鉄艦」は、そうした枢要部の装甲に加え、さらに砲塔や舷側等も含め艦の大半に厚い装甲が施されていた。北洋艦隊はドイツ製の戦艦「定遠《ていえん》」「鎮遠《ちんえん》」はじめ六隻の甲鉄艦を有したが、日本海軍では「扶桑《ふそう》」一隻のみだった。しかも「扶桑」は甲鉄艦ではあるが、明治一一年竣工と艦齢は一〇年を超え、攻撃力も「定遠」などの新鋭艦より劣った。艦艇の平均速力では日本の方が北洋より二ノット（時速約三・七キロ）優れていたが、それを別にすれば、日本海軍と北洋艦隊との軍事格差は明らかであり、北洋艦隊は東洋随一の海軍であった（馮青『中国海軍と近代日中関係』二一頁）。なお、清仏戦争（一八八四～八五）で、南洋、閩粤《びんえつ》（福建・広東地方の古称）両艦隊は壊滅状態に置かれていた。

北洋艦隊の寄港

明治一九年八月、日本人は北洋艦隊の威容を目の当たりにした。この時、「定遠」（竣

北洋艦隊戦艦「鎮遠」（明治30年頃，神戸停泊中）

工一八八二年）、「鎮遠」（同一八八三年）はじめ、四隻の北洋艦隊の艦艇が補給と修理のため長崎に寄港したが、多数の水兵が上陸し、市内で暴行殺傷事件を引き起こした。この事件は日清両国の外交交渉で解決されたが、朝野を大いに刺激し、海軍の充実を要求する世論が高まった。

　最初の来日から五年後、明治二四年七月、「定遠」「鎮遠」をはじめとする北洋艦隊の主力が親睦を目的に日本に再度来航し、長崎、神戸、横浜、東京、宮島・呉《くれ》を回った。清国側は東京で「定遠」を皇族や一般市民に公開し、参観させた。それは清国による日本への示威行動でもあったが、新聞は大々的に報じ、国民の危機感は高まった。

　なお、翌明治二五年六月にも、北洋艦隊は来日した。この時の艦隊は「定遠」以下六隻で、「鎮遠」は不参加、寄港地も長崎・横浜に限られ、日本側を刺激しないようとする清国側の配慮が見られた（同前、三三三頁）。

大規模な軍艦建造計画と予算案否決

自国の海軍力の劣勢ぶりに危機感を持った第一次松方正義《まつかたまさよし》（鹿児島出身）内閣は、大規模な建艦計画を立て、軍艦建造費と製鋼所創設費を含む予算案を第二議会（明治二四年一一月召集）に提出した。しかし、衆議院の対応は冷たく、軍制の不統一と海軍部内の問題点を理由に、民党（立憲自由党、立憲改進党）が軍艦建造費と製鋼所創設費を全額削除した。来航した北洋艦隊の威容を目の当たりにし、海軍整備の必要性を痛感して第二議会に臨んだ海相樺山資紀《かばやますけのり》は痛憤と落胆のあまり、「日本の今日あるは薩長内閣のためなり」で有名な「蛮勇演説」を行なった。

選挙干渉と松方内閣退陣

第三議会（明治二五年六月召集）では、解散に伴う第二回衆議院総選挙における品川弥二郎《しながわやじろう》内相による大選挙干渉のため、民党の政府への不信感は頂点に達し、軍艦建造費のほとんどが衆議院で否決された。こうして松方内閣は退陣に追い込まれた。加藤友三郎《かとうともさぶろう》は斎藤からの手紙で、こうした日本国内の状況を把握していた（二八頁参照）。

加藤は北洋艦隊についてどのように考えていただろうか。そしてこれに対抗するための政府や議会の対応についてはどうか。海軍士官として危機感を抱いたことは容易に想像できるが、民党に翻弄され軍艦建造費を成立できないでいる藩閥政府に対し、彼がどのように考えていたかは、大正期に彼が海軍大臣となった時の対応を想起する時、興味深いものの、資料を欠き、明らかにできない。

二　日清開戦と帰趨

朝鮮の農民反乱

一八九四年(明治二七)、農民反乱の鎮圧に困難を感じた朝鮮政府は、宗主国である清国に援軍を依頼した。清国は六月六日、天津《テンシン》条約に基づき日本に出兵を通知し、日本政府もまた公使館および居留民保護を名目に派兵を決断した。日本政府は戦時編成の混成旅団(約七〇〇〇名)を朝鮮に送り、仁川《ジンセン》に上陸させたが、この時、加藤が乗艦する「吉野《よしの》」は輸送船を護衛し、仁川沖に向かった。

しかし、日本軍が上陸した頃には、反乱は清国軍によりほぼ鎮圧されていた。これに対し、日本側は日清共同の朝鮮内政改革を清国側に申し入れるなどしたが、清国の拒否にあい、またイギリスやロシアによる調停も不調に終わった。

臨戦体制へ

この頃、第四次伊藤博文《いとうひろぶみ》内閣の閣議が対清国開戦を念頭に開かれ、特別に枢密院議長の山県有朋《やまがたありとも》も参加し、陸軍からは参謀次長の川上操六《かわかみそうろく》、海軍からは大臣官房主事の山本《やまもと》権兵衛《ごんべえ》が加わり、それぞれ意見を述べた。陸軍の抱負を滔々と語る川上に対し、山本は「海上権」の確保が不可欠であることを説き、川上はじめ参列者の同意を得た(山本海軍大将伝記編纂会編『伯爵山本権兵衛伝』上、三五九頁)。海軍はこの認識に立ち、仁川港外に艦艇を数隻待機させ、上陸部隊を援護する一方、清国側の動向を監視した。そして海軍では常備艦隊を中心に連合艦隊を編成し、司令長官には伊東祐亨《いとうすけゆき》（期前、鹿児島出身）中将をあてた。こうして日本側は清国に対し、臨戦態勢を整えていったのである。

先発隊の旗艦「吉野」に乗艦

七月二三日、仁川周辺に上陸していた陸軍部隊は漢城《ハンソン》（現在のソウル）に移動、王宮に侵入し、閔《びん》氏政権を倒して新たに大院君政権を擁立するに至った。この日、連合艦隊本隊とは別に、先発隊として、「吉野」「秋津洲《あきつしま》」「浪速《なにわ》」から成る第一遊撃隊が朝鮮に向かった。旗艦は「吉野」。その司令官は戦術家であり、海戦における単縦陣の優位性を主張し「単縦陣の坪井」と称された坪井航三《つぼいこうぞう》少将（期前、山口出身）であった。

初陣、豊島沖海戦

加藤たちの艦隊が仁川を間近にした豊島《ほうとう》沖に差しかかった時、清国の軍艦「済遠《さいえん》」「広乙《こうおつ》」「操江《そうこう》」に遭遇した。清国艦隊は、仁川に上陸しようとする陸兵を満載した輸送船を護衛して来たのである。一触即発の状況下、両艦隊は発砲し、海戦となった。この豊島沖の海戦は、加藤にとって初陣であった。加藤は砲術長として奮戦し、「済遠」は取り逃がしたが、「広乙」を戦闘不能とし、「操江」を捕獲した。この時、東郷平八郎《とうごうへいはちろう》が艦長を務める「浪速」は、イギリス船籍の輸送船「高陞号《こうしょうごう》」を英国人船長の退避を確認して撃沈し、イギリスで大問題となった（後日、国際法上問題なしとされた）。この戦いで日本海軍は、朝鮮近海の制海権確保に向けて主導権を握り、緒戦を有利に運ぶ条件を作った。日本はこの海戦と橋頭堡を広げた成歓《せいかん》の戦いに勝利した後、八月一日、清国に対し宣戦布告をした。余談だが、この手法、すなわち制海権を握り、陸軍部隊の輸送と補給線を確保してからのちに宣戦布告をすることが、以後の日露戦争、さらに対米英戦争（太平洋戦争）にまで踏襲されることになる。

黄海海戦下の「吉野」対「経遠」

さて、陸軍部隊の揚陸が一段落し、加藤らの遊撃隊は連合艦隊とともども黄海《こうかい》で索敵行動中、九月一七日午前一〇時二三分、北洋艦隊の主力に遭遇した。日本側は連合艦隊本隊・遊撃隊ともに旗艦を先頭に単縦陣で、対する清国側の北洋艦隊は、「定遠」「鎮遠」を中心に横縦陣で臨んだ。日本は縦一列、清国は横一列である。この海戦では、「定遠」「鎮遠」の装甲を打ち抜くことが可能とされる大砲を装備した「松島《まつしま》」「厳島《いつくしま》」「橋《はし》立《だて》」、通称「三景艦」を中心とした連合艦隊の艦艇が、「定遠」「鎮遠」を包囲攻撃し、遊撃隊はその周辺で連合艦隊本隊を援護しつつ、遁走を試みる清国艦艇を追った。なかでも逃走しつつあった「経遠《けいえん》」（二九〇〇トン）は味方の混乱と劣勢に気付くや進路を反転し、ラム（衝角）攻撃を加えるべく「吉野」に突進してきた。体当たり攻撃である。これに対し加藤は、他艦の応援を得つつ、攻撃可能なすべての火砲を「経遠」に集中させたが、同艦は沈没に瀕しながらも砲撃を続けた。加藤は後日、連合艦隊参謀として「松島」に乗艦していた島村速雄《しまむらはやお》に、「経遠」艦長の戦いぶりに深く感銘を受けた、と語ったという（豊田穣『蒼茫の海』二六〇頁）。

「三景艦」の主砲はほとんど役立つことなく（砲塔を旋回すると、その方向に艦が傾き照準に難渋した）、連合艦隊の旗艦「松島」はこの海戦で大きな損傷を受けたが、ともかく敵艦四隻を撃沈し、日本艦隊には艦船の喪失はなく大勝であった。この後、北洋艦隊司令長官の丁汝昌《ていじよしよう》は、残りの艦艇を旅順口《りよじゆんこう》（遼東半島先端の旅順港を奥に擁する入江）にいったん集めたのち、山東半島《さんとうはんとう》の威海衛《いかいえい》に立てこもった。この北洋艦隊の残存勢力は港外に出て戦うことなく、港内に侵入した日本側の水雷艇に攻撃され、破壊されていった。「定遠」は大破、自沈し、「鎮遠」は退避行動中に傷つき、丁汝昌の片腕と言われた艦長の林泰曹《りんたいそう》は自決した。

下関講和条約と三国干渉

他方、翌明治二八年一月には、陸軍部隊が山東半島に上陸し、二月早々、威海衛砲台を占領した。連合艦隊司令長官の伊東祐亨は、北洋艦隊司令長官の丁汝昌に降伏を勧告したが、丁は自決し、北洋艦隊は降伏した。同艦隊の壊滅は日清戦争の帰趨を決定した。かくして北洋艦隊壊滅の報に接した李鴻章は、日本との講和を模索した。同年四月一七日、下関講和条約の締結により、清国は日本に台湾・澎湖諸島《ほうこしよとう》と遼東半島《りようとうはんとう》とを割譲した。前者により琉球帰属問題は「解決」したが、後者については露・独・仏による三国《さんごく》干渉《かんしよう》を招いた。三国干渉により日本は遼東半島を清国に返還した。

これは、東アジアへの進出を目指すロシアが、日本の朝鮮や満洲への進出を警戒し、同盟国であるフランスを誘い、さらにドイツに働きかけ、ドイツがこれに応じたことによる外交成果であった。一八七〇・七一年（明治三・四）の普仏戦争で敗退して以来、フランスにとりドイツは仇敵であり、フランスはロシアに接近してドイツを挟撃しようとした。これに対しドイツは、今回のロシアの要請に応ずることでロシアに貸しを作り、フランスとロシアによる挟撃を極力回避しようとしたのである。それゆえ、三国干渉はヨーロッパの国際関係の東アジアでの反映であった。

海戦後の友三郎

なお、前後するが加藤の属する第一遊撃隊は、海上からの砲撃で陸軍の旅順口攻略に協力した後、同陥落後ほどなく、司令官が坪井から連合艦隊参謀長の鮫島員規《さめじまかずのり》（期前、鹿児島出身）へと交代した。相前後して加藤も海軍省軍務課員に転ずることとなり、東京に戻った（一二月三一日）。

三　海軍省軍務局勤務

配属先は海軍省軍務局

東京に戻った加藤は、海軍省軍務局で予算・人事を担当する部署に配属された。海軍大臣は旧薩摩藩出身の西郷従道《さいごうつぐみち》、軍務局長は同じく山本権兵衛。加藤は軍務局で山本の

海軍省（明治27年竣工）

軍政と軍令

	軍　　政	軍　　令
内　　容	軍の編成と維持管理	軍の指揮運用
陸軍の中央機関(長官)	陸軍省(陸軍大臣)	参謀本部(参謀総長)
海軍の中央機関(長官)	海軍省(海軍大臣)	海軍軍令部〔昭和8年に軍令部と改称〕(海軍軍令部長，昭和8年に軍令部長と改称)

（注）「軍政」と「軍令」は必ずしも明確に区別される概念ではなく，ロンドン海軍軍縮条約締結の折，海軍省と海軍軍令部は互いの権限をめぐり対立した。

軍政の手腕を目の当たりにし、学習していった。

海軍省と海軍軍令部

山本が西郷の下で官房主事（今日の官房長、明治二四年〈一八九一〉六月、「高千穂」艦長より着任）として、あるべき海軍を模索し、明治二六年、制度改革を断行する一方、将官八名を含む九七名という大量の将校を退役させるなど人事にも辣腕をふるったことは有名である。すなわち、明治二六年五月、彼は、陸軍に対する海軍の独立と対等性の確保のため、海軍軍令部条例を定め、海軍参謀部を陸軍の軍令（作戦用兵など軍の指揮運用）機関である陸軍参謀本部から切り離して海軍軍令部とし、海軍独自の軍令機関とした。さらに彼は、海軍大臣と海軍軍令部長との関係について省部事務互渉規程を設け、両者の職掌分担を明確にし、業務に関する相互の協議を義務付ける一方、海軍大臣は海軍の予算や人事を掌握し、作戦用兵等軍令事項の決定にも関わるとするなど、海軍軍令部長（以下、軍令部長）に対し海軍大臣を優位な立場に置いた。このような、海軍軍令部（以下、軍令部）に対する海軍省優位は、以後長期にわたって維持されるが、昭和五年（一九三〇）のロンドン海軍軍縮会議を経て、昭和八年には潰えることになる（以上、三九頁の表「軍政と軍令」を参照）。

ともかく山本は、明治二六年に海軍全体における海軍省の主導権を確立させ、日清戦争での後方における海軍の行動と配置に万全を期した。さらに日清戦争後は、海軍大臣主導による、ロシアを仮想敵国とした軍備増強に努めた。甲鉄戦艦六隻、一等巡洋艦六隻からなる、「六六艦隊《ろくろくかんたい》」を主軸とする海上兵力の整備がそれで、日清戦争終結後まもなく、彼は軍務局長として、海相の西郷にそれを具申し、西郷はそれを承認した。

中佐昇任と最新鋭戦艦「八島」副長補任

加藤は軍務局にほぼ三年間在籍した。この間、少佐となり、海軍大学校の教官も兼任した。明治三〇年一二月、中佐に昇任し、ついで戦艦「八島《やしま》」副長に補された。この時、「八島」は製造先のイギリスより日本に回航され、横須賀に入港した直後であった。イギリスのアームストロング社に発注されたこの戦艦は、排水量一万三〇〇〇トン、三〇・五センチ連装砲二基を装備する最新鋭の甲鉄戦艦であった。しかし、加藤が最新鋭の巨艦に勤務したのは、わずか一〇ヵ月間であった。翌明治三一年一〇月、彼は「筑紫《つくし》」艦長に補せられ、清国への出張を命ぜられた。「八島」とは対照的に、「筑紫」は明治一五年にイギリスで竣工した排水量一三五〇トン、二四・五センチ単装砲、一二センチ単装砲をそれぞれ二門装備した小艦艇である。彼は九ヵ月間この船に乗ったが、課せられた任務は、日本居留地の巡回と居留民保護であった。

小艦艇「筑紫」艦長補任と中国居留地巡回

欧米各国は一八三九年（天保一〇）から足かけ四年にわたったアヘン戦争のあと、広州《こうしゅう》、厦門《アモイ》、福州《ふくしゅう》、寧波《ニンポー》、上海《シャンハイ》などの中国港湾都市に居留地（租界）を置き、一八四六年（弘化三）には、イギリス、アメリカ、フランス三国が上海に共同租界を設けた。一八九八年（明治三一）にフランスが上海における専管居留地の拡張を図ると、市民の大きな反発を招き暴動に発展した。この動きが南部各地に波及したため、日本政府は居留民保護のため、福州、厦門など沿海都市や、上海、南京《ナンキン》、漢口《かんこう》（今日の武漢市漢口地区）などの揚子江《ようすこう》流域の港湾都市への軍艦派遣を決定したのである。

加藤が乗る「筑紫」は明治三一年一〇月二三日に呉を出発、二九日、上海に到着した。その後、揚子江を漢口まで遡り、さらに下って上海から南下して福建省の福州、厦門に寄港、澎湖島の馬公《マーゴン》を経由して、翌三二年六月八日、呉に帰投した。

上海をはじめ各寄港地で、加藤らがどのような居留民保護活動をしたのかは資料を欠き、不明である。帰国後、加藤はただちに本省勤務に復した。すなわち六月一七日、彼は新たに海軍省軍務局軍事課長心得となり、九月の大佐昇任と同時に軍事課長に就任した。その後、官制改革があり、彼は軍務局第一課長兼海軍教育本部第一部長となった。

山本権兵衛海相・斎藤実次官体制と友三郎

これより前、すなわち明治三一年一一月八日、西郷海相の下で「権兵衛大臣」と称された山本が、軍務局長から一躍海軍大臣となった。彼は七年余りその職にとどまり、ロシアを仮想敵国とした日本海軍を築き上げ、日露戦争を戦うことになる。その山本を次官として七年間にわたり支え続けたのが、加藤の兵学校の一期先輩である斎藤実《さいとうまこと》である。山本が海相に就任した時、斎藤は大佐で「厳島」艦長の職にあったが、斎藤の能力を高く評価する山本は、ただちに斎藤を東京に呼び寄せ、いきなり次官とした。斎藤が

軍務局課長から常備艦隊参謀長へ

少将になるのはそれから二年後だが、大佐が次官に就任したのは陸海軍にとって前代未聞の出来事である。

加藤は三年間、山本大臣・斎藤次官の下で軍務局の課長を務め、海軍軍政の中枢にあった。明治三五年六月、彼は常備艦隊参謀長として海上勤務となるが、一年余りを経た翌年一〇月、再び軍務局に戻った。この間、ロシアを仮想敵とする海軍大演習（明治三六年二月～三月にかけ朝鮮海峡とその周辺で実施）を体験した。しかし、東京での生活は長く続かなかった。日露両国間の緊張が高まりつつあるなか、彼は一二月に第二艦隊参謀長に補せられ、旗艦「出雲《いずも》」に乗り組むことになった。

第三　日露戦争

一　ロシアの極東進出と日英米の対応

米国のアジア進出と国際環境

加藤友三郎《かとうともさぶろう》が海軍省軍務局で課長を務め、さらに常備艦隊の参謀長を務めている頃、東アジアの国際環境は目まぐるしく変化した。

日清戦争後、アメリカは、ヨーロッパ列強による中国における「利権獲得の争奪戦」を横目に、急速にアジアへの進出を始めた。一八八七年（明治二〇）にハワイ王国よりオアフ島真珠湾の使用権を獲得して以来、アメリカは積極的にハワイに進出し、一八九八年、ハワイを併合した。さらにこの年、アメリカは対スペイン戦争（米西戦争）勝利により、スペイン領であったグァム島およびフィリピン諸島を獲得、さらに中国大陸への進出について、関係各国に要求するに至った。一八九九年のジョン・ヘイ（John Hay）国務長官による「門戸開放宣言」（Open-Door Policy）がそれである。ヘイはイギリス、ドイツ、フランス、イタリア、ロシアそして日本に対し、それぞれ覚書をもって中国市場のアメリカへの開放と均等なビジネスチャンスの提供を求めた。これに対し、ロシアのみ満洲を除外するよう求めるなど、難色を示した。

ロシアの東アジア進出

ロシアは一九世紀末に、ヨーロッパと極東を結ぶ、全長九三〇〇キロにも及ぶ鉄道の建設に乗り出した。それはモスクワを発して東方に向かいウラル山脈を越え、シベリア平原を突っ切り、さらには長大な露清国境を迂回し、ハバロフスクからウラジオストク（ウラジヴォストーク）に至るものであった。当初より完成までに難工事が予想されたが、日清戦争後、満洲を横断する鉄道（東清鉄道《とうしんてつどう》〔現在の中東鉄道〕、満洲里―綏芬河《すいふんが》間）とその鉄道の主要駅ハルビンから南下し長春《ちょうしゅん》を経由して旅順《りょじゅん》に至る支線（のちの南満洲鉄道）の敷設権を、ロシアは清国から獲得した。また、線路の両側には、排他的な行政権を有する鉄道付属地が設定され、一定の鉄道守備隊の配置も認められた。日清戦争が終結して間もなく、ロシアは鉄道を軸に、満洲に巨大な権益を持つようになっていたのである。一九〇〇年（明治三三）、義和団による暴動を機に北清事変《ほくしんじへん》が勃発し、日本を含む八ヵ国が自国の公使館員救出のため出兵し、連合軍を組織した。この時、ロシアは鉄道などの権益保全を理由に大軍を満洲に入れ、事実上満洲を占拠した。

第二次「門戸開放」宣言

このような状況下、アメリカが動いた。ヘイ国務長官は北清事変に際し、前年の覚書提示に続き、中国の領土保全を前年同様、関係各国に要請した（第二次「門戸開放」宣言）。

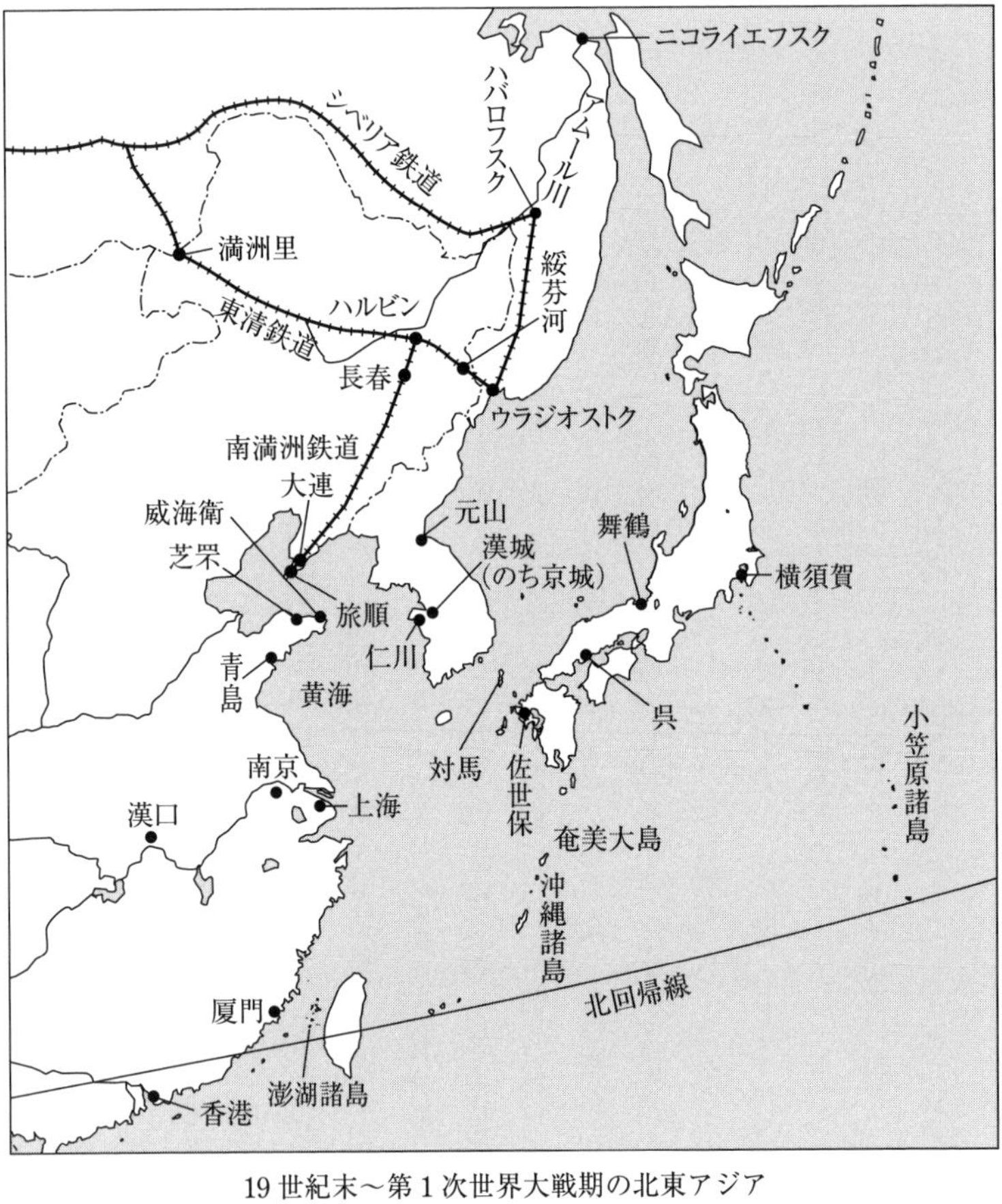

19世紀末～第1次世界大戦期の北東アジア

また、イギリスは従来「光栄ある孤立」を国是としてきたが、山東半島《さんとうはんとう》に進出したドイツに対し、再三、同盟条約の締結を働きかけた。しかし、ドイツは動かなかった。露仏同盟によってロシアとフランスに挟撃されることを恐れたドイツは、ロシアの関心が東アジアに向き続けることを望んだのである。

日本では、政府関係者と元老間で意見が分かれた。イギリスと結んでロシアの朝鮮進出を抑えようとする日英同盟論と、「満韓交換」を前提にロシアと妥協しようとする立場の日露協商論である。前者を主張したのは首相の桂《かつら》太郎《たろう》、外相の小村《こむら》寿太郎《じゅたろう》、枢密院議長の山県有朋《やまがたありとも》、後者は元老である伊藤博文《いとうひろぶみ》と井上馨《いのうえかおる》であった。

日英同盟

イギリスは、中国における権益がおおむね南部の揚子江《ようすこう》流域に集中していたため、ロシアによる満洲占拠それ自体を、大きな危機と捉えてはいなかった。しかし、ロシアが満洲の巨大な軍事力を背景に、北京の中央政府に影響力を行使し、南部のイギリス権益に脅威が及ぶことを恐れた。同時に、日本がロシアと協調路線を取ることを懸念した。さらにインド・アフガニスタン方面へのロシアの南下に対応するため、そしてまた、南アフリカにおける第二次ボーア戦争（一八九九～一九〇二）を乗り切るためにも、イギリスは東アジアにおいて政治的パートナーを必要としていた。露仏同盟ゆえにフランスはその対象とならず、ドイツも先に述べたようにその対象ではなかった。アメリカは中国に経済的な進出を望んでいたが、建国以来、対外政策については孤立主義を取り、ましてや中国の権益維持を狙うイギリスとの利害関係の調整は困難であった。かくして、イギリスにとって、政治的パートナーとして可能性があるのは日本に限られた。北清事変終結の翌年、すなわち明治三四年(一九〇一)、日英両国は同盟締結に向け交渉を開始し、翌年一月、日英同盟が締結された。

日英同盟はロシアを仮想敵国としたものである。ロシアはこの日英の動きに対し、一九〇二年(明治三五)四月に清国との間に満洲還付条約を結ぶなど、いったんは譲歩の姿勢を示して軍隊の一部は撤兵させたものの、翌年には撤兵どころか軍を増派し、鴨緑《おうりょく》江《こう》左岸の龍巌浦《りゅうがんほ》に軍事基地を建設するなど朝鮮にも侵入を開始した。

日露交渉の失敗

明治三六年一〇月六日、東京で日露交渉が開始された。日本は交渉開始に先立ち、八月にロシア側に対し、日本は満洲におけるロシアの鉄道経営に関する「特殊なる利益」を承認するが、ロシアは韓国における日本の「優勢なる利益」を認めるよう、提案した。「満韓交換」論である。これに対し、ロシアは交渉内容を韓国に限定し、日本による韓国への軍事的進出の禁止と北緯三九度以北の韓国領土の中立化と朝鮮海峡における自由通行の確保について、日本側に要求した。日本側は、韓国への軍事的進出の禁止と北緯三九度以北の韓国領土の中立化の二点に関する修正要求を行なったが、ロシアは回答を引き延ばしつつ、満洲の陸海両軍の強化と整備を急ぎ、一二月に至り拒否した。

連合艦隊の編成

こうして日露交渉が暗礁に乗り上げた頃、すなわち明治三六年一二月二八日、海軍は平時体制から戦時体制に移行した。常備艦隊が解消され、主力艦艇は新たに第一、第二、第三艦隊として再編され、最新鋭の艦艇による第一・第二艦隊で連合艦隊が編成された（第三艦隊は日露開戦間もなくの三月に連合艦隊に編入された）。

司令長官東郷平八郎

第一艦隊の司令長官に東郷平八郎《とうごうへいはちろう》（中将、期外）、参謀長は島村速雄《しまむらはやお》（大佐）、第二艦隊司令長官に上村彦之丞《かみむらひこのじょう》（中将、海兵四期）、参謀長が加藤友三郎（大佐）、第三艦隊司令長官に片岡七郎《かたおかしちろう》（中将、海兵三期）、参謀長に中村静嘉《なかむらやすよし》（大佐、海兵七期）がそれぞれ任命された。東郷以下三名の司令長官は鹿児島出身、三名の参謀長はそれぞれ高知、広島、石川出身で、いずれも海兵七期である。

連合艦隊の司令部は第一艦隊の司令部が兼任するので、東郷が連合艦隊司令長官、島村が同じく参謀長である。参謀として、第一艦隊に秋山真之《あきやまさねゆき》（少佐、海兵一七期）、第二艦隊に佐藤鉄太郎《さとうてつたろう》（少佐、海兵一四期）がそれぞれ送り込まれたが、彼らは海軍きっての若手戦術家として知られていた。

なお、第一艦隊司令長官に補された東郷はこの時、常備艦隊司令長官を退任し、予備《よび》役《えき》編入間近の舞鶴鎮守府《まいづるちんじゅふ》司令長官であった（鎮守府とは艦隊後方の諸施設を統括する海軍の根拠地のことで、横須賀、舞鶴、呉、佐世保に置かれた。現在は地方総監部と称する）。対露戦争を見据えた海相の山本権兵衛《やまもとごんべえ》が、彼を現役に据え置くよう決定した。山本は同郷で海軍兵学校同期（海兵二期）の日高壮之丞《ひだかそうのじょう》を常備艦隊司令長官から外し、後任に東郷を据えたのである。

東郷の人事

海軍大臣や軍令部長に対する批判も辞さないであろう猛将タイプ日高を忌避したものと思われる。なお、この人事を不安に思った明治天皇《めいじてんのう》に対し、山本は大きな戦争に勝ちを制するには運も必要で、「高陞号《こうしょうごう》」事件（三五頁参照）を念頭に東郷は運のいい男であるから、と応じた（豊田穣『蒼茫の海』二九〇頁）。それから二ヵ月後、日露戦争が始まる。

加藤は常備艦隊参謀長として一年余り日高に仕えたが、この上司を加藤はどう見ていたか。興味深いが不明である。彼は日高に仕えた後、東郷の常備艦隊司令長官就任とともに参謀長の職を解かれ、短期間（一〇月二七日～一二月二八日）ではあったが、軍務局第一課長兼第二課長に就任した。戦時体制移行の準備のためではなかったか。なお、加藤の後任は島村速雄である。のちに触れるように、これは東郷の要請によるものであった。

二　日露開戦

旅順奇襲攻撃

日清戦争に引き続き、今回も海軍による奇襲攻撃から戦争が開始された。

そもそも、ロシアは一八九五年（明治二八）に旅順・大連《だいれん》を清国から租借して以来、旅順を軍港として整備し、その周辺には堅固な要塞を構築した。そして、ロシアは旅順港に太平洋艦隊を進出させた。戦艦七隻、一等巡洋艦四隻、二等巡洋艦八隻、駆逐艦二五隻、水雷艇一七隻、砲艦等一五隻からなるそれは、日本海軍の主力を上回る戦力を有していた。そのうち一等巡洋艦三隻はウラジオストクに、二等巡洋艦一隻と砲艦一隻は仁《じん》川《せん》に、それぞれ派遣されていた。

連合艦隊は、ロシア太平洋艦隊の主力が旅順口外に停泊していることを確認した明治三七年（一九〇四）二月八日夕刻、旅順口に接近し、その夜、水雷戦隊に夜襲攻撃を決行させた。その後、ロシア太平洋艦隊の主力艦数隻と連合艦隊は交戦したが、旅順口両岸の要塞の強力な要塞砲により少なからず損傷を受け、旅順口を離れた。こうして連合艦隊は、ロシア太平洋艦隊の主力をほとんど無傷のまま、旅順口奥深く退避させてしまったが、旅順口は狭く、連合艦隊の艦艇がそれを取り巻き監視することにより、ロシア艦隊を旅順口内に閉じ込めることができた。また、日本軍は朝鮮から満洲への電信線を破壊し、旅順と対岸の芝罘《しふう》（現在の煙台）とのロシア官設海底線を切断して旅順を情報封鎖した（有山輝雄『情報覇権と帝国日本』I、二五五頁）。

仁川沖海戦

一方、二月八日、瓜生外吉《うりゅうそときち》（少将、期外〔米国アナポリス海軍兵学校卒〕）率いる第四戦隊（第二艦隊所属）が、本隊から離れ仁川に向かう。仁川には、ロシア艦艇二隻が第三国の艦艇ともども停泊していた。瓜生の艦隊はこの二隻に、仁川からの退去を要求したが、この二隻が港外に姿を見せるや攻撃し、一隻を撃沈、他の一隻は自沈させた。

ロシアに対し宣戦布告がなされたのは、二月一〇日のことである。ともかく、宣戦布告前にロシア太平洋艦隊の動きを封じたことで、日本側は北東アジア海域の制海権をおおむね握った。しかし、日本側は、ウラジオストク派遣の三隻を基幹とするウラジオストク艦隊に翻弄され、悩まされることになる（後述）。

旅順口閉塞作戦

さて、旅順港を包囲した連合艦隊であったが、攻めるに決め手を欠いた。そこで発案されたのは、狭い旅順港の出入り口（旅順口）の水路に何隻かの老朽船を沈め、旅順港そのものを閉塞するというものである。周辺の要塞からの砲撃を掻いくぐり、狭い港湾部出入口の中央に老朽船を持っていくことは難しく、自沈後のボートによる脱出とその救出はさらに大変な困難が伴う。この作戦遂行のための「決死隊」要員が募られた。閉塞作戦は全部で三回実施され（後述）、初回については、参謀長として加藤が乗る第二艦隊旗艦「出雲《いずも》」にも、その募集の通達があった。艦長は加藤と兵学校同期の伊地知季珍《いじちすえたか》（大佐）である。伊地知は次のように回想する。

伊地知季珍の回想

> 自分はその要員の選抜を副長に任せておいたが、ある日、その選考に漏れた一機関

兵が自分のところに陳情にきた。彼は一死国恩に報ぜんがため是非とも閉塞隊に加えてもらいたいと熱誠をもって懇願した。これに対し自分は努めて冷静に国恩に報ずる機会はまた別にあるから、今回は思いとどまるよう説諭し、彼を納得させ退室させた。この時、たまたま艦長室に来ており、黙ってこの会話を聞いていた加藤は機関兵が退出し、ドアを閉めるなり声を上げて泣き出し、自分ももはや感情を制することが出来ず大いに泣いた。（宮田光雄編『元帥加藤友三郎伝』二六九〜二七〇頁）

加藤がこの作戦をどのように考えていたのかは不明だが、一機関兵の「一死国恩」に報じようとする熱情に深く感動したようである。この時、「三笠《みかさ》」以下一六隻の連合艦隊主力艦乗り組みの兵卒から二〇〇〇名余りの志願者があり、選抜された六七名の兵卒と一〇名の指揮官・機関長とによって、五隻の老朽船を使用した第一回閉塞作戦が遂行された（山本海軍大将伝記編纂会編『伯爵山本権兵衛伝』上、六二四〜六二五頁）。

ところが、ロシア軍要塞からの砲火は凄まじく、また、魚雷艇などの巧妙な攻撃により、老朽船を目標地点に沈めることはできなかった。閉塞作戦は二月から五月にかけて合計三回実施されたが、全体として所期の効果を出すことなく終わった。なお、この作戦で壮烈な戦死を遂げて「軍神」となり、軍歌にも謳われた広瀬《ひろせ》武夫《たけお》（海兵一五期）少佐は、第二回閉塞隊での指揮官（閉塞用船「福井丸」担当）の一人である。

ウラジオストク艦隊と友三郎ら第二艦隊

旅順のロシア太平洋艦隊に連合艦隊が手を焼いている頃、ウラジオストクのロシア艦隊が動き出した。連合艦隊司令長官の東郷は、第二艦隊をウラジオストク艦隊に対応させた。第二艦隊司令長官の上村および参謀長の加藤らはウラジオストクに向かったが、行き違いであった。ウラジオストク艦隊の主力である一等巡洋艦「ロシア」「グロムボイ」「リューリック」三隻は、日本近海までやってきた。四月二五日には、朝鮮半島東岸の元山《げんさん》近海で、海軍輸送船「金州丸」が撃沈された。ウラジオストク艦隊はさらに九州北岸に迫った。六月一五日に至り、玄界灘で陸軍輸送船「和泉丸」が、陸軍将兵一〇〇〇名を乗せた「常陸丸」が、同じく一三〇〇名と軍馬を多数乗せた「佐渡丸」が、それぞれこの三隻に砲撃され、撃沈された。この時、第二艦隊は対馬の尾崎湾にあり、急報を聞き、ただちに現地に向かったが、敵艦隊を発見できず虚しく帰投した。

第二艦隊への非難

ウラジオストク艦隊はその後、北海道の西南に姿を見せ、南下して朝鮮半島に接近して元山港を砲撃し、七月には対馬海峡に姿を見せ、ウラジオストクに戻った。七月二〇日、今度は太平洋に出て来た。津軽海峡を通過して太平洋に出て南下、房総沖さらに伊豆南岸に至り、内外の商船を数隻攻撃し、沈没させた。第二艦隊はウラジオストク艦隊を追い求めたが、またしても会敵できず、世間の批判にさらされた。第二艦隊は「濃霧艦隊」と誹謗され、司令長官の上村は「露探《〔ロシアのスパイ〕》」と罵られ、彼の東京の留守宅には多数の人々が押しかけ、投石した（同前、六九五頁）。加藤も同様に辛い思いをした。加藤は後日、山梨勝之進《やまなしかつのしん》（海兵二五期、当時、大尉として「扶桑《ふそう》」航海長）に対し、「毎日内地からきた第二艦隊に対する罵詈《ばり》攻撃の手紙を丹念に読んで紙屑箱に破りすてた。これがおれの仕事であったし、長官〔上村彦之丞〕には一切見せぬようにした」（山梨勝之進先生記念出版委員会編刊『山梨勝之進先生遺芳録』一七頁）と語っている。自分たちを非難、攻撃する手紙を丹念に読むところが生真面目な加藤らしい。

満身創痍のウラジオストク艦隊

しかし、八月一四日に至り、ついに第二艦隊は朝鮮半島東岸の蔚山《ウルサン》沖で、ウラジオストク艦隊を捕捉し、「リューリック」を撃沈した。また、「ロシア」「グロムボイ」がウラジオストクに戻った時には、ともに満身創痍の状態で戦闘能力を喪失しており、ウラジオストク艦隊は事実上、壊滅した。こうして上村や加藤は「汚名挽回」ができた。

山梨勝之進

一方、旅順のロシア太平洋艦隊はこれより前の八月一〇日未明、ウラジオストクに脱出を図るべく一九隻の艦艇が旅順口から出てきた。これに対し、東郷が率いる第一艦隊は、相手艦隊の先頭を抑える「丁字戦法」（あるいは「T字戦法」）でもって戦闘を開始した（黄海海戦）。集中攻撃を受けた旗艦「ツェザレウィッチ」は大きく損傷し、旗艦を含め四隻は膠州湾《こうしゅうわん》方面に、二隻は上海《シャンハイ》に、一隻はサイゴンに、他の一隻は樺太《からふと》にそれぞれ遁走したが（それらは樺太に逃げ座礁した艦艇を除き、いずれも現地で武装解除された）、他の多くは旅順港に戻った。

旅順艦隊の脅威

仁川港外で二隻の艦艇を沈め、さらにウラジオストク艦隊を壊滅させた日本海軍にとって問題は、旅順要塞と旅順口奥に逼塞するロシア海軍艦艇群の存在であった。そのロシア海軍艦艇群、すなわち旅順艦隊は旅順沖の海戦や今回の黄海海戦で有力な艦艇を少なからず喪失したとはいえ、数隻の戦艦が温存され、それはいまだ健在であった。

なお、海軍の作戦行動が一段落した九月一日付けで、加藤は少将に昇任した。

三　日本海海戦

第二太平洋艦隊の日本への出航

明治三七年（一九〇四）一〇月一五日、バルチック艦隊が第二太平洋艦隊として旅順・ウラジオストクを目指し、ロシアのリバウ港を出発した。それは、旗艦「スワロフ」をはじめ戦艦七、巡洋艦八、駆逐艦九、輸送船一四、工作船一、病院船一、特務艦一で構成される大艦隊であった。輸送船の数が多いのは、食料・水に加え、石炭補給のためである。当時の艦艇は、遠洋航海の際、定期的に洋上で石炭の補給を受ける必要があった。ロシアの同盟国であるフランスや外交上の配慮からドイツの協力が得られるにせよ、大艦隊を欧州から東洋に回航させるのは容易ではない。半世紀前、汽帆船を中心に四隻から成るペリー艦隊が大西洋を横断し、喜望峰からインド洋経由で日本に来航したが、行程のほとんどが帆走だったため、輸送船を帯同し、洋上で燃料等の補給を受けることとなどなかった。

しかし、排水量一万三〇〇〇トンクラスの主力艦はそれぞれ吃水《きっすい》（船体の一番下から水面までの長さ）が深く、イギリスが管理するスエズ運河を通過してインド洋に出ることはできなかった。そこで通行可能な一部の艦船を除き、多くの艦艇と輸送船はアフリカ大陸の先端・喜望峰経由の長大な距離の航行を余儀なくされた。

明治三八年一月九日、バルチック艦隊はマダガスカル島西岸のノシベ湾に集結し、二ヵ月余り停泊、艦艇の修理と補給を済ませ、さらなる航海に備えた。また、この前年一二月、ロシアはさらに戦艦五隻を含む第三太平洋艦隊を編成し、援軍として太平洋に送る旨を決定した。第二太平洋艦隊は、寄港していたベトナムのカムラン湾を後にし、五月九日、ヴァンフォン湾（カムラン湾より七四キロ北）で第三太平洋艦隊と合流し、ともにウ

旅順第三次総攻撃

上京途上の連合艦隊幹部（明治 37 年 12 月 29 日，神戸にて）
左から船越楫四郎（第 2 艦隊副官），島村速雄，東郷平八郎，上村彦之丞，加藤，秋山真之

ラジオストクを目指すことになった。

旅順港を擁する旅順要塞は難攻不落であった。乃《の》木《ぎ》希典《まれすけ》率いる陸軍第三軍は、二回にわたる総攻撃で多くの死傷者を出したが、攻略の糸口すらつかめないでいた。一方、旅順口奥深くに逼塞する旅順艦隊の残存部隊は、東行しつつあるバルチック艦隊と合同して日本海軍を撃破することを期しているようであった。事ここに至り、決め手を欠いた日本海軍の首脳は、旅順要塞の攻略を陸軍に強く要請した。背後から旅順港に迫ろうというのである。乃木は海軍の要請を受け入れ、第三次総攻撃の目標を旅順港が見渡せる二〇三高地の攻略に絞った。陸・海軍共同で、そこを観測点として山越しに榴弾砲を打ち込み、港内の艦船を逐次撃破しようという計画である。

乃木軍は多大な犠牲を払いながらも、一二月五日、やっと二〇三高地奪取に成功した。翌六日には二八珊《チセン》榴弾砲による砲撃が開始され、一二月半ばには四隻の戦艦を含む港内のほとんどの艦艇を、沈没かそれに近い状態に日本軍は追い込んだ。一二月一九日、東郷第一艦隊司令長官が上陸し、自ら旅順艦隊の壊滅を確認した。これを受け、大本営は東郷と第二艦隊司令長官の上村を東京に召喚した。報告と打ち合わせのためであろう。加藤は島村らとともに東郷らに随行し、呉・神戸経由で上京した。

しかし間もなく、すなわち明治三八年一月一日、ロシア要塞司令官のステッセル将軍が旅順開城の要求に応じ、旅順要塞は陥落した。その攻略には一三万の将兵が投入され、死傷者は五万九〇〇〇人に及んだ。旅順陥落は東航途上にあるバルチック艦隊やロシア国内ばかりか、世界に衝撃を与えた。

友三郎の第一艦隊参謀長転補

旅順陥落を受け、バルチック艦隊を迎え撃つため、連合艦隊の編成に多少の改定が加えられた。各艦隊の司令長官はそのままであったが、第一艦隊参謀長の島村速雄（少将）が第二艦隊第二戦隊司令官に転出し、加藤が第二艦隊参謀長より第一艦隊参謀長に転補された。そして、加藤の後任に海軍兵学校同期の藤井較一《ふじいこういち》（大佐、前「吾妻《あずま》」艦長）が就いた。しかし、この連合艦隊・第一艦隊参謀長の更迭は、対露海戦が一区切りついたところでの、単なる人事刷新ではあるまい。

山本権兵衛の娘婿である財部彪《たからべたけし》（海兵一五期、のち海相）の日記（国会図書館憲政資料室所蔵。未刊行分は「財部彪日記」、海軍次官および海相時代の刊行分は『財部彪日記』と本書ではそれぞれ表記する）によれば、東郷は自身が常備艦隊司令長官に再任された時、幕僚として、島村速雄、有《あり》馬良橘《まりようきつ》（海兵一二期）、秋山真之、松村菊男《まつむらきくお》の四名を山本海相に希望したようである（「財部彪日記」明治三六年一〇月一九日の条）。加藤は東郷の希望外であった。有馬は航海長として「三笠」をイギリスから回航し、その後「常盤《ときわ》」副長を務めた。松村は海軍兵学校二三期首席卒業で、将来を期待された俊秀である（開戦劈頭の戦闘で負傷し、「三笠」を降りた）。東郷には、自ら希望した島村をここで外し、加藤と交代させる理由はないように思われるが、戦前に山本海相が加藤を高く評価したことからすれば、山本の意思がこの人事に働いたのかもしれない。

「明敏速断」の友三郎

『元帥島村速雄伝』はこの人事について、旅順陥落後、「作戦の状況変化し、遠謀深慮を要する封鎖作戦を終り、明敏速断を要するバルチック艦隊との遭遇戦を予期することとなったので、参謀長のこの交代は其の当を得たものであったとの評もあった」（一〇五頁）と記している。ともあれ「遠謀深慮」の島村から「明敏速断」の加藤にバトンが渡され、連合艦隊はバルチック艦隊を待ち受けることになった。

消えたバルチック艦隊の航跡

さて、内地で補修を終えた連合艦隊の主力艦艇は、朝鮮半島南部の鎮海湾《ちんかいわん》とその周辺に結集し、射撃を中心とした訓練に励んだ。開戦早々、日本政府は日韓議定書の締結を韓国政府に強要し、「韓国の安全」を名目に、日本軍が韓国における必要な地点を臨機に収用することを可能としていたのである。加藤は参謀長として、秋山を中心にバルチック艦隊を迎撃する作戦を練った。その結果、五島列島周辺での迎撃戦を皮切りに、戦いをウラジオストクまで七つに区分する「七段備えの戦法」が編み出された。しかし、五月半ばを過ぎ、ベトナムのカムラン湾出発を最後にバルチック艦隊の航跡が消えた。

海軍省・軍令部首脳や連合艦隊司令部でも、バルチック艦隊は太平洋方面を迂回し、津軽海峡か宗谷海峡経由でウラジオストクに向かう可能性が浮上し、意見が分かれた。東郷や加藤は各戦隊司令官や同参謀長を「三笠」に集めて会議を開き、北海道沖への艦隊移動を含め、その対応策を検討した。そうしたなか、バルチック艦隊の一部の輸送船が本体から切り離され、上海に入港したとの情報に接するや、同艦隊は石炭の洋上補給を要する迂回はせず、日本海をウラジオストクに直行すると加藤らは判断した。

劇薬を服用する友三郎

この頃、加藤は胃の痛みに苦しめられた。極度のストレスによるものであろう。彼は「三笠」乗り組みの軍医長の鈴木重道の診察を受け、敵艦隊を撃滅するまでは我が身は大切だが、その後のことは考える必要はなく、二、三日病苦を取り除いてくれ、と劇薬の調剤を依頼した。鈴木はその後の影響を考え、躊躇したというが、加藤は劇薬を服用して海戦に臨んだ（前掲『元帥加藤友三郎伝』五八頁）。

バルチック艦隊の発見

はたしてバルチック艦隊は朝鮮海峡に来た。五月二七日早朝、同海峡にて哨戒中であった仮装巡洋艦（武装した商船）「信濃丸《しなのまる》」が同艦隊を発見し、「……敵の第二艦隊見ゆ」〔第二太平洋艦隊、バルチック艦隊〕「敵は対州〔対馬国〕東水道を通過せんとするものの如し」（海軍軍令部編刊『極秘明治三十七八年海戦史』第二部巻一、六頁）との報を無線電信で発したことは、あまりにも有名である。

この一報に接した連合艦隊司令部は、大本営に「敵艦見ゆとの警報に接し、連合艦隊は直ちに出動、之を撃滅せんとす。本日天気晴朗なれども波高し」と打電し、鎮海湾とその出入り口である加徳水道に待機する諸艦艇に出撃を命じた。「本日天気晴朗なれども波高し」のフレーズは、連合艦隊参謀の秋山が書き加えたという。実際に当日は波が高く、秋山が案出した駆逐艦や水雷艇による機雷攻撃は中止され、霧のため、第一・第二両艦隊は会敵に手間取った。発見の第一報から会敵までの八時間余りの間、「信濃丸」に続き、「松島《まつしま》」「和泉《いずみ》」など対馬周辺を警戒する第三艦隊の諸艦艇から、ロシア艦隊の動静が刻々と無線電信で「三笠」に届けられた。しかしこれに対するロシア側からの通信妨害はなかった。

日本の無線電信導入

通信については、話はさかのぼるが、一八九五年（明治二八）にイタリアのマルコーニが、約一・六キロの無線通信の実験に成功し、その四年後に日本海軍はイギリスにいた技術士官の報告を通じてそれを知った。ほぼ同時期にアメリカにいた秋山真之は、無線電信の採用と清国および韓国沿岸に「無線電信交換所〔無線電信中継所〕」設置の権利獲得が必要であるとの建議を東京の海軍首脳に行なった。海軍はただちに動き、逓信省と連携して陸上実験を繰り返し、明治三三年には「浅間《あさま》」「敷島《しきしま》」など軍艦に無線電信装置が取り付けられた。艦船間、艦船―陸上との実験もなされた。その結果、艦艇間の通信距離は六四キロに達し、翌三四年一〇月、海軍は無線電信装置を兵器として採用、対馬や平戸島には望楼無線電信施設が建設された（海軍歴史保存会編『日本海軍史』第五巻、四六一～四六三頁）。日本海軍は五年という短い期間で、兵器としての無線通信のシステムを完成させた。それが対馬海域での哨戒と会敵に大いに役立ったのである。

戦艦「三笠」

接近する両艦隊

　さて、その明治三八年五月二七日、午後一時三九分、連合艦隊は対馬東水道を北進するバルチック艦隊を捕捉した。当日の対馬海峡の霧は濃からず薄からずで、この時、両艦隊はほぼ同時に互いを発見した。両艦隊の距離は一万メートルに迫り、もはやバルチック艦隊は日本艦隊を避け、直接ウラジオストクを目指すことはできないところまできていた。

東郷は午後一時五五分、「皇国の興廃は此の一戦に在り、各員一層奮励努力せよ」との旗旒信号（Z旗）を「三笠」艦上に挙げさせ、艦隊を西に変針させた。そして『極秘明治三十七八年海戦史』によれば、「東郷連合艦隊司令長官は二時二分……先ず敵に対し反航通過するか如く装い、同五分《（午後二時）》に至り急に東北東に変針し……八千メートルを隔てて約北東微北に航進しつつある敵の先頭を斜めに圧迫し、第二戦隊も続航」（第二部巻一、一〇頁）した。

同航戦か反航戦か

実は、敵艦隊発見直後から艦橋（指揮を執るところ）では、参謀らが今後の対応をめぐり議論を始めていた。敵艦隊と並行して航行し撃ち合う同航戦をするべきか、まずは敵艦隊とすれ違いざまに撃ち合う反航戦をして、その結果を見て次の手を考えるべきか。すなわち敵艦隊を右側にして砲撃するのか、左側にしての砲撃か、まずそこが決まらないと砲術長は具体的に命令の出しようがない。この時、艦橋にあった「三笠」副長の松村龍雄（海兵一四期、開戦直後に負傷して「三笠」を降りた元参謀松村菊男の兄）は、のちに「回想録」のなかで次のように述べる（田中宏巳『人物叢書　秋山真之』一九九頁）。

我は戦闘速力で進むのであるから刻一刻に敵に近づき、最早一万〔一万メートル〕以内に入ってしまったのである。これがため反航戦にするのか同航戦をするのかという議論が艦橋で起こった。こんなに接近して未だ射撃準備も出来上がらないのに、同航戦をするため針路を転ずるときは多大の損害を受けるから、一時反航戦をして好機会を持つにしかずという論と、そんな事をすれば敵を逸する恐れがあり、なんでも同航戦をして雌雄を決すべしとの論が起こった。反航か同航か定まらぬ内は射撃の号令を下すわけにはいかないので、砲術長安保〔安保清種〕少佐は大いに焦燥し……その内にとにかく同航戦と定まって三笠が取舵に大角度の転針を行ったときは、もう八千メートルの近距離になっていた、

東郷平八郎

旗艦「三笠」砲術長の回顧

「三笠」砲術長の安保清種《あぼきよかず》（少佐、海兵一八期、のち大将、海相）はこの時のことを、日本海海戦三〇周年（昭和一〇年〔一九三五〕）に際し、次のように回顧した（東京日日新聞社・大阪毎日新聞社編刊『参戦二十提督日露大海戦を語る』三五六～三五八頁）。

……当日の濛気〔霧〕の関係もあり彼我艦隊

の近接も意外に早く、三笠の距離測定儀はすでに敵との最近距離八千五百メートルを報告しました。そこで私は気が気でなく誰に言うともなく、「もう八千五百でありますが」と大きな声で注意を促しました。すると加藤参謀長がいきなり、「砲術長、君一つスワロフを計ってくれ給え」と言われたので……測ってみますと、敵の先頭にあるロジェストウエンスキー長官の旗艦スワロフとの距離は正に八千メートルに近づいて居るではありませんか。私は「最早八千になりました」と大声で報告し、……その途端に東郷長官の右手はさっと左方に半円を描かれ、加藤参謀長と顔を合せて何事かうなずかれたかと見えたその刹那に加藤参謀長の例の甲高い声が突如として響いたのであります。「艦長取舵一杯に！」と。この取舵一杯と申すのはできるだけ早く、極度まで舵を取って船の頭を左の方に急転せしめる意味であります。そうすると伊地知三笠艦長が「え、取舵になさるのですか？」と反問せられましたが、この反問は実は無理もないことで、今将に射ち合いを始めようというこの場合、大きな舵を取って敵の方に〔針路方向に〕頭を突っ込んで艦隊の正面を変えようというのは、余りに大胆に、余りに冒険の運動であるから、それで艦長は或は自分の聞き違いではないかと念のため一応問返されたのでありましょう。これに対し参謀長は「左様、取舵だ」と確言せられ、ここに旗艦三笠は非常な勢をもって確かにその艦首を左の方に急転し、まっしぐら東の方に向かって斜めに敵の先頭を圧したのであります。

同航戦「T字戦法」

安保によれば、バルチック艦隊を眼前に見据えた東郷と加藤とが目と目を合わせ、加藤が大声で「取舵一杯」（大きく左旋回）と指示し、敵艦隊の針路を遮る「丁《てい》字戦法」（「T字戦法」）を発動して敵艦隊との長い接触時間が確保できる同航戦に持ち込んだとする。その際、司令長官の東郷は右手を上げ、左方向に円を描いた。しかし実際は、「三笠」副長の松村龍雄が「回想録」で語ったように、敵艦発見後、「三笠」の艦橋では、同航戦か反航戦か、左舷での戦いか右舷で砲戦を開始するのか、の議論が戦わせられたのであり、この戦闘に関し最初から明確な方針があったわけではないようである。焦る砲術長の安保清種を「砲術長、君一つスワロフを計ってくれ給え」と加藤がなだめ、時間稼ぎをした。安保砲術長がイライラするなか、結論が出た。結論は敵艦隊の針路を圧迫しつつ同航戦に持ち込む、である。加藤がそれを踏まえ、「取舵一杯」を伊地知艦長に指示した、といったところであろう。

「三笠」艦橋の東郷と友三郎

バルチック艦隊を前に「三笠」の左旋回が始まった頃、加藤ら幕僚たちや伊地知艦長は交々《こもごも》東郷に対し、吹きさらしの艦橋から鋼鉄版に覆われた司令塔のなかに移って指揮を執るように要請したが、東郷は動かなかった。安保は続ける。

……「東郷は老人じゃ。今日はこの位置を離れない。貴方がた若い者こそ将来御奉公の前途が大切じゃから、貴方がたはお入りなさい」といって聞かれない。参謀長〔加藤友三郎〕もまた、「自分もきょうはこの位置を離れない。尤《もっと》も幕僚が皆一緒におっては一遍にやられるから、なるべく分かれて別々に位置した方が宜しい」と注意をせられ、結局三笠の最上艦橋には東郷司令長官と加藤参謀長がおられ、それ以外の幕僚は戦闘中は司令塔や上甲板以下の防御部内に別々に位置を占め、時々戦況に応じて艦橋に顔を出すというわけでありました。（同前、三六一〜三六二頁）

「東郷ターン」

ともかく、第一・二艦隊ともに左に大きく旋回し（取舵一杯）、北上するバルチック艦隊の針行方向を目がけて突進した。いわゆる「東郷ターン」である。この大旋回によって進行する敵艦隊に対し、日本の各艦艇は横腹を曝すこととなり、格好の射撃目標となった。しかし、旋回を終えた「三笠」はじめ第一艦隊は、陣容を整えるや砲火を旗艦「スワロフ」に集中し、同艦を炎上大破、戦列離脱、そして撃沈に追い込んだ。旗艦を失ったバルチック艦隊は混乱に陥り、多くの艦艇が戦闘能力を喪失し、夜となった。駆逐艦、水雷艇による水雷戦部隊が手負いのロシア艦艇の多くを大破させ、撃沈させた。

この日の海戦で、第一艦隊先頭の旗艦「三笠」は右舷と左舷合わせて五〇ヵ所に敵弾を被った。そのうち、六インチ〔一五・二センチ〕弾以上の直撃弾は三二発に及んだ。この海戦で第一・二艦隊の主力艦一二隻が被った六インチ以上の敵弾は合計一三〇発で、そのうちの四分の一が「三笠」に集中したのである（同前、三五九頁）。同航戦実施のための転針は多大の損害を生むとの議論が直前にあったが、その通りとなった。

誰が「敵前大回頭」を指示したか

それにしても「敵前大回頭」の決断は誰がしたのか。その候補の一人には、加藤も挙げられるのだが、実は「出会頭に敵に向かって突撃したなどは実に超戦術の大戦術」だと、その〈犯人〉探しをした人物がいた。第二艦隊参謀の佐藤鉄太郎である。彼の海戦三〇周年の回想に注目しよう。

佐藤は、初めは彼ならしかねないと、尊敬している秋山に問うた時、その時自分は艦橋にいなかったと語ったというので、秋山ではない。加藤は「何処までも合理的な事をする人」であるし、かといって東郷の独断とも思えず、「三笠」艦長の伊地知彦次郎なら相当に乱暴なこともやるだろうと、後年（明治四二・四三年の練習艦隊の遠洋航海で、伊地知司令官の下で佐藤は練習艦の艦長を務めた）伊地知に問うた。彼は、陣形を整えるため、いったん反航戦にすることを主張したというので、伊地知でもない。

それなら矢張《やはり》、東郷さんか加藤参謀長のどちらかでしょう。加藤さんは理性に適《かな》ったことでなければやらない人ですから、そうするとどうしても東郷さんということになる。（同前、三八八〜三八九頁）

佐藤は、東郷か加藤ということであれば、やはり〈犯人〉は東郷であろう、という。

友三郎の指示という証言

佐藤は加藤を「理性の人」と評する。しかし、加藤は「明敏速断」「勇気と胆力の人」でもあった。駆け出しの士官時代に、彼の咄嗟《とっさ》の、そして決死の行動が練習艦「龍《りゅう》驤《じょう》」を火薬庫爆発による大火と沈没から救ったこと（一八頁参照）を想起したい。

ちなみに、この海戦三〇周年の八年前の昭和二年（一九二七）に、砲術長だった安保清種は「海戦の勝敗と主将」と題し、日本海海戦について講演している。その内容はほとんど日露戦争三〇周年時の回想と一致するが、「敵前大回頭」のところが異なる。それによれば、東郷と加藤の眼が期せずして会い、互いに頷くや加藤が「艦長取り舵一杯」と指示、これに対し伊地知艦長が「え、取り舵にですか」と念を押したのに対し（八年後の「三〇周年回顧談」での佐藤の話によると、伊地知艦長はまずはロシア艦隊主力をやり過ごす反航戦を主張していたので、このように反応したのであろうと推測できる）、加藤は「そーだ取り舵だ」と確言し、徐《おもむろ》に東郷に向かい、「長官、取り舵に致しました」と報告したという（前掲『元帥加藤友三郎伝』六〇頁）。安保は、日本海海戦三〇周年の回顧『参戦二十提督日露大海戦を語る』より八年前（日本海海戦二二周年）の講演では、「敵前大回頭」は加藤の指示と語っていたのである。なお、海軍省副官兼大臣秘書官として晩年の加藤に仕えた坂野常善《さかのつねよし》（海兵二三期、のち中将）は、この海戦の際、加藤参謀長は一々長官〔東郷〕の指示を仰ぐことなく、布目満造《ぬのめみつぞう》（海兵一五期、のち中将）三笠航海長に令して艦隊を誘導したとの噂があり、のちに加藤と同郷の小林躋造《こばやしせいぞう》大将がこれを確かめようと加藤に質問したところ、「そんなことはどうでもよい、戦に勝てばよい」と彼は答えたという（加藤友三郎元帥を偲ぶ会実行委員会編『加藤友三郎元帥』五九頁）。

バルチック艦隊の降伏

翌五月二八日、前日来の霧がはれ、快晴だった。鬱陵島《うつりょうとう》付近に集合した連合艦隊は、バルチック艦隊の残存艦艇を発見した。第三戦艦隊司令官ネボガトフ少将率いる旗艦「ニコライ一世」以下五隻による艦隊が、北上を続けていたのである。多くの日本艦艇に追撃され、半ば包囲された五隻は艦を停止し、降伏した。これで二日にわたった日本海海戦は終わった。日本側の完勝であった。ロシア側の損傷は沈没二一、降伏五で、ウラジオストクに到達できたロシアの艦艇はわずか三隻。他の一二隻については拿捕《だほ》された艦艇六、清国など中立国に抑留された艦艇六である。これに対し、日本側で撃沈された艦艇は水雷艇三隻のみであった（前掲『日本海軍史』第一一巻、八頁の表を参照）。

「聖将」東郷を支えた「名参謀長」

ところで、「大回頭」の決断者が東郷か加藤かはともかく、重要なのは五月二七日の海戦の間中、この二人はともに、そして終始艦橋に立ち続けたことである。砲弾が飛び交い、その破片が雨あられと降り注ぐ、吹きさらしの艦橋に、である。そして二人とも傷一つ負わなかった。奇跡と言えるかもしれない。東郷は「聖将」と称され、加藤は「聖将」を支えた「名参謀長」とうたわれたが、加藤は生涯、この海戦について自ら語ることはなかった。日露戦争後、彼は主に軍政畑を歩くことになるが、日本海海戦におけるこの体験はその後の彼にとって、大きな政治的資源となる。

第四　軍政家への道

一　海軍次官になる――斎藤実―加藤友三郎コンビ――

ポーツマス講和条約と日本の国際的立場上昇

日本海海戦が終了しロシアとの講和条約が調印されるまで、連合艦隊は陸軍の樺太《からふと》への上陸・侵攻を支援するとともに、朝鮮海峡から黄海および日本海一帯にかけての海域の警備にあたった。陸軍による樺太侵攻は、講和を視野に入れた作戦であった。果たせるかな、ポーツマス講和会議で、ロシアは日本側の賠償金支払い要求には応じなかったが、樺太南半分の譲渡要求には応じた。

明治三八年（一九〇五）九月五日、アメリカのポーツマスで講和条約が調印された。その内容は以下の四点に要約できる。①ロシアは日本の韓国に対する優越的地位を認める、②清国の承認を条件として、ロシアは日本に遼東半島《りょうとうはんとう》南端の租借権と東支鉄道支線の長春《ちょうしゅん》―旅順《りょじゅん》間の部分を日本に譲渡する、③ロシアは樺太の南半分を日本に譲渡する、④ロシアはオホーツク海・ベーリング海の漁業権を日本に譲渡する、講和会議は、日本の要請を受けたアメリカのセオドア・ローズベルト（Theodore Roosevelt）大統領の仲介で開催された。日露両国の交渉にあたり、彼は両国に圧力をかけ、日本には賠償金を断念させ、ロシアには領土の割譲を認めさせた。そして、何度も決裂しかかった交渉を妥結に至らせた。この功績により、彼は翌一九〇六年にノーベル平和賞を受賞する。また、講和会議中に日英同盟が攻守同盟として更新され、適用範囲はインドにまで拡大された。このこともまた、講和会議における日本の立場を強くし、戦後は、日本をしてアメリカとともに、東アジアにおける国際政治の主要国とさせた。

旗艦「三笠」の爆沈

さて、講話条約調印の四日後、第一艦隊は佐世保に入港した。翌日、東郷平八郎《とうごうへいはちろう》・加《か》藤友三郎《とうともさぶろう》をはじめ艦隊の首脳は戦闘報告のため東京に向かったが、九月一一日未明、「三笠《みかさ》」が爆沈した（引き上げられ修理の後、艦隊に復帰）。第一艦隊の旗艦は「三笠」からその姉妹艦「敷島《しきしま》」に代えられたが、この事故の死傷者は港湾関係者を含め五九九名にのぼった。

東郷や加藤は、おそらく東京到着前の車中でこの悲報を聞いたであろう。もし、丸一日出発が遅れ、艦内に留まっておれば、彼らもこの事件に巻き込まれていたかもしれない。後年（明治四〇年二月一三日）、政府委員として帝国議会に出席した加藤（この時、海軍次官）は、貴族院予算委員会分科会で議員の質問に答え、この大惨事の原因は「ある作用による火薬の自然発火」であるとした。水兵たちの後部火薬庫周辺あるいは庫内での飲酒が原因とも言われるが、真相は不明である。

一〇月二三日、横浜沖で明治天皇《めいじてんのう》臨幸のもと、凱旋観艦式が挙行された。一二月二〇日、連合艦隊は解散し、加藤はこの日をもって陸上勤務に転じた。この日、彼は海軍省軍務局長に補せられたが、このポストは日露戦争開戦以来、次官の斎藤実《さいとうまこと》が兼任してきたもので、加藤の凱旋を待って斎藤は加藤に譲ったと思われる。

海軍省軍務局長補任

明治三九年一月七日、明治三四年六月以来、四年六ヵ月にわたった第一次桂太郎《かつらたろう》内閣が総辞職した。桂は日英同盟を締結・更新し、日露戦争を戦い、ロシアとの講和条約を締結した。山本権兵衛《やまもとごんべえ》は海軍大臣として桂を助けたが、桂内閣の副総理格だった彼も、桂と行動をともにした。桂は西園寺公望《さいおんじきんもち》・原敬《はらたかし》との黙契により、後継内閣の首班に立憲政友会（以下、政友会）総裁である西園寺を推し、政友会内閣として第一次西園寺内閣が成立した。この内閣の海相に、次官として長く山本を支えた斎藤実が就任した。次官の後任には、軍務局長だった加藤が就いた。加藤は斎藤がそうであったように、その後一〇ヵ月間、軍務局長を兼任した。明治三九年一一月、財部彪《たからべたけし》の軍務局長就任に伴い、加藤は兼任を解かれた。

異例の海軍次官就任

ここで加藤の海軍次官就任について考えてみたい。明治一八年の内閣制度開始以降、明治期に海軍大臣に就任した人物を就任順に挙げると、西郷従道《さいごうつぐみち》、樺山資紀《かばやますけのり》、仁礼景範《にれかげのり》、

次官就任の背景

山本権兵衛、斎藤実である。斎藤を除けば、すべて鹿児島県出身者である。岩手県出身の斎藤は、仁礼の娘を妻とし、その結婚式の媒酌人は山本であった。それゆえ彼は薩摩閥に属すると言える。要は明治期の海相はすべて薩摩閥であった。

次官はどうか。同様に挙げれば、樺山資紀、伊藤雋吉《いとうとしよし》、斎藤実、加藤友三郎、財部彪で、伊藤と加藤以外は薩摩閥である。伊藤は京都府出身（旧舞鶴藩士）で、第一次山県有朋《やまがたありとも》内閣以来、六代の内閣の海軍次官を務め、日清戦争時の功績で男爵に叙せられ、明治三一年に予備役《よびえき》に編入された。伊藤次官時代、実質的な次官・大臣は山本権兵衛で、伊藤は山本をカモフラージュしつつ、八年余りも次官の職にあった。それゆえ山本は、次官をパスして官房主事・軍務局長からいきなり海相となった。

広島県出身の加藤は、伊藤とは異なり、藩閥をこえた海軍の担い手として山本ら海軍の首脳から嘱望されていたと言える。彼の後に次官となる財部は、山本の娘婿であり、斎藤と同様に薩摩閥の一員である。それゆえ明治期の海軍において、薩摩閥以外の加藤が海軍次官にまで昇進したことは、正しく異例であったと言ってよい。

さて、加藤は次官に就任して間もない三月半ば、軍令部次長の伊集院五郎《いじゅういんごろう》（期外〔グリニッジ海軍大学校卒〕、鹿児島出身、のち軍令部長）とともに、前海相の山本権兵衛（軍事参議官）に随行し、新たに鎮守府《ちんじゅふ》が置かれた旅順《りょじゅん》を視察した。三月二六日には旅順要塞の砲台

「海軍整備計画」策定に奮闘

旅順視察旅行（明治39年3月26日，二〇三高地にて）
前列右から2人目が伊集院，その左隣が加藤，後列右から3人目が山本

を視察し（明治三九年三月二八日付『東京朝日新聞』）、日露戦争の激戦地の一つ、二〇三高地（乃木希典《のぎまれすけ》が「爾霊山《にれいざん》」と命名）にまで足を延ばしている。二週間余りの視察旅行中、戦後の海軍について、加藤は山本や伊集院と意見を交わしたであろう。

ところで、日露戦後の海軍の課題、つまり斎藤実—加藤友三郎コンビの課題は、海軍力の拡大であった。当時イギリスが抜きんでた海軍力を有し、フランスがそれに続いたが、ドイツとアメリカの海軍力拡張の勢いは凄まじく、フランスに迫りつつあった。日本海軍は、日露戦争での損耗を補い、欧米列強の熾烈な建艦競争に伍していくために新たな建艦計画を必要とした。次官として軍務局長を兼任した加藤は、斎藤の下で「海軍整備計画」の策定に奮闘した。その結果、就任九ヵ月目の九月末に、排水量二万トンの戦艦四隻、同一万八〇〇〇トンの装甲巡洋艦四隻を基幹とし、駆逐艦二四隻、潜水艇六隻の建造を含む成案が得られたが、第一次西園寺公望内閣の閣議で、財政難を理由に戦艦一、装甲巡洋艦三、駆逐艦一二、潜水艇六に縮小され、さらに明治四〇年度より七ヵ年の長期計画とされた（斎藤子爵記念会編『子爵斎藤実伝』第二巻、三三三～三三五頁）。

斎藤は大いに不満であった。加藤も同様であったであろう。彼らはこの計画縮小を補うため「撃沈した露艦の引揚げたものを改造修理して数年間のつなぎ」（「斎藤子爵に聴く」同前、四四頁）にしようとした。かつての旅順艦隊の「レトヴィザン」「ペレスウェート」など、戦利品の五隻の戦艦が引き揚げられて改修され、それぞれ「肥前《ひぜん》」「相模《さがみ》」などと艦名を変えて、日本艦隊に加えられた。

英国最新鋭戦艦「ドレッドノート」出現

ところで、加藤らが「海軍整備計画」策定に奮闘している頃、イギリスでは最新鋭の戦艦が竣工間近であった。一九〇六年（明治三九）一二月、イギリスは戦艦「ドレッドノート」を竣工させ、さらに同型艦三隻の建造計画を発表した。この戦艦は排水量一万七九〇〇トン、三〇センチ連装砲塔五基（三〇センチ砲一〇門）、副砲なし、蒸気タービンを採用し速力二一ノット（時速約三九キロ）で、当時の海軍の常識を超えていた。これに対し、「三笠」は排水量一万五一四〇トン、三〇センチ連装砲塔二基（三〇センチ砲四門）、副砲として一五センチ砲一四門、八センチ砲二〇門、速力一八ノット（時速約三三キロ）である。この違いは、海戦における戦術思想の違いによる。

イギリス海軍は単種主砲主義に転換し、遠距離からの砲撃による艦隊決戦を海戦の主軸に置くようにした。これに対し、日本海軍は主砲・副砲混用主義を取り、比較的近接戦を想定してきた。日本海海戦での「東郷ターン」は近接戦に持ち込み、砲撃の命中率を上げるために取られた戦術であった。この戦術によって「輝かしい」成果を上げた日本海軍に対し、戦艦「ドレッドノート」の出現は冷水を浴びせるものであった。日本海軍はイギリスのこの新型戦艦を「弩級《どきゅう》戦艦」と呼び、これに対抗し、それを超える戦艦――超弩級戦艦――の建造と新たな戦術の構築を目指すことになる。

旧戦術のままの日本海軍

しかし、日本海軍の戦術家たちは、この新型戦艦の登場とそれによる戦術に、冷ややかだった。佐藤鉄太郎《さとうてつたろう》は、遠距離による砲戦を「避敵主義」として排した。また、秋山《あきやま》真之《さねゆき》は「近戦」でなければ戦闘の終結は望めず、「近戦」では少数の主砲よりも多数の副砲が効力大である、とする。大正元年（一九一二）に改定された「海戦要務令」では近戦主義が明確に謳われた（海軍歴史保存会編『日本海軍史』第二巻、七六〜七七頁）。

戦艦「ドレッドノート」の出現に世界の海軍国が衝撃を受けたが、日本海軍が具体的な反応を示すのはその数年後である。ちなみに日露戦争後、開戦前および戦中に策定された海軍拡張・補充計画による「香取《かとり》」「鹿島《かしま》」「薩摩《さつま》」の三戦艦が相次いで進水したが（それぞれ竣工は明治三九年、同、明治四三年）、いずれも「三笠」より一回り大きいだけで、主要な兵装については主砲三〇センチ連装砲塔二基搭載と「三笠」と変わることなく、主砲・副砲混用主義に基づく戦艦であった。なお、日露戦争期から戦艦や巡洋艦など主力艦についても国産化が進み、戦艦で言えば先の「香取」「鹿島」二艦がイギリス製であるのに対し、「薩摩」は横須賀の海軍工廠で建造された。

六個の師団を増設する日本陸軍

明治四二年一二月に改定された「艦艇類別等級表」によると、日本海軍が現有する一二隻の戦艦のうち「肥前」以下五隻がロシアからの戦利品であった。「安芸《あき》」「河内《かわち》」「摂津《せっつ》」の三隻が建造中とはいえ、戦力の中核と見なされる戦艦群の実に四割が戦利品であった。これに対して陸軍はどうか。海軍に比して陸軍の拡張は目を見張るものがあった。戦争終盤の明治三八年四月から戦争終結後の四〇年一一月の二年半余りで、六個師団（第一三〜一八師団）の増設を実現し、陸軍は近衛師団を含め合計一九個師団を有するに至った。ロシアとの戦争継続や再戦に備えての戦力増強であろう。他方、海軍はアメリカを除き、東アジア海域ではもはや敵になるものはなかった。

次官時代の友三郎

さて、次官時代の加藤について、斎藤の回想談が残っている。職務に関して加藤は、絶えず忌避なき忠言を上司である斎藤にした。時には斎藤が「また叱られるのか」と言うと、加藤は真面目に「これはどうしても言わねばならぬ」といったように熱心に忠言をしたという（前掲『元帥加藤友三郎伝』二六八〜二六九頁）。秘書官として斎藤実―加藤友三郎コンビに仕えた山梨勝之進《やまなしかつのしん》は、どんな話にも黙って傾聴する斎藤に対し、加藤は「剃刀のように切れる人で、相手が何を言いに来たかは顔を見ただけで判り、「今日は君の話は聴いて居られぬ」という風に先手を打たれるので取りつく島がなかった」（前掲『子爵斎藤実伝』第四巻、三三二頁）と評している。二人は好一対であった。また、加藤は大の酒好きであった。斎藤は言う。「〔加藤は〕海軍省で軍務局長や次官をして居た頃は、忙しい時なぞ、朝から「コップ酒」を飲みながら仕事をして居た。アノ蒲柳の体質でありながら、アレ丈の大酒をして能く健康が保たれるものだと思った位である」（同前、二七五頁）、と。

なお、明治四一年八月、海軍次官の加藤は中将に昇任した。

二　アメリカ大西洋艦隊の来航

米国大西洋艦隊来航の接待

海軍次官在任中の加藤の業績の一つに、明治四一年（一九〇八）一〇月一八日に来航したアメリカ大西洋艦隊司令長官チャールズ・スペリー（Charles Sperry）少将一行への接待がある。これは日本政府が寄港を招請したもので、スペリーは戦艦一六隻、通報艦一隻を率いて横浜に来航した。これに対し、日本側は海軍次官の加藤を委員長に、宮内省・外務省・内務省・陸軍省・逓信省からの委員から成る接待委員会を立ち上げた。

ルーズベルトの「平和的示威」への警戒

日露戦争後、日米関係は、満洲市場をめぐる対立やカリフォルニア州における日本移民問題などで悪化しつつあった。大西洋艦隊の太平洋への来航は、表面上は演習航海を目的としたが、本来の動機は、日本への牽制の必要性を考慮したセオドア・ルーズベルト大統領による「平和的示威」であった（外務省編『小村外交史』七六六〜七六七頁）。

これより前、アメリカは一九〇七年（明治四〇）八月、戦艦一六隻を基幹とする大西洋艦隊を一二月にマゼラン海峡経由でサンフランシスコに回航し（パナマ運河はまだない）、西回りで世界周航の旅に出発させると発表した。この大西洋艦隊は戦艦「コネチカット」（一九〇六年竣工、排水量一万六〇〇〇トン）を旗艦として、一二月一六日にバージニア州ハンプトン・ローズを出発、一九〇九年二月二二日に同地に帰投したが、所要日数およそ一四カ月、航程約四万三〇〇〇マイル（六万九二〇二キロ）にも及び、バルチック艦隊の東アジアへの回航をはるかに超えるものであった。艦艇を白く塗装し、国際社会はこの艦隊をGreat White Fleet（「白い大艦隊」）と呼んだが、この艦隊が日本に近付くや、日本国民はこれを「黒船来航」ならぬ「白船来航」と称し大歓迎した。来航当日（一〇月一八日）の『東京朝日新聞』は「白船来《しろふねきたる》」と、東京湾の土地幾里の間は歓迎の意を表せんとする人々により競争で席が設けられ、今やすでに尺寸の余地もないようだ、と報じている。

一方、日本海軍は「白い艦隊」を歓迎しつつも警戒した。大西洋艦隊の太平洋への回航が発表されて三ヵ月ほど経過した明治四〇年一一月二九日、海軍省軍務局長の武富邦鼎《たけとみくにかね》(海兵期外、明治一〇年、少尉補に任官)は各鎮守府・要港部参謀長に宛てて、翌年一一月頃に大演習が実施される旨を内報した。これは斎藤実—加藤友三郎コンビが軍令部側と相談のうえで決定したことであろう。翌明治四一年三月一〇日、軍令部長の東郷平八郎から海相の斎藤実に対し「明治四一年度大演習予定計画要綱」が示され、協議に供された(川井裕「外国軍艦の日本訪問に関する一考察—一九〇八〔明治四一〕年の米国大西洋艦隊を対象として—」九〇頁)。

大西洋艦隊の招請

その直後の三月一四日、駐米大使の高平小五郎《たかひらこごろう》は、外相の林董《はやしただす》に大西洋艦隊の航海日程を報告するとともに、オーストラリア同様、同艦隊の寄港を招請したらどうかとの意見を具申した(『日本外交文書』第四一巻第一冊、一五二頁)。斎藤海相も同意見であった(前掲『山梨勝之進先生遺芳録』二七頁)。同月一八日、日本政府はアメリカ政府に対し艦隊寄港を招請した。

アメリカ国内では、大西洋艦隊の太平洋への回航は日本を刺激し、日本への宣戦布告に等しいとする議論すらあった（前掲、川井論文、七六頁）。日本側でも、谷口尚真《たにぐちなおみ》（海兵第一九期）駐在武官は、明治四一年四月二九日付けで東郷に宛てて「米国に於ける日米開戦論に関する件」と題し、艦隊来訪はアメリカ国民の日本に対する「誤解」を解くうえで「最上の好機」だが、アメリカ国民の「排日論」を軽視すべきではなく、アメリカ政府の関係者は兵士が上陸した場合の不測の事態の発生を心配していると報告した（前掲『子爵斎藤実伝』第二巻、九三〜九四頁。各在外公館の駐在武官はそれぞれ参謀本部や軍令部に所属した）。また、スペインやフランスの在外公館から本国に宛てて、日米の衝突はもはや避けられないとの報告もなされたという（前掲、川井論文、七六頁）。

来航に合わせた海軍大演習の実施

さて、先の「明治四一年度大演習予定計画要綱」は、アメリカを仮想敵国としたものである。艦隊を南北二隊に分け、南軍は南シナ海を北上して南西諸島から九州沿岸に迫り、北軍は佐世保・呉《くれ》から出発し九州沿岸東方で南軍を迎え撃つ、というものであった。この海軍の演習は、その後の日米戦争を想定した日本海軍の「漸減邀撃作戦《ざんげんようげきさくせん》」の雛型とも言うべきものであろう。しかし、わざわざアメリカ艦隊の来航に合わせて、このような〈当てつけ〉のような演習を、日本海軍が計画した理由は不明である。

大西洋艦隊を迎えるにあたり、この「白い艦隊」が一六隻の艦艇から成ることから、歓迎する日本側も一六隻の軍艦を準備した。第一艦隊司令長官の伊集院五郎がこの「接待艦隊」の司令長官を務めることになった。「接待艦隊」は、「三笠」はじめ六隻の戦艦と一〇隻の巡洋艦とから成り、それらは四つの小隊に分かれて編成された。加藤の盟友・島村速雄《しまむらはやお》（中将、海大校長）も第二小隊司令官として参加した。艦船を案内する任を命じられたのは第四小隊で、「嚮導艦隊《きょうどうかんたい》」と呼ばれる。その旗艦「宗谷《そうや》」は、仁川《じんせん》港に自沈した旧ロシアの巡洋艦「ワリャーグ」を戦利品として利用したもので、もとはロシアがアメリカの民間会社に発注したものだった。「宗谷」に司令官として座乗した村上《むらかみ》格一《かくいち》（少将、海兵一二期、のち海相）は、アメリカ留学経験者である。

「白船来航」

はたして「白い艦隊」はオーストラリアに寄港、南太平洋を横断し、植民地フィリピンを経由した後、南シナ海を北上し、台風のため予定より一日遅れ、一〇月一八日午前に横浜に入港した。日本艦隊は防波堤外の錨地《びょうち》に八隻ずつ二列縦隊で並び待ち、米国艦隊はその横に同じく二列縦隊で並んだ。続いて日米両艦隊において、それぞれ一小隊を構成する四隻ごとの一斉投錨が実施された。登舷礼《とうげんれい》である。その後、双方の礼砲の交換や司令長官相互の旗艦訪問があった。こうして艦隊同士による公式の交換礼を終えた。日米両国の艦艇三六隻、その外に来航した列国の軍艦数隻、合計して排水量五〇万トンの「大海軍」が現出され、参観客を満載した多くの船舶、さらに港の波止場や桟橋ばかりか横浜・神奈川の各海岸や山の手一帯の群衆、および雑踏に至ってはさらに凄まじきものあり、と一〇月一九日付『東京朝日新聞』は「白船」来航当日の様子を報じた。

接待に追われる友三郎

加藤は接待委員長として、上陸したスペリー少将ら米国艦隊幹部の送迎や歓迎会に連日追われた。一〇月一八日は神奈川県知事主催歓迎会、一九日が米国艦隊幹部の新橋駅出迎、芝離宮における政府歓迎会、岩崎邸園遊会、アメリカ大使晩餐会、二〇日には明治天皇との謁見および宮中午餐会、二一日が三井家午餐会、二三日には戦艦「富士《ふじ》」晩餐会、戦艦「三笠」夜会と、大西洋艦隊が横浜を離れるまで多忙な日々が続いた。加藤は芝離宮での政府主催の歓迎会で、接待委員長として歓迎の辞を述べた。また、明治天皇は謁見に際し「善隣《ぜんりん》和好の連繫《れんけい》を不磨ならしむる」ことが自らの「不易の企望」であるとの勅語を一行に賜った（臨時帝室編集局編『明治天皇紀』第一二巻、一二五頁）。

日本側の一六隻の各艦艇はそれぞれアメリカの一艦艇を担当し、艦艇ごとに交流や接待に努めた。一八日午後には艦隊幹部以外の多くの将兵たちも交代で上陸し、横浜市内に繰り出した。その夜、横浜市内各所の建物や日本艦隊はイルミネーションで飾られ、昼間ほどではないにせよ、多くの人出があった。また、当日午後七時から一〇時まで、横浜市有志らによる提灯行列が約一万人の参加者を得て実施された。一〇月二五日に大西洋艦隊が横浜港を去るまで、横浜市中でこの賑わいが続いた。

歓迎したのは東京でも同様で、新橋駅前をはじめ、市内随所に歓迎門が設置され、市民たちは大いに盛り上がった。一九日には艦隊幹部に加え、下士官・水兵が交代で横浜から東京に入ったが、鉄道庁（その後、鉄道省）は士官六〇〇人、下士官・兵卒一万二二〇〇人分の優待記念乗車券、英文の「鉄道沿線案内記」や時刻表を作成し、来航した艦隊に提供した。国会図書館憲政資料室所蔵「斎藤実関係文書」中にそれらが遺されている。

アメリカ大西洋艦隊来航で歓迎ムードにあふれた横浜の雑踏
（『風俗画報』390号より）

野球の交流試合

この切符を使って横浜から東京に来た米国艦隊の将兵の一部は、戸塚球場、三田球場、青山学院グランドで、それぞれ早稲田大学、慶應義塾大学、青山学院大学の野球チームと交流した。すなわち「コネチカット」はじめ五隻の戦艦が日本側の要請に応じ、それぞれ艦艇ごとのチームを編成し、一九日から二三日にかけて日本の学生チームらと交流試合を楽しんだ。結果は、在京外国人宣教師チームを除けば、米国艦隊の五つのチームは連戦連敗、しかも大敗の連続であった（一〇月二一・二三・二五日付『東京朝日新聞』）。また、東京朝日新聞社編刊『米艦歓迎会話』なる小冊子が三銭で発売され、再版されるほどによく売れた。この冊子を使って横浜・東京市民たちはアメリカの将兵たちと大いに交流をしたのではないか。

米国艦隊の出航

スペリー少将ら一行は、二三日午後三時五〇分の汽車で新橋駅から横浜に戻った。海・陸軍の将校たちや東京市長の尾崎行雄《おざきゆきお》をはじめ、東京市関係者六〇〇〜七〇〇名が礼装で、そして「数万の群衆」が旗を打ち振り、万歳を三唱して一行を見送った。これに対し、スペリー少将らは「斯くの如き盛んなる歓迎は余らの終生忘るる能わざる処《〔ところ〕》なり」と、宮内省差し回しの馬車に再度分乗して駅周辺を廻り、手を振り見送りの人々に別れを告げたという（一〇月二四日付『東京朝日新聞』）。朝野を挙げての米国艦隊歓迎であった。一〇月三〇日、加藤は海軍省記者団と会見し、スペリー司令長官らは、京浜各地の個人団体の歓迎や小学校児童らよりの歓迎ぶりに対し、特に感謝と満足の意を表していたことを紹介し、官民一体によるとともに新聞・通信社が歩調をそろえて尽力してくれたおかげであると、感謝の意を表した（一〇月三一日付『東京朝日新聞』）。

歓迎と警戒

　しかし、この一方で、アメリカ大西洋艦隊が来航したまさにその日（一〇月一八日）から、海軍大演習が九州および南西諸島の海域で開始されていた。軍令部長として来航した艦隊幹部の接待に当たった東郷平八郎も、彼らが横浜を出港した二五日に大演習の統監のため東京を発つに際し、天皇に暇乞《いとまご》いのため参内した（前掲『明治天皇紀』第一一巻、一二九頁）。歓迎と警戒。加藤はスペリー少将らを接待しつつ、この矛盾をどう捉えていたのか。また、アメリカ側は日本側の熱烈な歓待と海軍大演習との矛盾をどのように思ったのか。興味深いところではあるが、判然としない。

伊藤博文の暗殺に対応

　翌年一〇月、ハルビンで伊藤博文《いとうひろぶみ》が暗殺された。その一報が海軍省に達するや、秘書官の山梨勝之進は電話で加藤に指示を仰いだ。加藤は快刀乱麻を断つように、次のように命令を返した。「呉に碇泊中の軍艦秋津洲《あきつしま》は全力を以て大連《だいれん》に直航、遺骸を搭載の上、横須賀に帰港せよ。近親の方々に急報し、呉より便乗されるよう連絡せよ」「関係各部に直ちに連絡せよ」と、わずか二分間の即問即答、裁決水の流るるように鮮やかであった。山梨は続けて、加藤はただちに要点を捕捉する明晰な頭脳を持ち、その「神速電光のような決断」に感銘を受けた、と言う（「山梨勝之進の回想」、加藤友三郎元帥を偲ぶ会編刊『加藤友三郎元帥』四七～四八頁）。

三　呉鎮守府司令長官になる――娘の結婚と娘婿――

呉鎮守府司令長官就任

斎藤実―加藤友三郎コンビは明治四二年（一九〇九）一二月、加藤が定期人事異動で呉鎮守府司令長官に転任したことによって終わる。

身内との交流

彼は妻喜代と一人娘の喜美子とともに、東京から呉の長官公舎に移り住んだが、もともと広島出身であり、この呉鎮守府司令長官時代には、広島市在住の長姉の静や岳父の恵美鉄允《えみてつじよう》のもとを折にふれ訪れた。加藤にとって、二〇歳年の離れた姉の静は、母親代わりとも言え、六人兄弟で遺った唯一の肉親であった。彼女は加藤が首相に就任した時、新聞記者の取材に答えて、加藤は呉鎮守府司令長官時代はもとより、出張で近くに来た時など、しばしば来訪してくれた、と語っている（前掲『元帥加藤友三郎伝』二五五頁）。

鎮守府司令長官という職務は、本省の次官や軍務局長と比べてそれほど多忙ではないであろう。既述のように、鎮守府は横須賀、舞鶴《まいづる》（のち廃止、要港部となる）、呉、佐世保に置かれ、それぞれの海軍区の警備や所属する艦艇の管理、海軍の根拠地としての当該軍港や工場・病院など付属施設の管理・運営などを主たる業務とした。その司令長官はこうした業務の統括責任者であった。このほか鎮守府司令長官には、東京での会議や兵器の実演などの立ち合いのための出張もあった。例えば、加藤は明治四五年五月一三日、別府沖で実施された最新鋭の戦艦「摂津」搭載の火砲の試射を、佐世保鎮守府司令長官の島村速雄や海軍次官の財部彪と参観している（『財部彪日記』明治四五年五月一三日の条）。

他方、海軍省の次官や軍務局長は、海軍という巨大な組織の管理に加え、装備の整備・更新をめぐる軍令部との調整、予算作成などの財務に関して大蔵省を中心に各省や政党との折衝、議会への出席・説明など政治・行政に関わる業務があり、多忙である。

長女喜美と船越隆義の結婚

加藤の呉鎮守府長官時代は四年にわたった。彼が呉に赴任して一年が過ぎた頃、すなわち明治四三年一〇月五日、長女の喜美が一九歳で、海軍大尉の船越隆義《ふなこしたかよし》（海兵第三一期、のち軍令部次長、大将）に嫁いだ。隆義は、旧広島藩士船越八百十郎の四男であり、内務官僚の船越衛（男爵、千葉県・石川県・宮城県知事、貴族院勅選議員、枢密顧問官）の弟である。衛の嗣子である光之丞は外交官（のち貴族院男爵議員）で、元老山県有朋の次女松子を妻にしていた。娘の結婚で、加藤は山県と縁戚となった。

加藤は隆義に婿養子となるように希望したが、隆義は、海軍中将にして軍の要職にある加藤の養嗣子となることを潔《いさぎよ》しとせず、断った（前掲『元帥加藤友三郎伝』二八六頁）。義父友三郎の死後、船越家の配慮もあり、隆義は加藤家の家督を引き継ぎ、加藤姓を名乗ることとなる。その後、彼は主に軍令畑を歩き、「霧島《きりしま》」艦長、軍令部第一班長、海軍大学校校長、航空本部長、軍令部次長、呉鎮守府司令長官などを歴任した。
ところで、加藤が呉鎮守府司令長官に在任中の明治四四年八月三〇日、第二次西園寺内閣が成立した。再度、桂太郎から政友会総裁の西園寺公望に政権が渡された。桂は西園寺の組閣にあたり、「海軍の方は斎藤〔斎藤実〕留任する事と思うも、もし去る時は加藤〔加藤友三郎〕前次官は後任に適当ならん」（『原敬日記』明治四四年八月二四日の条）と、原敬に語った。それを受け、数日後に開かれた西園寺、原、松田正久《まつだまさひさ》による政友会幹部の三者会談では「海軍〔海軍大臣〕は現任の斎藤又は其の推挙せる加藤か、とす」（同前、八月二六日の条）と、政友会としての意思確認がなされた。斎藤の留任によって、第二次西園寺内閣における「加藤海相」は実現しなかったが、桂や西園寺ら当時の政権の担い手たちの間では、加藤が斎藤海相の後任として認識されていたのである。

初孫の誕生と死、孫照子の誕生

なお、大正二年（一九一三）一月、船越隆義・喜美夫妻に女児（多喜）が誕生した。加藤にとって初孫だったが、翌年八月に夭折した。その翌九月、喜美は女児（照子）を生んだ。

四　第一艦隊司令長官になる

大正政変

第二次西園寺内閣は、日露戦後の財政難から陸軍が要求する軍備拡張を退けたことにより（二個師団増設問題）倒壊に追い込まれたが、その後継内閣首班の奏薦は難航し、内大臣兼侍従長として宮中入りした桂太郎が三度《みたび》組閣することとなった。これに対し、新聞や世論は「宮中《〔宮廷〕》・府中《〔政府〕》の別を乱す」「陰に山県はじめ長州閥あり」として激しく反発した。かつて海相として桂を支えた山本権兵衛も桂に辞任を迫った。折しも開かれた第三〇議会の衆議院で尾崎行雄らの厳しい追及にあい、第三次桂内閣は四面楚歌の中に総辞職へと追い込まれた。大正政変である。明治憲法下にあって民衆の動向が政変をもたらした最初の事例である。

山本権兵衛内閣下で第一艦隊司令長官補任

後継内閣の首班は薩摩閥かつ海軍の巨頭である山本権兵衛で、大正二年（一九一三）二月二〇日に成立した。初の海軍出身の首相である。この内閣でも海相は斎藤実だった。そして、斎藤海相のもとで同年一二月、加藤は第一艦隊司令長官に補せられた。第一艦隊は最新鋭の巡洋戦艦「金剛《こんごう》」を旗艦として、「摂津」「薩摩」など当時の日本海軍の精鋭を中心に編成されていた。また、この職は東郷平八郎がそうであったように、戦時に連合艦隊が編成される際には、司令長官を兼任する重要なポストである。後年、連合艦隊司令長官は海軍大臣、軍令部長と並んで、海軍三長官と称せられた。なお、加藤の後任の呉鎮守府司令長官には、兵学校同期の松本和《まつもとかず》中将（前艦政本部長）が就いた。

ジーメンス事件

さて、この山本内閣は政友会を与党とする内閣で、軍部大臣現役武官制を廃し、文官任用令を緩め、政党員の政府高官への任用枠を拡大した。しかし、この内閣もジーメンス事件（ドイツのジーメンス社やイギリスのヴィッカース社などによる海軍の艦艇・装備品等発注に関わる贈収賄事件）をきっかけに海軍高官への贈賄が発覚し、艦政本部を中心に、松本和ら収賄容疑による逮捕者が続出し、斎藤海相にまで疑惑の目が向けられた。山本を頂点とする「薩の海軍」に対する世論の反発は凄まじく、それを受け貴族院は、与党政友会によって衆議院では賛成多数で通過した海軍予算案を否決した。その責任を取る形で、大正三年三月二四日、第一次山本内閣は総辞職するに至った。これもまた、民衆の反発によって引き起こされた政変である。

二人の後継主班候補

陸軍―長州閥（第三次桂内閣）、海軍―薩摩閥（第一次山本内閣）による内閣が相次いだが、長短の別はともかく、ともに民衆の反発が倒壊の原因だった。山県有朋、井上馨《いのうえかおる》、松《まつ》方正義《かたまさよし》、そして新たに加わった西園寺公望の諸元老は、後継首班奏薦に苦慮したが、ともかく第一候補に貴族院議長で公爵の徳川家達《とくがわいえさと》、第二候補に清浦奎吾《きようらけいご》を挙げた。徳川家達は徳川第一五代将軍の慶喜《よしのぶ》の後を継ぐ徳川宗家の当主で、世上「一六代様」と呼ばれた。彼は藤原摂関家を受け継いだ公爵近衛篤麿《このえあつまろ》の後を受け、議長として一〇年余りにわたり貴族院を運営してきた。一方、清浦は、山県系の元大物官僚として著名であり、早くから勅選議員として貴族院に影響力を持った。政界や一般社会には山本内閣を支えた政友会への反発も根強く、「山本内閣退治」をした貴族院への期待が元老たちをしてこの二人を後継首班候補者にさせたのであろう。

しかし、まず徳川家達は、徳川頼倫《よりみち》（侯爵、旧紀州徳川家当主）や徳川達孝《さとたか》（伯爵、旧田安徳川家当主）らとの一族会議の結果、辞退した。一方、清浦は受諾した。彼は古巣の貴族院から協力を取り付けることが可能と考え、内相に宗像政《むなかたただす》（東京府知事）、陸相には陸軍大将の岡市之助《おかいちのすけ》、外相に内田康哉《うちだこうさい》、蔵相には荒井賢太郎《あらいけんたろう》と、内閣の骨格を固めていった。海相については、清浦からの就任要請を斎藤が辞退、代わりに第一艦隊司令長官の加藤を推薦した。斎藤は清浦の依頼を受け、三月三一日に加藤に上京を命じた。

「八八艦隊」実現可能な首相は誰か

四月二日に上京した加藤は早速、斎藤海相や財部彪次官と協議した。先の議会で否決された海軍予算の復活、すなわち「八八艦隊《はちはちかんたい》」（艦齢八年未満の戦艦八隻、同じく巡洋戦艦八隻で編成される艦隊）建造の実現を目標とする海軍の整備の可否が、彼らの最大の課題であった。加藤は斎藤らの意向を念頭に、断続的に清浦と会い意見の調整を試みた。入閣の条件としては、①海軍補充費として大正三年度分九五〇万円の責任支出をなすこと、または、②臨時議会を開きこの予算を通すこと、を挙げた。この九五〇万円は、戦艦三隻分の建造に関わる新年度分の経費である。

戦艦工事中止の危機

予算不成立のまま年度明けを迎え、その工事が継続されていたのか中止されていたのかは不明であるが、加藤をはじめ海軍首脳部は焦ったであろう。工事が継続できなければ、工事中の戦艦は一年間雨風に曝されることになり、一時帰休させた職工をはじめ工事関係者を、一年後に確保することも困難となろう。それゆえ、加藤は責任支出による措置を要求したのである。責任支出とは、戦時や大災害など非常事態の際、議会の承認なしに内閣の責任によって年度予算の予備費から特定の金額を支出することを言う。前例は、日清戦争勃発の数日間の軍事行動の費用補塡のみである。

海軍にとっては戦艦の工事の一時中止は非常事態である。予備費によるとしてもその総額は約二〇〇万円で、九五〇〇万円には大きく不足する。したがって、臨時議会によるしかないことを加藤は十分承知していたものと思われる。しかし、この時、加藤を訪れた井上馨の配下の望月小太郎《もちづきこたろう》(弁護士、衆議院議員)や秋山真之(軍令部参謀)は、清浦内閣では工事の継続を期待することはできないとした(『財部彪日記』大正三年四月三日の条)。望月はこの頃、大隈内閣の成立に向けて奔走しており、加藤に海相就任を思いとどまらせることで清浦内閣成立を阻止しようとしたのである(後述)。

友三郎の海軍予算交渉

加藤は四月五日、清浦および蔵相に予定された荒井賢太郎に面会した。副官として斎藤海相に仕えた谷口尚真が、財部次官に語ったところによると、この会談の模様は次の通りである。

加藤は「飽迄《あくまで》調和的な態度で〔面談に〕臨み」、臨時議会の要求のことなど一言も触れないでいたら、荒井の方から「到底為し得べからざる事」と拒否の発言がなされた。続いて清浦が、臨時議会を開くにしても「海軍廓清の問題」があるため、かえって「不利益」であると述べた。これに対し加藤は大いに反駁《はんばく》を加えたという（『財部彪日記』大正三年四月五日の条）。清浦は貴族院には旧知も少なくなく、以前には大いに協力を取り付けることは可能であったであろう。しかし、貴族院は「国民の輿〔よ〕望」を担いつつ、山本内閣提出の海軍予算を否決した直後でもあり、手のひらを返したように貴族院が清浦内閣のもとでそれを認めることは、できない相談であった。

では衆議院はどうか。衆議院は原敬が率いる政友会が多数を占めたが、ジーメンス事件に対する国民の強い反発や「清浦内閣」が衆議院に基礎を置かない超然内閣であることを考慮すれば、海軍予算に賛意を表することは困難であった。ちなみに四月五日、原は宗像政《むなかたただす》に対し、議会冒頭に政友会が内閣不信任案を提出するかもしれないし、「海軍予算は見合はす方得策ならん」（『原敬日記』大正三年四月五日の条）と語っている。要するに、臨時議会をもってしても「清浦内閣」では九五〇万円の海軍予算を成立させることは困難であった。この日、加藤は「清浦内閣」に見切りをつけたのであろう。

財部はこの日の加藤の対応について、清浦や荒井をして「匙を投げしめんとするに漕ぎ付たる手際は大いに感服に堪《た》えたり〔ないの誤り〕」（『財部彪日記』大正三年四月五日の条）と賞賛する。山本権兵衛もまた財部よりこの顚末を聴取し、「余程能《よ》く出来たり、島村〔島村速雄〕には到底夫丈《それだけ》の事は出来ずと嗟嘆《さたん》」し（同前）、加藤のやり方を褒め上げた。山本は軍政家として、島村より加藤を高く評価していた。

友三郎の海相辞退と清浦奎吾の組閣断念

翌六日、再度清浦との会談がもたれた。加藤はここで臨時議会を開いても予算成立は難しいかもしれないと述べたところ、清浦は今年度分を次年度に加算して予定期限内に計画を達成するよう提案したが、加藤は一年間工事を中止することとなるとしてこれを拒否した（徳富猪一郎監修『伯爵清浦奎吾伝』下、一八四頁）。こうして会談を終えた加藤であったが、いったん持ち帰って、のち改めて清浦に会い、海相就任を断った。

清浦は斎藤海相に他の候補者の推薦を依頼したが、「島村中将の到底承諾せざる可きを説き、他に適当の候補者なし」（伊藤隆編『大正初期山県有朋談話筆記』五一頁）と、斎藤は推薦を拒否した。山本内閣は先に軍部大臣現役武官制を改め、予備役の大・中将でも海相任用を可能としたが、清浦はそれにによらず、組閣を断念した。こうして加藤の海相就任拒否により、諸元老による山本内閣の後継首班の奏薦作業は白紙に戻った。四月一〇日、加藤は斎藤海相に帰任の挨拶をし、東京を去り、洋上勤務に戻った（「斎藤実日記」大正三年四月一〇日の条、斎藤子爵記念会編『子爵斎藤実伝』第二巻、三四四頁）。

五　第二次大隈重信内閣と第一次世界大戦参戦

第二次大隈内閣の成立

政局が混迷するなか、元老の井上馨は、世論の大きな反発によって薩長藩閥の大物による内閣が立て続けに倒れた今、社会的に人気がある元首相の大隈重信《おおくましげのぶ》が適任と考えた。加藤の元を望月小太郎が訪れたことは既述したが、井上の意向を受けてのことであろう。四月一〇日、井上は元老会議で大隈を推薦し、山県有朋ら他の元老の同意を得た。

大隈は明治一四年（一八八二）、伊藤博文、井上馨、山県有朋らによって政府を追放され（明治一四年の政変）、立憲改進党（以下、改進党）を組織して党首となって以来政界に重きをなし、明治三一年、自由党の板垣退助《いたがきたいすけ》と組んで第一次大隈内閣（隈板内閣《わいはんないかく》）を成立させた。明治三三年の伊藤博文による政友会の成立以降、立憲改進党とその後身政党である国民党の党勢は振るわず、大隈は政党から手を引いた。大正初年、大隈の育てた政党は桂太郎および桂系官僚勢力と結び、新たに立憲同志会（以下、同志会）を成立させた。大隈は政界を去っても情報発信を心がけ、内外の知識人や政治家、ジャーナリストと好んで会見し、その記録や談話が新聞・雑誌を賑せていた。

八代六郎の海相就任

第二次大隈内閣（四月一六日に成立）の組閣にあたり、大隈はかつての仲間たちが多数所

八代六郎

属する同志会に援助を依頼した。内相は大隈が兼任したが、同志会総裁の加藤高明《かとうたかあき》(元駐英大使)は外相、幹部の一人若槻礼次郎《わかつきれいじろう》(元大蔵次官)は蔵相にそれぞれ就任した。問題の海相であるが、加藤高明は友人で同郷(愛知県)の八代六郎《やしろろくろう》(中将、海兵八期)に白羽の矢を立てた。四月一四日、江木翼《えぎたすく》(第二次大隈内閣書記官長)が大隈の意を受け斎藤実を訪問し、八代の上京を要請した(「斎藤実日記」大正三年四月一四日の条、『子爵斎藤実伝』第二巻、三四五頁)。

八代は尾張藩の支藩犬山藩の出身で、「義侠心が強く、又硬骨正義の士」(小笠原長生監修『類聚伝記大日本史』第一三巻・海軍篇、一九一頁)と評された人物であり、当時閑職でもあった舞鶴鎮守府司令長官だった。薩摩閥系列から外れる彼の軍歴はもっぱら艦隊勤務や海外勤務(駐在武官としてロシア、ドイツで勤務)で埋められ、軍中央における軍政・軍令の主要ポストはなかった。そのため、山本権兵衛によれば、八代は後進に先んぜられた不満から二度も辞表を出したという(『原敬日記』大正三年六月八日の条)。

八代海相の海軍首脳人事刷新

その八代が海相に就任早々、手を付けたのは、海軍首脳の人事刷新である。四月二二日、軍令部長の伊集院五郎、海軍次官の財部彪、軍務局長の野間口兼雄《のまぐちかねお》を一挙に更迭した。いずれも鹿児島出身の薩摩閥の面々である。その後任にはそれぞれ、鹿児島出身者ではない島村速雄（高知）、鈴木貫太郎《すずきかんたろう》（千葉）、秋山真之（愛媛）を就任させた。続いて五月一一日には、山本権兵衛、斎藤実、上村彦之丞《かみむらひこのじょう》の三大将を予備役に編入した。彼らが汚職事件に関わっていたかどうかはともかく、彼らの予備役編入は、海軍首脳部としての責任を取らせることによって、海軍の信用を回復させるためであった。

以上の人事は、軍令部長との協議もなく、井上良馨《いのうえよしか》・東郷平八郎ら元帥への相談もなく、慣例に反し、八代の一存で強行された。当時、八代のもとで副官兼秘書官を務めた野村吉三郎《のむらきちさぶろう》（海兵二六期、のち大将、学習院長、外相、駐米大使）によれば、内報を聞いた両元帥は八代を訪ねて再考を促したが、八代は聞き入れなかった（木場浩介編『野村吉三郎』一五二頁）。彼は命を懸けて薩摩閥解体を目指し、「毎朝皇大神宮〔伊勢神宮〕を拝んでから海軍省に登庁した」という（若槻礼次郎『明治・大正・昭和政界秘史』一九二頁）。

なお、山本・斎藤の予備役編入の裁可を大正天皇《たいしょうてんのう》に願い出た時、「是で宜しきものか」と二度「御下問」があった、三度目があったなら「割腹の覚悟」であったが、そのまま御裁可になったと、八代は海軍次官の鈴木貫太郎に打ち明けた。そして、八代に対し、山本らの編入を誰にも相談せず、直接天皇の決裁を得るよう助言したのは、山県有朋であったという（『財部彪日記』大正三年八月五日の条）。「長の陸軍」の最長老の山県は、徹底した「薩の海軍」崩壊を策した。

加藤は八代の措置をどう見ていたのか。この時、加藤は第一艦隊司令長官として海上にあった。思うところは多々あったであろうが、それを明らかにする資料はない。

戦艦建造費の獲得

ともかく「薩の海軍」は徐々に解体されていく様相を呈した。それが功を奏し、第三三議会（臨時、大正三年六月開催）で懸案の戦艦建造費、今年度分九五〇〇万円は六五〇〇万円に減額されたが、衆議院を全会一致で通過し、議会の協賛を得ることができた。

第一次世界大戦の勃発

ところで、山本権兵衛ら三大将の予備役編入から二ヵ月余りのちに、第一次世界大戦が勃発した（一九一四年七月二八日）。サラエボにおけるオーストリア皇太子夫妻暗殺事件（サラエボ事件）がその引き金を引いたのであるが、当時バルカン半島における汎スラブ主義を唱えるロシア系勢力と汎ゲルマン主義を唱え勢力拡大を図るドイツやオーストリアとの対立が先鋭化していた。他方で、ドイツはオーストリアと軍事的協力関係を深める一方、海上ではイギリスに対抗して急速な海軍の増強を図り、また、モロッコをめぐってフランスと激しく対立していた。

日本の参戦

こうしたヨーロッパの不安定な政治情勢に、東アジアをめぐって形成された国際関係が影響していた。すなわち、一九〇二年（明治三五）に日英同盟が締結され、日露戦争開始（一九〇四年）直後に英仏協商が成立（日露戦争に巻き込まれるのを英仏両国が回避）、日露戦争後には日露協商さらに英露協商がそれぞれ新たに成立したが、旧来の露仏同盟（一八九一年、ドイツを対象とした）がそれらに加わることにより、英・仏・露・日によるドイツ包囲網が形成されていたのである。サラエボ事件は、ドイツ・オーストリア（同盟国）対イギリス・フランス・ロシア（協商国）との戦争をもたらした。日本もイギリスの要請により三国協商側に立ち、参戦した。

日本国内では、一九一四年（大正三）八月四日にイギリスが参戦すると、大戦勃発を奇貨として東アジアで権益を確保すべしとの声が、井上馨ら元老たちや日本各地で高まり、新聞・雑誌などメディアでも開戦ムードが盛り上がった（奈良岡聰智「第一次世界大戦と対華二十一カ条要求」、筒井清忠編『大正史講義』七五頁）。この時、中国大陸は、清朝滅亡以来、軍閥割拠の状態にあった。日露戦争以来獲得した満蒙の権益拡大を狙う日本陸軍や関東州および満鉄などについて租借期限延長の機会を模索する外務省にとっても、世界大戦の勃発はまさしく「天佑《てんゆう》」（井上馨）であった。

英国からの海軍出動要請と反発

八月七日、イギリスは中国近海におけるドイツ仮装巡洋艦（武装した商船）の捜索と破壊のため、日本海軍の出動を要請してきた。事実上の参戦の依頼である。その夜、早稲田の大隈邸で臨時閣議が開催され、参戦する旨が閣議決定された。これを受け翌八日午前、海相の八代、軍令部長の島村、元帥の井上良馨・東郷平八郎、各軍事参議官による会議が開かれ、参戦に関し海軍として同意がなされた。

しかし、このような政治主導による参戦決定に対し、海軍部内では反発が強かった。軍令部の意見を聞くこともなく独断で参戦に同意した八代海相に対する反発や、閣議決定をそのまま受け入れようとする島村軍令部長に対する不満があった。加藤も、政府の参戦への決定を「突飛無考なる当局者の処置」と難ずる財部前次官に対し、少なからず心配する旨を語り、島村らが気の毒ではあるが、まずは静観するしかないと述べている（『財部彪日記』大正三年八月一一日の条）。

ドイツへの宣戦布告

大戦勃発当初、少なくとも海軍は、アメリカとの関係を慮《おもんばか》ってか、参戦には慎重であった。軍務局長の秋山によれば、閣議で参戦に賛成した八代海相も、八月一三日の閣議では、ただちにドイツに対し宣戦布告をすることを避け、「青島〔膠州湾租借地〕」の中国への返還や、中国の海域よりドイツ艦艇の撤退を迫り、そのうえで最後通牒を発するべきと主張したという（同前、大正三年八月一四日の条）。ドイツに対する最後通牒は八月一五日に発せられ、その回答がないまま、八月二三日に宣戦布告がなされた。

青島攻略戦

この間、日本海軍とイギリス海軍との間では、今後の作戦行動について意見交換が進められていた。その結果、日本海軍は陸軍と共同で青島《チンタオ》を攻略し、敵艦の撃滅と通商の保護を目的とした作戦行動を取ることとなった。陸軍部隊の上陸援護を含む青島攻略作戦は、加藤定吉《かとうさだきち》（中将、海兵一〇期）麾下の第二艦隊があたることとなり、加藤友三郎麾下の第一艦隊は、日本および中国近海の航路の安全と制海権の確保を担当した。

青島攻略戦で母艦からクレーンで海面に下ろされた海軍航空機

この青島攻略戦では、日本海軍の飛行機が出撃し、敵地偵察、小規模な爆撃や空中戦が実施された。日本軍機による最初の作戦行動と空中戦であった。この時の海軍機は飛行甲板から離発着するのではなく、母艦からクレーンで海面に下ろされて離水し、海面に下りて同じく回収される、両翼の下にフロートを付けた水上飛行機であった。中国や西太平洋海域における戦闘地域は限定的であり、ここでの飛行機による戦闘はもっぱら青島に限られた（後述）。それに比べ、ヨーロッパでは広範囲に戦闘が継続され、最新鋭の兵器が逐次投入され、兵器の進歩の速度は速かった。特に飛行機がそうであった。観戦武官を多数派遣し情報収集に努めたとはいえ、日本陸海軍がそれをフォローし、その技術をキャッチアップしていくことは困難であった。

赤道以北のドイツ領南洋諸島を占領

さて、その後、ドイツ東洋艦隊の一部が赤道以北ドイツ領南洋諸島（マリアナ諸島、マーシャル諸島、カロリン諸島など）を拠点に行動していることが明らかとなり、その撃滅を目的として、九月三日および二一日に第一・第二南遣支隊がそれぞれ編成され、マリアナ諸島とカロリン諸島に派遣された。九月二九日、第一・第二南遣支隊は、ドイツ艦隊の根拠地とされていたヤルート島（マーシャル諸島の一部）に、陸戦隊を上陸させ、その占領に成功した。

大戦勃発当初は参戦に消極的であった海軍も、参戦して一ヵ月余りで、赤道以北ドイツ領南洋諸島の「永久占領」を目指すようになっていた（前掲『日本海軍史』第二巻、三一二〜三一五頁）。こうした動きは日本に限られたことではない。例えば、赤道以南ドイツ領南洋諸島については、オーストラリアがニューギニアに、ニュージーランドが西サモアに、そしてイギリスがナウル島に、それぞれ進出していた。巡洋戦艦「伊吹《いぶき》」は、ドイツ艦艇が出没するなか、オーストラリア・ニュージーランドのヨーロッパ派遣部隊を乗せた輸送船団護衛のため派遣されていたが、艦長の加藤寛治《かとうひろはる》（海兵一八期、のち軍令部長）は、日本海軍による一連の「作業」は、戦後の日本に「南方発展のため有効なる口実を得る」こととなると、「南進」を海軍中央に具申した（同前、三一四頁）。

第一艦隊主力の帰還

第一次世界大戦終了後、このような海軍の動きが、赤道以北旧ドイツ領南洋諸島を国際連盟の信託統治領として日本が支配することにつながった。日本はパラオ島のコロールに南洋庁を設置し、この広大な地域を統治した。実質的に日本の植民地となった赤道以北旧ドイツ領南洋諸島は、こののち日本の国際連盟脱退（一九三三年）後も、同連盟やアメリカによって統治の継続が黙認された。太平洋戦争末期、サイパン島をはじめこの地域の島々で、米軍との住民を巻き込んだ凄惨な戦いが繰り広げられることになる。

南洋諸島占領・軍政開始（大正三年一〇月）、青島要塞陥落（大正三年一一月）、ドイツ東洋艦隊撃滅（大正四年三月）をもって、海軍の所期の作戦は終了した。ここに第一艦隊の主力は国内に帰還、加藤は日本近海で所属艦艇の戦時下における訓練を統括した。

第五　海軍大臣就任と海軍改革

一　海軍大臣になる

八代六郎の海相辞任

第二次大隈内閣にあって、八代六郎《やしろろくろう》は海相として、一九一四年（大正三）七月に欧州で始まった第一次世界大戦の緒戦を乗り切った。ところが、翌大正四年（一九一五）八月に至り、突如辞任を表明した。辞任表明のきっかけは、大浦事件と呼ばれる疑獄事件の処置をめぐって、首相の大隈重信《おおくましげのぶ》と外相の加藤高明《かとうたかあき》が対立したことにある。

大浦事件とは、山県系元官僚で農商務相の大浦兼武《おおうらかねたけ》（貴族院勅選議員）が、第三五議会を前に、議会担当閣僚として野党政友会の切り崩しを図り、二〇名前後の議員を買収し、さらに議会解散後は内相として大規模な選挙干渉を展開し、与党勢力の圧勝をもたらした事件のことである。議員の買収と選挙干渉のため、大浦は野党やマスメディアさらに世論の厳しい指弾を受け、大隈内閣は責任を取る形でいったんは総辞職をした。ところが、元老らにより慰留された大隈は「居座り」を策した。これに加藤高明や蔵相の若槻《わかつき》礼次郎《れいじろう》は反対し、ともに閣僚辞任を表明した。加藤高明との関係で入閣した八代も彼と行動をともにするべく、辞任を表明したのである。

加藤友三郎海相の誕生

加藤友三郎《かとうともさぶろう》は、八代の辞任により、その後任として、大正四年八月一〇日、海相に就任した。しかし、最終的に海相が加藤に決定するまでの経緯は、単純ではなかった。いくつかの新聞紙上では、加藤、島村速雄《しまむらはやお》と並んで、名和又八郎《なわまたはちろう》（中将、海兵一〇期、第二艦隊司令長官）、出羽重遠《でわしげとう》（大将、海兵五期、軍事参議官）、そして瓜生外吉《うりゅうそときち》（大将、期外、予備役）の五名が、後任候補として取りざたされていた。先の山本内閣による軍部大臣現役武官制の廃止があったからこそであろうが、新聞紙上とはいえ、予備役《よびえき》の瓜生が海相候補に挙げられていることは注目に値しよう。

海相決定の裏事情

実際、山県有朋《やまがたありとも》や井上馨《いのうえかおる》ら長州系の元老たちの周辺では、瓜生を八代の後任に考えていた。八月三日、望月小太郎《もちづきこたろう》は「先ず八代の代りには山公〔山県有朋〕の発議にて井上侯〔井上馨〕と双〔ママ〕談、瓜生〔瓜生外吉〕大将を勧めたし」（大正四年八月三日付井上馨宛望月小太郎書簡、山本四郎編『第二次大隈内閣関係史料』所収）としている。山県は、加藤を含めた現役将官ではなく、予備役の将官を海相に起用しようと考えた。加藤が山本権兵衛《やまもとごんべえ》——斎藤実《さいとうまこと》系列に位置付けられることを考えれば、山県は加藤より瓜生を海相として望ましいと考えたのだろう。

だが、八代は瓜生ではなく、加藤を海相候補として大隈に推薦した。後述のように、八代は八八艦隊《はちはちかんたい》構想の前提としての八四艦隊《はちよんかんたい》構想の実現を、大隈首相が設けた「防務会議」に承認させた（一一二〜一一三頁参照）。ジーメンス事件の直後、戦艦の工事継続を躊躇した「清浦内閣」を不成立に追い込んだ加藤の手腕に、八代は期待したのだろう。また、瓜生は大隈と懇意ではあったが、現役の将官を差し置いて予備役の将官を海相に就けるのは「将来甚だ面白からざる先例を開く」こととなり、海軍部内に一人の賛成者もいないと思われた（大正四年八月八日付『東京朝日新聞』）。八代もそう考えたに違いない。

海相人事の通例

八代は六日午後、大隈との会見で加藤を推薦し、同夜に鈴木貫太郎《すずきかんたろう》次官との協議のうえ、加藤に対し上京するよう打電した。折しも伊勢湾上で第一艦隊所属艦艇の演習を統括していた加藤は、翌七日午前七時に鳥羽を発し、名古屋を経由して同日午後九時、東京駅に到着した（大正四年八月九日付『東京朝日新聞』）。なお、日露戦争終結から大正初年に至る時期の海相人事は、八代を例外として、現任者が意中の将官を首相（または首相内定者）に推挙した。斎藤実海相と加藤友三郎海相はこうして誕生した。その際、軍令部長や元帥・軍事参議官らに諮《はか》られることはなかったようである。

ところで、当事者でもある大隈らは、海相人事をどのように考えていたのか。上京した加藤との会談を翌日に控えた八月七日の午後、大隈は望月小太郎や尾崎行雄《おざきゆきお》（法相）と懇談した。この会談の要旨と翌日の加藤との会談の方針について、望月が井上馨に次のように報じている。「明朝八代同道 伯〔大隈重信〕と会談可致《いたすべく》、然る上幸にも加藤拝受（此事ハ初めより無望にて、加藤友三郎氏と共に瓜生を説付候事の順序に候）すれバ格別、然らざる上ハ如予定《よていのごとく》、瓜生を引受けさせ候談判に御座候《ござそうろう》」（大正四年八月七日付井上馨宛望月小太郎書簡、前掲『第二次大隈内閣関係史料』所収）。要するに、加藤が海相を引き受けるのは望み薄なので、彼が辞退した場合、海相就任を受諾するよう加藤とともに瓜生を説得するつもりである、と大隈らは考えていたのである。

友三郎はなぜ海相を受諾したのか

八月八日午前、加藤は大隈と会い、海相就任の交渉を受けたが、いったん保留し、その日の午後、再び大隈のもとを訪れ、就任を受諾した。大隈にとっては「意外」であったし、山県にとっては「計算違い」であった。清浦内閣を流産させた加藤が、ここで海相就任をいとも簡単に承諾した理由は何か。おそらく、大隈が臨時議会を開き、圧縮されたとはいえ懸案の海軍予算を成立させたことを加藤が評価したためであろう。さらに、大隈が、八代や鈴木から今後の海軍補充案に関する説明を受け、それに対する大隈の「決心」を、八代らが了解したこと（八月一〇日付『大阪朝日新聞』）にもよるであろう。ちなみに、加藤は「大隈内閣たると将《は》た又《また》何人の内閣たるとを問わず、海軍の為誠心誠意を以て努力し呉《く》れる内閣」ならば満足である（「加藤海軍中将談話」八月九日付『東京日日新聞』）と明言していた。もちろん、彼には、現役将官として、予備役・後備役《こうびえき》将官が海相に就くことを避けるためにも、自らの海相就任は不可避であるとの判断もあったであろう。八月一〇日、加藤は海軍大臣に就任した。

加藤の海相就任から数日後、待命《たいめい》(次の職務が決まっていないこと)になった八代(一二月に第二艦隊司令長官に就任)は、加藤を「頭脳は透徹で学識手腕共に海相として最も適任」と評し、海軍補充は研究に研究を重ねた結果、最小限度として立案したもので動かすべからざるものである、大臣が代わっても海軍の方針が変わるはずはない、と述べ、今後も海軍補充が継続して行なわれる、と主張した(大正四年八月一六日付『東京朝日新聞』)。八代が発した「海軍の方針」「海軍補充計画」とは、一言で言えば、明治四〇年(一九〇七)に策定された「八八艦隊」、すなわち艦齢八年未満の戦艦八隻・巡洋戦艦八隻を中心に編成される艦隊の建造計画の、暫定的措置としての「八四艦隊」計画を指す。

「八四艦隊」計画

八代が海相に就任して間もない大正四年六月、大隈内閣は陸海軍の軍事費の要求を調整する目的で、防務会議を設置した(陸軍の要請に沿い「国防」とせず)。構成メンバーは首相(大隈)、外相(加藤高明)、蔵相(若槻礼次郎)、陸相(岡市之助《おかいちのすけ》)、海相(八代)、参謀総長(長谷川《はせがわ》好道《よしみち》・大将)、軍令部長(島村速雄・中将)である。

ここで陸軍が要求したのが、二五個師団体制樹立に必要な六個師団増設の一環として、朝鮮防衛のための二個師団増設であった。海軍は、八八艦隊建造を前提とした、暫定的措置としての八四艦隊構想の実現を要求した。ともに予算を圧縮され、執行を延期されながらも、とにかく承認された。特に海軍については、明治末年より度重なる内閣交代のため、全額の予算化が認められないまま建造に着手した戦艦三隻の建造経費が継続費として予算が今後確保され、その完成に目途が立てられていたのだった（総額八七〇〇万円、大正七年度完成）。また、防務会議で承認された八四艦隊構想は、その後の海軍拡張計画の基礎になるものであった。

八代辞職後、その実現は後任の加藤に委ねられることになった。

二　海軍艦政本部の解体

――海軍艦政部・海軍技術本部への分割――

「汚職の温床」海軍艦政本部の解体

加藤が海軍大臣に就任して最初に手を付けたのは、海軍艦政本部（以下、艦政本部）の解体である。

既述のように、大正三年（一九一四）に第一次山本権兵衛内閣を総辞職に追い込んだジーメンス事件の舞台こそが、艦政本部であった。艦政本部は明治三三年（一九〇〇）に海軍省の外局として設立され、艦艇、大砲・水雷などの装備品、燃料や艦艇勤務における必需品を、一括して調達、または製造する権限を持ち、製鋼所、造兵工廠、火薬製造所なども有する大組織であった。既述のように、山本が日清戦争後、西郷従道《さいごうつぐみち》に代わって海相に就任し、「山本体制」を海軍に確立して以来、艦政本部の幹部がヴィッカース社、アームストロング社、ジーメンス社など海外の企業からリベート（賄賂）を受け取ってきたことが、大正三年に一挙に発覚して、政治的にも大問題となった。

この再発防止のため、右の分野について権限の集中する艦政本部を解体し、その権限を分割することが、海軍にとって国民からの信用回復に不可欠であると思われた。もっとも、海軍省では、すでに前海相の八代六郎の発案により、海軍省改革の原案作りが進められ、加藤が海相に就任した大正四年八月の時点で、当該原案はすでに内閣に提出され、法制局の審議に付されていた。

艦政部と海軍技術本部に分割

かくして加藤が海相に就任した翌月（九月二一日）、海軍艦政部令と同技術本部令とが発せられた。これにより艦政本部は分割され、海軍省の外局として新たに海軍艦政部と海軍技術本部が置かれた。艦船や装備などについて海軍技術本部が企画・設計したものを、海軍艦政部が予算化し製造するという分業体制が取られることになった。しかし、加藤は艦政本部分割という措置を、必ずしもよしとはしなかった。大正四年一二月に召集された第三七議会の衆議院予算委員会で、「人を得れば必ずしも組織を変更しなくても斯くの如《ごと》き〔ジーメンス事件〕不祥事件を予防することが出来得ると考えます」（大正四年一二月一〇日「衆議院予算委員会」）と、加藤は高木益太郎《たかぎますたろう》（立憲国民党）の質問に答えている。

また、加藤は大正九年九月に枢密院で次のように陳述する。すなわち、海相就任直後、不祥事件は人の問題であり、組織の問題ではないと、艦政本部解体に反対する強い意見が寄せられたが、八代前海相が組織改編を宣言してしまったことでもあり、自分は「熟考の末……後日更に改正案を提出するも遅きに非ず」と、取りあえず八代案をそのまま進めることとした（国立公文書館蔵『枢密院会議議事録』二二、二八四〜二八五頁）、と。

分割による組織連携の齟齬

はたして、艦政本部が二分割されることにより、大きな問題が発生した。技術部門と事務部門をそれぞれ担当する二つの組織において、その連携に齟齬《そご》が生じたのである。そのため、外局としての艦政部は半年余り後に（大正五年三月）、艦政局と機関局として再編されて海軍省の一部局（内局）となり、艦政業務の効率化が図られた。この時、旧艦政本部や艦政部が有していた「艦船、兵器及艦営需品の購買に関する事項」が経理局第二課の業務に移された（海軍歴史保存会編『日本海軍史』第二巻、四六一頁）。こうして加藤は、海軍省から独立して存在した旧艦政本部の多くの権能を本省に取り込むと同時に、艦船・兵器などの購買に関する権限を、艦政部門から切り離したのである。

このように、研究開発・設計部門を除く艦政業務の多くを直接の海軍大臣所管とし、不祥事件の防止対策を講じた。しかし、今度は製造現場と中央との関係の問題がクローズアップされるようになった。

製造現場の不満

艦艇や兵器などの装備品の製造現場である地方の各工廠、および民間会社から、中央（海軍省、海軍技術本部）への問い合わせや相談は少なくなかった。それゆえ、その窓口が海軍省（特に艦政局）と外局の海軍技術本部に分かれていることは、大いに不便であった。加藤は枢密院において、数年来、海軍工廠や関連の民間工場から不満が多数寄せられ、大正九年、艦政本部分割という六年間の「実験」は「非常なる不便に逢着し」、艦政業務を技術本部と艦政局とが分割して担うことが「不可なることは実際上十分の経験を得たり」（前掲『枢密院会議議事録』二二、二八五頁）と、顧問官を前に述べるに至った。

艦政本部の復活

艦政本部の復活は大正九年一〇月のことである。そのきっかけは大正九年七月に開催された第四三（特別）議会において増税案が承認され、海軍の悲願であった八八艦隊計画実現の予算措置に目途がたったことである。戦艦四、巡洋戦艦四をはじめ、多数の軍艦の建造が近々開始されるはずであった。加藤はこの機会を捉え、海軍技術本部と艦政局を合体し、艦政本部を復活させた。

以前のような広範な権限を持たせることはなかったが、加藤は艦政本部をかつてのように外局として復活させ、それに海軍における艦船の研究・建造や装備の研究・製造について統一的な権限を持たせることにより、今後の大規模な軍艦建造に対応しようとした。しかし、他方で、艦船・兵器などの購買や契約締結に加え、新たに「港用品」・燃料の購入、ならびに建築工事の契約についても、彼は経理局の権限とした。要するに、彼は艦政業務はもとより、海軍の主要業務全般に関わる予算の執行と管理——すなわちカネの流れ——を、海軍省経理局が一元的に掌握することで、ジーメンス事件のような不祥事の発生を防止しようとした。

友三郎の漸進主義

この頃、海軍省軍務局第一課長として加藤の下にいた山梨勝之進《やまなしかつのしん》は、この一連の艦政本部の改編と復活は「世間に対する言い訳」であり、加藤が「一時的に芝居をした」ものであったと、後年語る（山梨勝之進先生記念出版委員会編『山梨勝之進先生遺芳録』二九頁）。しかし、それは単なる「世間に対する言い訳」などではない。段階を踏んでの艦政本部改革だった。加藤からすれば、艦政本部自体は八八艦隊の実現のための統一的で効率的な組織として必要であり、艦政本部から艦船・兵器などの購買権を本省に移譲さえすれば、汚職の芽を摘み取ることができるはずであった。彼は艦政本部改革を、前任者の面子《メンツ》も立てつつ、時間をかけ、手順を追って実行していった。山梨にはそれが、加藤が「一芝居打った」ように映じた。後述の八八艦隊計画についてもそうであろうが、艦政本部改革もまた、加藤は状況を見据えつつ漸進主義によったのである。

三　佐藤鉄太郎軍令部次長の更迭

軍令部次長佐藤鉄太郎を更迭

海軍大臣に就任して四ヵ月を経た大正四年（一九一五）一二月、加藤は軍令部次長の佐藤《さとう》鉄太郎《てつたろう》を更迭し、海軍大学校校長に転任させた。

佐藤は、加藤の大臣就任と同日に、軍令部次長に就任した。彼を軍令部次長に推したのは前海相の八代六郎で、軍令部長の島村速雄もこれを了解していた。明治憲法体制下で、軍令部長や同次長が在任わずか数ヵ月で更迭されたことはない。しかも、主戦場がヨーロッパであることを考慮しても、第一次世界大戦の最中である。海軍の人事権は海相が握っていたことを考える時、加藤が佐藤をどのように見ていたかが問題となる。

すでに触れたように、佐藤は少尉候補生として、加藤が砲術長を務める老朽艦「筑波《つくば》」で、太平洋を横断する練習航海を体験した。日露戦争の際には、加藤が参謀長を務める第二艦隊の参謀であった。それゆえ加藤と佐藤は旧知の間柄であった。佐藤は、アメリカ海軍の戦略理論家で『海上権力史論』で著名なマハン（Alfred Thayer Mahan）に傾倒し、佐藤が著した『帝国国防論』『帝国国防史論』は、軍や政界、そして一般社会にも影響を与えていた。戦史研究と戦術理論家として広く知られ、日露戦争後、さまざまな雑誌に寄稿して自説を展開したが、熱心な「八八艦隊」計画推進論者であった。

野村吉三郎《のむらきちさぶろう》によれば、大正四年秋に、軍令部次長として佐藤は、加藤海相に対し海軍拡張の急務を論じ、すみやかに八八艦隊を完成しなくてはならないと主張したが、加藤は「それは僕には出来ぬ、君が海軍大臣になったら遣りたまえ」（前掲『元帥加藤友三郎伝』二五九頁）と応じた、という。また、中川繁丑編・刊『元帥島村速雄伝』は、大正四年に佐藤は「軍備充実の事」について、「（加藤海相に）熱烈なる進言を為したことがあって間も無く海軍大学校校長に転任することとなった」（二四四頁）と述べている。いずれも、「八八艦隊」計画の早期達成を加藤に迫ったことが、軍令次長更迭に直結したように伝える。しかし、それは事実と異なる。

佐藤鉄太郎

大正四年一〇月一八日から海軍大演習が開催され、島村が統監として出張して不在の折、佐藤は部長代理を務めた。石川泰志『佐藤鐵太郎海軍中将伝』によれば、その折、佐藤は軍令部の「権限拡大」を企てたことが加藤の逆鱗に触れたという（三三七頁）。その「権限拡大」の中身はともかく、佐藤

軍令部の権限拡大計略に激怒

がそうした行動を取った理由は定かではない。しかし、直接には、大戦参戦や山本権兵衛ら三大将の予備役編入など海軍の重要問題を、前海相の八代六郎が軍令部や東郷平八郎《とうごうへいはちろう》ら諸元帥に事前に諮らなかったことなど、軍令部軽視の姿勢に対する軍令部側の反発が考えられよう。だが、そればかりではないようである。佐藤が突然に海大校長へ転任となった時のことを、海軍省人事局にいた高橋三吉《たかはしさんきち》（少佐、海兵二九期、のち連合艦隊司令長官）は、のちに「嘗《かつ》て佐藤鉄太郎中将が次長〔軍令部次長〕の時改正〔関係法令の改正〕を企てたことがあったが、このことが海軍大臣〔加藤友三郎〕の逆鱗に触れ遂に現役〔現職カ〕を去らしめられたことがあった。これは御本人〔佐藤鉄太郎〕から聞いたことだ」と回想する（高橋三吉「自叙伝」、高橋信一編・刊『我か海軍と高橋三吉』八五頁）。

　更迭から六年後の大正一〇年一二月（加藤はワシントンに出張して不在）、イギリスの例からしても海軍への文官大臣制の導入を不可避と考える佐藤は、人事権を「軍事計画機関」である軍令機関に持たせることを希望する、との意見書を軍令部長の山下源太郎《やましたげんたろう》（大将、海兵一〇期）に提出した（佐藤鉄太郎「海軍中将佐藤鉄太郎遺稿海軍戦理学補遺」、前掲『佐藤鐵太郎海軍中将伝』三三八～三三九頁）。おそらくこの大正四年の時も、佐藤は人事権を、海軍省ではなく軍令部が持てるように、法令（海軍軍令部条例、省部事務互渉規程など）の改正を企てたのであろう。これに激怒した加藤が佐藤を更迭したと思われる。

海軍省優位に体する不満

すでに述べたように、海軍では、軍政（軍の編成、兵力量の決定）機関であった海軍省が軍令部に対し優位にあった。この点は、省・部間の権限がほぼ対等な陸軍（陸軍省と参謀本部）とは大いに異なる。この軍令部に対する海軍省の優位性は、山本権兵衛、斎藤実と強力なリーダーのもとで厳然と維持され、加藤に至った。加藤も、山本や斎藤らの薩摩閥系列と見られていたから、海軍では薩摩閥による海軍省優位に対する不満が、軍令部を中心に燻《くすぶ》っていたことは十分考えられよう。ちなみに佐藤は山形県出身である。

軍令部長は佐藤を高く評価

軍令部長の島村速雄は、次長を更迭された佐藤を海軍大学校の校長として転出させるにあたり、彼の戦史や戦術論に関わる見識を高く評価していたことから、海大校長在任中は彼を参謀官として遇した。作戦用兵等軍令に関する事項について、随時意見書を軍令部長に提出できる立場に彼を置いたのである。佐藤から提出された軍備計画に関する意見書の上欄には、島村の「憂国の熱情」との書き込みがあったという（前掲『元帥島村速雄伝』二四四頁）。

その後、佐藤は大正九年に舞鶴鎮守府《まいづるちんじゅふ》司令長官に就き、公務で加藤が舞鶴に来航した際、舞鶴の軍港としての位置付けをめぐって二人の間で議論があった。佐藤は、たとえ「大命」であっても鎮守府から要港部への格下げに反対する、とまで痛論したが、加藤は笑いながら「君、もし君の説を主張せば大命は待命となりて下るやもしれず」（傍点は筆者による。佐藤鉄太郎「海軍中将佐藤鉄太郎遺稿海軍戦理学補遺」、前掲『佐藤鐵太郎海軍中将伝』三五八頁）と応じた。そして、大正一〇年から翌年のワシントン会議後、佐藤は、加藤に課せられた海軍軍縮の断行に伴う人員整理の対象の一人となり、大正一二年、一年にわたる待命の期間を経て予備役に編入される。この事情は後述する。

孫昇の誕生

なお、加藤が海相に就任して一年余り経った大正五年九月、船越隆義《ふなこしたかよし》・喜美夫妻に長男・昇が誕生した（平成二〇年〈二〇〇八〉六月没）。パリ講和会議を挟み翌六年五月から二年余りにわたった女婿・隆義（海軍少佐）のフランス駐在に際し、加藤は喜美・照子（次女）・昇母子を海相官邸に引き取りともに暮らした。昇は加藤の膝下にあって順調に育ち、加藤は彼を大正九年五月の海軍記念日に築地の「水交社」（海軍将校の親睦を目的に明治一七年、海軍省の外郭団体として設立され、旅館や飲食店も付設された）に同伴するなど大いに可愛がったが、その後、大病に罹り、幼くして障害を負った。

四 「八八艦隊」計画実現へ

友三郎の柔軟の姿勢

まず八代六郎が第二次大隈内閣期の海軍大臣として八四艦隊の見通しをつけたところで、内閣改造により、大正四年（一九一五）八月一〇日、加藤がその職を引き継いだ。しかし、折から進められていた次年度予算案の策定にあたり、大蔵省は先に防務会議で認められた、五年計画による海軍補充案一億七八〇〇万円を、一億二〇〇〇万円と査定した。新聞はこれを「海軍補充の前途如何」（大正四年九月九日付『東京日日新聞』）と書き立てた。これに対し加藤は、国防計画は「単純に自説のみ固執するを許さず、能く財政状態をも鑑みるの要」ありと、財政状態を考慮してそれは実施されるべきであると述べ（同前）、八四艦隊の実現に向け、柔軟な姿勢を示した。結局、大正五年一〇月四日の内閣総辞職により、第二次大隈内閣期での海軍艦艇の増強は、超弩級《ちょうどきゅう》（スーパードレッドノート型）戦艦「長門《ながと》」一隻と軽巡洋艦二隻の起工決定にとどまった。

超弩級戦艦「長門」の起工決定

戦艦「長門」は大正六年八月に起工され、排水量三万九〇〇〇トン、速力二五ノット、四一センチ連装砲塔四基（砲八門）、副砲一四センチ単装砲一八基、航空機対策として連装高角砲四基、連装機銃一〇基をそれぞれ搭載する最新鋭の艦艇で、大正九年一一月の竣工時、世界最大かつ最速を誇った。軽巡洋艦二隻は、八四艦隊計画によるものかどうかは明らかではないが、第一次世界大戦前半の戦訓を取り入れたものである。外洋における商船や輸送船の護衛および対潜水艦作戦遂行のため、イギリスやドイツで駆逐艦より一回り大きな軽巡洋艦が盛んに建造されたことを踏まえての措置であった。

八四艦隊の予算化

さて、八四艦隊の予算化は、第二次大隈内閣に続く、寺内正毅《てらうちまさたけ》内閣の下で実現した。

長州閥の巨頭寺内正毅（陸軍大将、前朝鮮総督）を首班とする新内閣は、大正五年一〇月九日に成立したが、この内閣は官僚出身者が閣僚のほとんどを占める内閣で、表向きは衆議院に与党を持たない超然内閣であったが、実質的には政友会が与党であった。戦時下でもあり、加藤は寺島健《てらしまけん》陸相とともに「機務多端」の折、留任するようにとの大正天皇《たいしょうてんのう》の御沙汰を受け、新内閣に留任した（大正五年五月一〇日付『東京朝日新聞』）。

翌大正六年一月、先の大隈内閣の与党であった憲政会を中心に、第三八議会衆議院に内閣不信任案が提出され、これを受けて寺内内閣は衆議院を解散し、三ヵ月後に総選挙を実施するが、政友会は大勝した。その後に開かれた第三九特別議会（六月〜七月）に、寺内内閣は八四艦隊計画を含む追加予算案を提出し、それを可決成立させた。「長門」の起工は、追加予算成立の翌月である。

兵資調査委員会の発足

ところで、この第三九特別議会開催に先んじ、加藤は大正六年六月五日、海軍省内に兵資調査委員会を発足させていた。委員には兵科・機関・主計・造船・造機の各科から総勢三一名の士官が集められ、委員長には栃内曽次郎《とちないそうじろう》（中将、海兵一三期）、幹事に上田良武《うえだよしたけ》（中佐、のちワシントン駐在武官、海兵二八期）他二名を任命した。

工業力向上にはメートル法への統一が不可欠

委員会設置の目的は、第一次世界大戦における国家総力戦の現実を前に、海軍工廠および民間主要工場の生産力の現状を把握し、今後の戦時における日本海軍の工業動員計画についていて展望することであった（「兵資調査ニ関スル件」「兵資調査委員会処務内規」、防衛省防衛研究所戦史研究センター史料室所蔵『大正六年公文備考』巻三官職三、所収）。委員会はいくつかの分科会に分かれ、作業を進めた。半年後の一二月早々、最初の報告書が加藤に提出された。それは「度量衡の統一」に関するもので、メートル法による度量衡の統一とその普及が工業力の向上には不可欠である、と主張するものであった（大正六年一二月三日付「工業力増進上、メートル法の普及、統一」、同前所収）。

兵器生産の課題

明治維新以来、日本では西洋式の近代産業の導入の過程で、政府が明治一七年（一八八四）にメートル条約に加入したものの、産業界では在来の尺貫法に加え、イギリス式のヤード・ポンド法やフランス式のメートル法が混在した。産業分野別や業種別、さらに企業系列別に、度量衡の違いが生じていたのである。それは、少なくとも海軍の兵器調達と合理的な兵器体系の構築には大きな障害であった。大正一〇年（一九二一）四月に至りメートル法が公布され、軍や学校教育の場でメートル法の導入が積極的になされるようになったが、完全実施には至らなかった（昭和三四年〔一九五九〕一月一日をもって完全実施）。

翌大正七年二月末に、その他の調査結果が加藤に報告された。例えば兵器に限っても、船舶の航行に不可欠な各種羅針盤や六分儀《ろくぶんぎ》（天体と水平線との角度を測定する器具、天測航法で用いられる）、傾斜儀、アネロイド晴雨計や各種光学機器、電気系統の各種測定機器そして航空機を、日本では独自に生産できない、または国内におけるその生産量が不十分であることが判明した。戦時になると、弾丸、装薬、炸薬、魚雷、機雷について生産量が不足することもわかった。また、品質や生産力の関係で、船底塗料、重油・軽油、潜水艦車軸などは、国内産より外国産製品に頼らざるを得ないこと、レンズの材料、ニッケル・アルミニウム製品、ピアノ鋼線・白金線、高品質な鉄材などは外国産でなければならないこと、が判明した（兵資調査会「主要成品《ママ》材料原料（国内生産セサルモノ及生産不十分ナルモノ）品目調」、同前所収）。

潜水艦を除けば、大正前期には、ほとんどの艦艇は国内で建造されるようになった。しかし、航行を可能にする方位測定機器や航空機が生産できないか生産量が不十分、艦艇の燃料も海外に依存する、さらに戦時には砲弾や火薬などにも欠乏を来す、このようなことであれば、八四艦隊が完成してもそれは「張り子の虎」でしかない。のちに加藤は「八八《〔八八艦隊〕》は死物なり」と若手士官たちを前に語ったが（後述）、彼は兵資調査委員会の調査報告書をどのような思いで読んだのであろうか。それを知る資料はないが、右のような報告を深刻に受け止めたものと思われる。

八六艦隊計画の予算成立

続いて翌大正七年三月、第四〇議会において、八四艦隊計画をさらに一歩進めた八六《はちろく》艦隊《かんたい》編成のための、海軍予算案を含む大正七年度予算が成立した。そのきっかけとなったのは、大正六年七月に加藤海相が寺内首相に提出した「軍備補充に関する請議」である。それは、いまだ継続中の世界大戦の状況から、既定の防衛計画を見直す必要があるとして、次のような趣旨を述べる。

八八艦隊計画の完成を目指すことを課題としつつも、それだけでは東アジア海域の制海権を確保することは不可能である。国防の具体的内容は「本土の防衛」「本土と対岸大陸との連絡保持」「南シナ海の保安」の三点で、そのためには既定の八四艦隊計画完成に向けて努力することと、今次大戦での海戦の教訓から「比較的威力を発揮せる補助艦艇を急造」することが必要である（前掲『日本海軍史』二、四九一～四九二頁）、と。

補助艦艇の急造を要求

しかし、ここで急造しなくてはならない艦艇については、具体的なことには触れられていない。『日本海軍史』は、急造されるべき補助艦艇とその金額について、具体的には中型巡洋艦三、駆逐艦二八、潜水艦四八、特務艦六の合計八四隻を大正七年度以降四年間に建造、その総額は一億八二〇〇万円と推定する（同前、四九一頁）。また加藤は、来年度（七年度）以降に起工予定の艦艇について、攻撃力・防御力・速力向上のための改良費約四二八〇万円の追加も要求した。改良費とは、設計の一部変更に伴う費用である。これもまた第一次世界大戦の戦訓によるものであろうが、それにしても、八四艦隊の予算が成立した第三九議会終了直後での要求である。

さらに加藤はこの年の一〇月、蔵相の勝田主計《しょうだかずえ》に補充計画の追加を要請した。理由は以下の通り。①第三九議会で承認された八四艦隊は、継続費最終年度の大正一二年には戦艦「扶桑《ふそう》」、巡洋戦艦「榛名《はるな》」「霧島《きりしま》」が艦齢八年を超えるので、この時点で八四艦隊は「仮称」となる、②各国が巡洋戦艦の真価を認め、新造にしのぎを削っていることを考慮すれば、この二艦はそれらに対抗できないであろうから、ここで新たに巡洋戦艦二隻を建造しておきたい（同前、四九二頁）。その費用は六六〇〇万円。さらにまた大正七年度以降の建艦について、物価騰貴に伴う経費として、一八〇〇万円が追加された。先の補助艦艇や改良費などの分と合計すれば、要求額は約三億一〇〇〇万円にのぼる。当時の国家の年間予算の約三分の一にものぼる巨額の資金を要するものであった。

戦艦二隻建造補充計画の追加要請

それにしても、この大正六年は加藤にとって忙しい年であった。八四艦隊計画遂行のための予算が成立し、加えて大規模な補助艦艇充実計画、さらに二隻の巡洋戦艦の補充計画が具体化した。海相として加藤は、軍令部と調整しつつ、海軍省における計画と予算作成を督励し、大蔵省など関係省庁との調整に奔走したであろう。こうして、大正六年において、八四艦隊計画は一気に八六艦隊計画へと「進展」した。このような加藤ら日本海軍の動きは、多分にアメリカ側の動向を反映したものであった。

米国海軍の軍拡

八四艦隊計画の予算が議会で承認されたのは、大正六年七月である。アメリカでは、ほぼ一年前の一九一六年八月、海軍法（The Naval Act of 1916）が成立した。アメリカは一九一七年度から向こう三年間で、戦艦一〇、巡洋戦艦六を含む一八六隻の艦艇を建造し、ドイツ海軍を抜いてイギリスに次ぐ世界第二位の海軍大国を目指した。さらに、アメリカが一九一四年八月に完成したパナマ運河の管理権を掌握したことで、アメリカ海軍は大西洋・太平洋両洋における艦艇の有機的活用が可能となった。

アメリカ海軍の軍拡は、前年（一九一五）五月のルシタニア号事件（アイルランド沖で英国商船「ルシタニア」がドイツの潜水艦に撃沈され、乗船中のアメリカ人一三九名が犠牲となる）や、同年五月のユトランド沖海戦（英独海軍の主力艦隊が激突）での体験・見聞が直接的な契機となっていようが、それは専守防衛から、仮想敵国をドイツと日本に想定した抑止防衛へと、国防政策の転換を意味するものであった。

その軍拡は、一九一七年（大正六）四月のアメリカの第一次世界大戦参加を経て、一九一八年一一月における大戦終結以後も、計画は進められ、一九一八年一二月の第二次海軍増強計画の策定へと継続される。第二次海軍増強計画はともかく、少なくとも海軍法に基づく海軍拡張計画（ダニエルズ〔Josephus Daniels〕海軍長官によるものということでダニエルズ・プラン〔Daniels Plan〕と呼ばれる）は、大正六年における加藤らの軍拡に向けた動きに、少なからざる影響を及ぼしたに違いない。すなわち、ダニエルズ・プランが、一気に八六艦

第四〇議会での議論

隊計画を作らせたのである。

この時、日本では大戦景気に沸き諸産業は活況を呈していた。空前の好景気は税収増加をもたらし、国家予算は膨張した。対前年度比二一％《パーセント》増であった。戦時中ということもあってか、この時、寺内内閣は軍拡へと舵を切り、加藤海相の要求を受け容れ、来るべき第四〇議会にその予算案の提出を認めた。順調にいけば、八四艦隊計画は、艦齢九年となる戦艦「扶桑」と巡洋戦艦「榛名」「霧島」を加えれば、大正一二年度には、より強力な八六艦隊として完成するはずであった。

脆弱な日本の海軍力

しかし、第四〇議会ではこのことが大きな問題となった。八六艦隊計画を中核とする海軍拡張計画そのものへの異論はほとんどなかったが、この計画による八六艦隊に艦齢八年を超える艦艇が含まれていることが問題となったのである。その急先鋒の一人が、立憲国民党所属の西村丹治郎《にしむらたんじろう》（岡山県選出）であった。彼は第三回予算委員会（大正七年一月二五日開催）で以下のように加藤を追及した。八六艦隊が完成する大正一二年には、アメリカは八四艦隊が三つできるが、我々は艦齢八年を超えた艦艇を除外するならば、その一つも持つことができない。このような貧弱な海上兵力でもって、はたして太平洋の安全を守ることができるのか、と。

これに対し加藤は、次のように答えた。アメリカのような「大富国」と我が国のような「貧弱な国」が競争することは到底不可能である。ご説のようにアメリカは大正一〇年に至り、予定の計画を完成し、我が艦隊の三、四倍の有力なものになると思うが、数の上では無論我が艦隊は劣勢である。しかし、我が海軍力を充実するために国力の許す範囲内において最善を尽くしたいと思うが、これ以上のものを希望してもできないと思う、と。そして彼は次のように締めくくった。

　私は唯諸君の同情の下に、国力の許す範囲内においてできるだけの軍備を充実致して、而《しか》して有事の際には数以外の力を以て之を補足して我が目的を達するという考えであるということを以てお答えする外には何ら申し上げる事がありませぬ。

西村丹治郎が、ダニエルズ・プランを念頭に置いて質問をしたのに対し、加藤は「諸君の同情」、すなわち議会の同意を得たうえで、我が国の国力、具体的には財政状況や工業力に見合う軍備拡大を図るべきであって、その現状を考慮すれば日本は八六艦隊ならぬ「七四艦隊《ななよんかんたい》」（戦艦一隻、巡洋戦艦二隻がそれぞれ艦齢八年を超えているので、正確には八六艦隊からから除外されなければならない）が精一杯であり、有事の場合は「数以外の力」でもって数の劣勢を補う、と応じたのである。彼のこの認識は、四年後のワシントン会議においても変わることはなかった。

欧米と異なる艦齢の概念

　西村の指摘は、加藤にとって耳が痛いものであったに違いない。二年後、軍令部が参考意見として海軍省に意見書を提出しているが、艦齢の概念が日本と欧米列強では大きく異なっていた。日本は竣工してから艦齢を数えるが、欧米では起工または予算化された段階から艦齢を数えた（大正九年九月二四日付軍令部第一班「艦齢第一期ヲ八年トシ主力艦隊ハ第一期艦齢ノ軍艦ヲ以テ編成スルヲ要スルノ件」、防衛省防衛研究所戦史研究センター史料室所蔵『大正九年官房秘書官雑綴』）。

軍令部が指摘するように、軍艦に関する軍事技術は日進月歩であり、数年で新鋭艦が最新鋭の軍艦に対抗できなくなることもある今日、日本では戦艦の建造に三、四年を要し、戦艦が竣工した段階でその分すでに艦齢は進み、最新鋭とは言えないかもしれないのである。艦齢八年を過ぎた直後とはいえ、それを第一期の新鋭艦に準じた扱いをしても、欧米の基準からすればそれは第二期（艦齢九年〜一七年）の半ばにある軍艦となる。西村の言うことは本質を突いたものであった。

日本造船業の産業構造上の問題

ここで八六艦隊計画が進まず、実質的に「七四艦隊」に甘んじなければならない理由は、財政上の問題以外にもあった。日本の造船業をめぐる産業構造の裾野が狭いことが問題であった。西村に続き質問に立った小川郷太郎《おがわごうたろう》（憲政会、元京都帝国大学助教授）に対し、加藤は巡洋戦艦などの「大艦」の建造については「材料」がネックであると述べ、「多少内実は外国の力に頼らなければならないものがある」ことを告白している。

要するに、鋼材など鉄鋼産業を中心に供給される船舶建造の「材料」の一部を、海軍と民間産業とで取り合っていたのであり、不足分は主にアメリカなど外国から輸入していたのであろう。したがって、加藤ら海軍側は民間の需要を考慮しつつ、建艦計画を立てざるを得なかったのである。この時、加藤は継続事業の各年度において計画以上の金をもらっても買えるものはなく、使い切れないであろうとまで述べている。

五　寺内正毅内閣とシベリア出兵

膨大な国費とシベリア出兵

大正七年（一九一八）、寺内内閣によって開始されたシベリア出兵は、足かけ五年（北樺太撤兵も含めれば八年）に及び、加藤友三郎内閣による撤兵をもって一応の幕引きとなる。三三〇〇名余りの犠牲者を出し、約一〇億円（大正八年度国家予算の歳入・歳出額一〇億六〇〇〇万円にほぼ匹敵）という膨大な国費が投ぜられた。国民の批判は根強く、いたずらにロシア国民の反発と国際社会の不信を招いたこのシベリア出兵に、加藤は海相としてどのように関わったのか。海軍を軸に論じた研究は少ないが、以下、『日本海軍史』などを参照しつつ、いささか煩雑にはなるが、まずは出兵に至るまでの経緯から述べてみたい。

ロシア革命

一九一七年（大正六）三月、第一次世界大戦で困窮したロシアの民衆が蜂起して始まったロシア革命（二月革命）により、ロシア帝国は崩壊した。同年の十月革命を経て、レーニンが率いるボリシェヴィキ（のちのソ連共産党）が革命政権を掌握した。この革命の流れはウラル山脈を越え、はるかシベリアにまで及んだ。

チェコスロバキア軍の救援

ところで、話はさかのぼるが、第一次世界大戦開戦当初より、チェコスロバキア軍（以下、チェコ軍）は、オーストリア＝ハンガリー帝国の軍団として東部戦線でロシアと戦ったが、オーストリア＝ハンガリー帝国からの独立志向が強く、次第にロシア側に投降し、ロシアの支援を得て独立軍を編成した。こうしてロシアは、国内に多くのチェコ軍将兵を抱えることになった。一九一七年一一月、ロシア＝ソヴィエト連邦社会主義共和国（略称ロシア＝ソヴィエト）が建国され、翌年三月、レーニン率いるボリシェヴィキ政権はドイツなど同盟国側と講和条約を結び、世界大戦から離脱し、東部戦線は崩壊した。これを機にボリシェヴィキ政権はチェコ軍を排除する傾向を強め、両者はロシア＝ソヴィエト各地で対立した。こうしたなか、チェコ軍はシベリア経由でヨーロッパ戦線への復帰を目指し、極東のウラジオストクへ移動を開始した。東部戦線の再構築を目指す連合国、特にイギリスとフランスは、そうした状況下のチェコ軍救援を模索し始めた。

日本側の出兵目的

さて、日本では、大正六年一一月あたりからシベリア出兵についての検討が始まる。勢力圏の拡大、資源の獲得、そして、ウラジオストクに蓄積された大量の旧ロシア軍の軍需物資の確保が派兵の目的であった。外務省では、外相の本野一郎《もとのいちろう》を中心に出兵が主張され、陸軍では参謀本部を中心に満洲北部や沿海州への派兵が検討された。しかし、元老の山県有朋が出兵に慎重だったこともあり、寺内内閣は出兵には慎重な姿勢を取っていた。海相の加藤も慎重であった。

ウラジオストクへの派遣

そうしたなか、一九一八年（大正七）一月一日、イギリスは、日米両国共同による出兵を日本政府に申し入れ、香港から軍艦一隻のウラジオストクへの派遣を発令済みであると、通告してきた。寺内首相はただちに、極東における日本の主導権確保のため、イギリスに先んじて軍艦をウラジオストクに入港させるよう、海軍側に要請した。加藤はこれを受け第三艦隊所属の第五戦隊をその任に当たらせることとし、戦艦「石見《いわみ》」（元ロシア海軍の戦艦「アリョール」）と戦艦「朝日《あさひ》」にそれぞれ陸戦隊を載せ、急遽ウラジオストクに派遣するよう決定した。両艦は第五戦隊第二小隊をなし、その司令官には、ロシア通として知られた加藤寛治《かとうひろはる》（少将）が任命された（原暉之『シベリア出兵—革命と干渉 1917—1922』一七四〜一七五頁）。彼の任務は、「威圧」によるウラジオストクとその周辺の安寧秩序の維持および邦人と領事団の保護であった。

大正七年一月一二日、先発した「石見」はイギリスの艦艇（巡洋艦「サフォーク」）より二日早くウラジオストクに到着した（「朝日」は一八日到着）。しかし、現地ロシア人の反発は強く、またアメリカの猜疑心を刺激した。アメリカは日本に対抗するかのように、三月に至りウラジオストクに艦艇を派遣してきた。陸戦隊上陸の機会を探る加藤寛治司令官は、現地のイギリスやアメリカ側と協議しつつ、ウラジオストク市内の状況を勘案して、再三、海軍中央にその上陸許可を要請したが、加藤海相らは慎重であった。

司令官加藤寛治らの現地判断で上陸

　ウラジオストクとその周辺では、ボリシェヴィキと反ボリシェヴィキ勢力との抗争が激化、四月四日、市内に邦人殺害事件が発生した。翌五日、加藤寛治はこれを機に現地の菊池《きくち》義郎《よしろう》総領事と協議し、陸戦隊約五〇〇名を上陸させ、ウラジオストク市内の警備にあたらせた（同前、二一七頁）。東京の加藤海相はこの事態に、今後なるべく増派を避け、増派するにも慎重審議のうえで、と考えていた（前掲『日本海軍史』第二巻、三八一頁）。これに対し、現地の加藤司令官は、現地の総領事や陸軍、そして、現地の領事団やイギリス軍艦艦長の同意を得、穏健派勢力（ジェンベル政権）の援助に乗り出した。

ロシアの反発

　しかし、現地のロシア人は、陸戦隊が上陸したことに猛反発した。内政干渉に抗議するゼネストが頻発し、ボリシェヴィキ勢力を拡大させた。ウラジオストクに派遣されていた海軍省参事官の山川端夫《やまかわただお》（のち法制局長官）は、次のように加藤海相に報じた。

　過激派の政権握手〔ママ、掌握〕は大勢上、早晩已むを得ざるものとすれば……内政不干渉の趣意を徹底せしめ過激派をして政権を執るに任せ、以て地方の秩序に当たらしむるを

捷径とすべしと思考す。（四月一八日付海軍大臣宛暗号電報、同前、三八一頁所載）

幣原喜重郎との接触の契機

この頃、熱心な出兵論者であった外相の本野一郎が健康を損ない病臥中であったため（四月二三日辞職）、寺内が一時的にせよ外交に関わった。この時以来、寺内を補佐したのが加藤で、外務次官であった幣原《しではら》喜《き》重郎《じゅうろう》（のち外相、首相）は、この頃しばしば海軍省に加藤を訪ねた。寺内が幣原に対し、「おれは本野外相が臥床中、外交の問題について、これまで指図してきたが、身体もよくないし、そういう事は加藤海相（加藤友三郎）に委せてあるから、全て加藤に相談してくれ」と言ったので、幣原はしばらくの間、加藤と話をするため、しばしば海軍省に出かけたという（幣原喜重郎『外交五十年』二六四頁）。なお、本野一郎の後任であるが、時機を見てシベリアに出兵すべきと考える内相の後藤新平《ごとうしんぺい》（北岡伸一『後藤新平』一七八〜一八一頁）が、外相に横滑りした。

日本政府は出兵に慎重

六月に入ると、イギリスはボリシェヴィキ政権への反発を強め、チェコ軍を東部戦線の再構築に使おうとして、日本に対しシベリアへの出兵を打診してきた。しかし、日本政府は動かなかった。陸軍では、参謀本部を中心にグリゴリー・セミョーノフら他の軍閥政権を援助していたし、海軍首脳の意思はまとまりを欠いていた。海相の加藤は「出兵の可否は外交当局者の責任」と態度を明確にしないのに対し、軍令部長の島村速雄はシベリアの利権が他者に取られてしまうと大いに焦り気味であったという（「財部彪日記」

大正七年七月三日の条)。また、寺内内閣が設置した臨時外交調査会では、牧野伸顕《まきののぶあき》(元文相、外相、枢密顧問官、のちパリ講和会議全権)や原敬《はらたかし》(元内相、政友会総裁、のち首相)が、アメリカの動向を注視しつつ、出兵に異論を唱えていた。

ウラジオストクで戦闘開始

こうして内閣が出兵を躊躇するなか、事態を一変させる出来事が現地で起こる。ウラジオストク周辺に到着していたチェコ軍の一部とボリシェヴィキ派勢力との抗争がエスカレートし、戦闘を開始したのである。ウラジオストクに蓄積された軍需物資をボリシェヴィキ側が西方に移動するとの情報に接したチェコ軍は、これを阻止するため、加藤司令官や日・英陸戦隊の支援のもと、ボリシェヴィキ勢力をウラジオストクから一掃した。

他方、シベリア鉄道沿線各地からウラジオストクを目指していた一部のチェコ軍は、ボリシェヴィキ軍との激しい戦闘で弾薬の欠乏を来し、日本に武器弾薬の提供を求めた。七月三日、現地の加藤司令官は、チェコ軍援助を、東京の加藤海相らに要請した。翌四日、加藤海相ら海軍首脳は、チェコ軍を戦時における「協同軍」と認定し、アメリカに通告のうえ、武器援助の実施を決定した。アメリカの姿勢に変化の兆しが見られたからである。

この時、アメリカのウッドロウ・ウィルソン(Thomas Woodrow Wilson)大統領は、オーストリア=ハンガリー帝国からの独立を目指す、シベリアのチェコ軍救出に傾きつつあった。四月に日本を訪れたチェコスロバキア独立運動の指導者トマーシュ・マサリクは、東京で独立運動への援助を乞うたが、ほとんど注目されることなく彼は日本を去った。しかし、マサリクの主張はアメリカ、イギリス、フランスで注目を集めた（麻田雅文「シベリア出兵からソ連との国交樹立へ」、筒井清忠編『大正史講義』所収、二〇三頁）。彼は、民族自決を説くウィルソン大統領の心を動かしたのであろう。もちろんウィルソンには、チェコ独立運動によるオーストリア＝ハンガリー帝国の後方撹乱という下心もあったに違いない。

米国は日本へ出兵を提案

七月六日、アメリカは、チェコ軍への武器提供と同数の兵員派遣を、日本に提案してきた。こうして日米英仏四ヵ国によるチェコ軍救出のための出兵が決定された。陸軍は、第三師団（名古屋）を基幹とするウラジオストク派遣軍（「浦塩派遣軍」）を編成した。海軍は、引き続き第三艦隊司令長官の有馬《ありま》良橘《りょうきつ》麾下の艦艇が、ウラジオストクとその周辺の海域の警備と輸送ルートの確保に当たった。しかし、当初アメリカと同数派遣のはずが、その後、日本陸軍は最大七万余の兵員を投じた。

現地司令官の交代

ところで、各国による出兵が本格化した九月、加藤寛治は、川原袈裟太郎《かわはらけさたろう》（少将、海兵一七期、元ロシア駐在武官）と司令官を交代した。この第五戦隊第二小隊司令官交代をもって、現地の政治への海軍の介入は一段落を告げる。加藤寛治は九月一八日、ウラジオストクを発し、陸路東京に向かった。一〇月一八日、東京帰着。この日の午後、彼は海相と軍令部長の元を訪れた。この時、加藤は加藤寛治を「訓戒」した（『加藤寛治日記』〔伊藤隆他編『続・現代史資料五（海軍）』〕大正七年一〇月一八日の条）。加藤寛治はシベリア出兵に関し「宜しく頭と腕と金で出来る丈米国と平和的に競争して遣るべし」（同前、大正七年日記末尾）と考えた。その思いが彼に積極的な現地への介入を促したのだろう。加藤海相の訓戒は「やりすぎたこと」へのそれであったかもしれない。

島村速雄の思いやり

なお、この頃、閣議が頻繁に開催された。夏期という限られた期間（七〜八月）ではあるが、広く官庁には退庁時刻を正午とするとの規定があった。しかし、閣議に出席している加藤の帰庁は、午後三時頃となることがしばしばであった。当時、東京の霞ヶ関にあった海軍省ビル、通称「海軍省」は、下階は海軍省が、上階は主に軍令部が使用していた。軍令部長の島村は、加藤の労苦を思いやり、彼の帰庁をまって退庁したという（中川繁丑編・刊『元帥島村速雄伝』二三三〜二三四頁）。

第六　原敬内閣

一　「八八艦隊」とその限界

米騒動

各国によるシベリア出兵が開始された頃、日本国内では米騒動《こめそうどう》の嵐が全国に吹き荒れていた。第一次世界大戦による特需は日本国内にインフレを引き起こし、物価は急速に上昇したが、シベリアへの派兵の情報が社会に伝わるや、米価が急騰した。軍による大規模な買い上げが予想されたからである。

そのようななか、大正七年（一九一八）八月に富山県魚津《うおづ》で起きた「越中の女一揆」が新聞によって広く報ぜられると、「一揆」は瞬く間に全国に波及した（米騒動）。これを警察力だけで抑えることができず、大都市では軍隊が出動した。こうした事態の責任を取り、寺内内閣は九月に総辞職した。かかる未曽有の民衆騒擾《そうじょう》を前に、政党嫌いの元老山県有朋《やまがたありとも》も、原敬《はらたかし》政友会総裁を首班とする内閣の出現を認めざるを得なかった。

「本格的政党内閣」（原内閣）成立

かくして九月二九日、原内閣は成立した。それは外相（内田康哉《うちだこうさい》）と軍部大臣以外の閣僚を政友会員で占める「本格的政党内閣」であった。なぜ「本格的」か。首相の原自身が、衆議院に議席を持っていたのである。かつての第一次大隈内閣、第四次伊藤内閣、第一次・第二次西園寺内閣は、いずれも党首が首相ではあったが、彼らは華族ゆえに（例えば大隈重信は伯爵）衆議院に議席を持たなかった。その意味でも原内閣の出現は画期的であり、原は「平民宰相」と呼ばれた。この内閣の基本政策は四大政綱と呼ばれ、①高等教育機関の充実、②産業振興、③交通・通信手段の整備、④国防の充実、がその骨子である。組閣の折、原は軍部大臣について寺内正毅《てらうちまさたけ》に相談した。寺内は海相に加藤友三郎《かとうともさぶろう》、陸相には田中義一《たなかぎいち》をそれぞれ推薦し、寺内自身が加藤より留任の同意を取った。

友三郎の海相留任

加藤が、国民的な支持を集めた原内閣に大いに期待したことは確かであろう。おそらく彼は、産業界も含め広く社会に基盤を持ち、指導力を発揮できる政権でなければ今後の国防は担えないと考えた。それは、原の選挙に対する姿勢への支持に表れている。原内閣は第四一議会において、衆議院議員選挙資格者の要件を直接国税一〇円納付から三円納付に引き下げ、選挙区を大選挙区制から小選挙区制に改めた。しかし、普通選挙実現を目指す動きはさらに広がり、かつ盛り上がった。これを受け、続く第四二議会に野党・憲政会と同じく国民党は、普通選挙法案を提出した。これに対し、普通選挙実施を時期尚早と考える原は、衆議院を解散し、選挙に勝ってこの動きを抑え、さらに多数の議席を獲得することによって内閣の基盤をより強固にしようとした。

加藤は原より極秘に、閣議決定前日に院内で衆議院解散の旨を知らされた。加藤は「国防問題二、三ケ月後《おく》るるも政界の予想は政事家の考に譲るの外なければ、国防数年後るるが為めに解散を中止し、後に至りて騒擾不安一層激烈となりては責任上相済まざる事」（『原敬日記』大正九年二月二四日の条）と、政界のことは政治家に任せたいとして解散を支持し、閣議を欠席した陸相の田中義一にその旨を伝え、解散を支持するよう説いた。衆議院を解散すれば新年度予算の成立は、総選挙後に開催される臨時議会にまで延びることになる。勝てばいいが、負けたら予算の丸ごと成立は困難となる。が、加藤は自らの「国防予算」より、衆議院解散・総選挙実施で見込まれる政権の安定を優先させたのである。

解散選挙で政友会圧勝

この解散選挙で、前回に引き続き政友会は圧勝した。政友会は衆議院における議席保有比率を四二%《パーセント》から六〇%《パーセント》へと大幅に拡大し、貴族院の最有力会派「研究会」（子爵議員中心の院内会派）と提携することにより、第四三臨時議会を難なく切り抜けた。陸海軍の軍備拡充のための所得税などの増徴と、大正九年度九九〇〇万円、翌年度から七ヵ年継続で毎年一億六〇〇〇万円の予算がこの議会で承認された。

八八艦隊実現の予算成立

海軍に限れば、軍備補充費の既定額約一〇億円に、今回の七億五〇〇〇万円が追加され、総額約一七億五〇〇〇万円となった。大正九年度の予算総額は約一二億八〇〇〇万円であることを考えれば、八ヵ年にわたる継続費とはいえ、この金額がいかに巨額であるかがわかるであろう。こうして海軍の悲願であった八八艦隊《はちはちかんたい》計画は、この議会で実現の見込みが立った。すなわち戦艦四、巡洋戦艦四、巡洋艦四、駆逐艦三二などの計画艦を含めると、大正九年度以降八ヵ年で、戦艦八、巡洋戦艦八、大型・中型巡洋艦二六、大型・中型駆逐艦八七、砲艦五、潜水艦九七、特務艦二八から成る「大海軍」が完成するはずであった（海軍歴史保存会編『日本海軍史』第二巻、五七四頁）。明治四〇年（一九〇七）に所要兵力量として八八艦隊が国防方針に構想として掲げられてから、実に一三年の歳月が流れた。加藤海相によってその実現に目途がつけられたのである。

この頃、すなわち大正九年、あるいはその翌年、加藤は呉《くれ》の水交社を拠点に江田島に出向いた。呉では水交社で宴会が開催され、彼も参加した。八八艦隊計画に目途が立ったためであろうか、加藤はいつになく機嫌が良かった。宴会のあと二次会、三次会もあったようで、同行した秘書官が、加藤にしては珍しく「大気焔」を上げた様子やその話の内容を詳細に記録していた。彼は常に冷静、寡黙で感情を表に出さないポーカーフェイスであった。酒の席の話ではあるが、かえって彼の本音が出ているとも思われるので、以下に記してみたい。その記録は「ウィスキーの需要多大なること東京水交社の比にあ

「大気焰」を上げた友三郎

らず。兎に角、海上の連中は在京者より大酒なるや明らかなり。其《そ》れより午後一一時迄、大臣独り舞台にて大火鉢を前に各海軍士官を周囲に大気焰」（「晩餐会の光景」、防衛省防衛研究所戦史研究センター史料室所蔵『大正九年官房秘書官雑綴』所収）で始まる。

◦一体、今日は各部共欲張り過ぎて困る。軍艦、駆逐艦、潜水艦皆然り。何れもBest のものを作ろーとして反《ママ》ってしくじって居る。殊に潜水艦などは甚しい。自分は、独逸《ドイツ》の分捕潜水艦が試験をして見て、いーと云うからそれなら其れと同じものを作ったらいいと云うと、それなら何型かいい、何型かいいと云うと３つの型のいい処を集めてこれは Best と云って型を作ってさてやって見ると丸でだめだ。何型がいいなら其侭それを真似て作ったらいいのに、そーしない。と、云っても自分から Best なものを作るなと云うのではない。……

◦自分は大臣となって七年。其の間には八八問題でも随分腹の立ったこともある。書付（辞職）をポケットに入れて出《し》たことも三回ある……要するに我慢が大切だ……時機を得ることが大切で而かも六つかしい。八八計画丈ではいかぬことも充分知って居る……何時か議会で「八八《八八艦隊》は死物なり」、之を活物にするには燃料其他尚多の施設を要すと云ってもよかろうと思うが、中々其の時機に達せぬと其の勇気が今はない……此時大臣の意気最高潮に達す。……

山本権兵衛の友三郎評

部下にも漸進主義を説く

加藤は完璧主義者ではなかった。彼は潜水艦を例に取り、欲張ってはいけない、一回でベストなものを造ろうと思ってはいけない、まず真似ろ、という。望月小太郎《もちづきこたろう》によれば、首席全権として加藤のワシントン会議派遣が公になった時、かつて彼を引き立てた山本権兵衛《やまもとごんべえ》が加藤について「彼は聡明なれども余りにも妥協性に富む」と評したという（望月小太郎『華府《ワシントン》会議の真相』七八頁）が、その通りであろう。戦闘はともかく、それ以外では加藤は漸進《ぜんしん》主義を採った。ここでも一度で終わらそう、一度で達成しようとは思うな、と周りの海軍士官たちに説いたのである。

それはまた、大きな課題を拒む場合も同様であった。加藤は部下たちに「一度で大きな問題や物事を断るものではない。これは難しいから同意は致しかねると思いますが、なおよく考えますからと一応下がってそして若干猶予をおいて、いろいろ工夫しましたがどうしても行きませんから」と断わるように注意した（「山梨勝之進の回想」、加藤友三郎元帥を偲ぶ会実行委員会編刊『加藤友三郎元帥』四七頁）。もちろん、相手を立てるという処世術でもあろうが、彼は「一度で」とか「頭から」ということはきわめて少なかった。すなわち、戦闘以外では、何事にも時間をかけて時機を待つ、というのが加藤のやり方であった。八八艦隊計画達成についてもそうで、我慢しつつチャンスを待ち、チャンスを捉えることが必要なのだ、と彼は言う。

八八艦隊計画の限界を自覚

だが、彼は八八艦隊計画の限界性もよく認識していた。八八艦隊は今のままでは「死物」である、それは燃料基地やその他の基地の整備と相まって機能し、予定された能力を発揮する、これを議会で言いたいが、今はその時機ではないし、さらにそれら施設建設の予算を要求する勇気もないと、彼は若手士官たちに意気軒昂に語ったのである。秘書官は、この時「大臣の意気最高潮に達す」と記している。なお、右には「大臣となって七年」とあるので、これは八八艦隊計画が予算ともども議会で承認された大正九年のことではなく、海相就任足かけ七年目の大正一〇年に開催された宴会でのことかもしれない。

膨大な維持費

ところで、この八八艦隊計画は、巡洋艦や駆逐艦など補助艦艇を含めると、建造費もさることながら、その維持費にも膨大な資金を要する。軍務局第一課長の山梨勝之進《やまなしかつのしん》が課員の古賀峯一《こがみねいち》(のち連合艦隊司令長官、海兵三四期)に、年間の経常費を試算させたところ六億円くらいとのことだった(前掲『山梨勝之進先生遺言芳録』六六頁)。八八艦隊は主力艦を中心に、艦齢八年未満の艦艇を基幹として編成されるが、それだけではない。艦齢八年以上一六年未満の第二期、同じく一六年以上二四年未満の第三期に属するそれぞれの艦艇の維持と乗員の訓練費も必要である。また、計画がスタートした翌年から毎年新たな艦艇の補充が必要となろう。維持費とも言うべき経常費に艦艇補充のための経費を加え

日本財政の生殺は海軍にあり

れば、大正九年度総予算（約一三億円）で見る限り、海軍はそのほぼ半分を遣うことになる。この頃、加藤は「内緒の話がある」と、官邸に井出謙治《いでけんじ》次官、岡田啓介《おかだけいすけ》艦政本部長、堀内三郎《ほりうちさぶろう》軍務局長（海兵一七期）らを集め、「まことに深刻な話」をしたという。

私〔加藤友三郎〕は海軍大臣になって六年になるが、世間も議会も大きく変化した。はじめの頃は横須賀で進水式に議員を招待すると、みな結構ですと祝杯をあげて喜んでくれたものである。ところが四、五年たつと大きく変わって、この艦はいくらかかった、進水式にはいくら費用がかかる、経常費はどれほど必要かなどと金のことばかり聞き、無条件では喜ばないようになった。実際に艦隊を維持するための経常費が非常に多くなってきた。国の富はその割合で増していない。このままではやっていけなくなり、私もどうしたらよいか、手をこまねいて考えている。（同前、六六頁）

また、大蔵次官の西野元《にしのげん》は大正一〇年九月半ば、海相・軍令部長ら海軍の首脳五〇～六〇名を前に水交社で講演し、「日本の財政を殺すも生かすもあなたがた海軍であります。国防上膨大な艦隊も必要でありましょう。しかし、せっかく建物が出来ても、これに住むにはカーテンもイスもテーブルも必要なのであります。これはどうしますか。このままではやっていけないので、わたしどもはさじをなげるほかはありません。どうしたらよいか、みなさんで考えて下さい」と腹の底から衷情を訴えた（同前、六七頁）。建艦費もさることながら、膨大な艦艇の維持費の支出はいまだ成算が立たない、という有様だった（山梨勝之進の「追憶」、前掲『加藤友三郎元帥』五一頁）。

第一次世界大戦景気

第一次世界大戦を通じて貿易収支や貿易外収支は大幅な黒字を記録した。その結果、日本は大正八年末には約二〇億円の正貨を保有し、前年には一転、債務国から債権国となった（安藤良雄編『近代日本経済史要覧』一〇〇頁）。経済規模も大きく拡大した。年平均の国民総生産は戦前（明治四四年～大正二年平均）と戦後（大正七～大正九年平均）とでは実質値で一・四倍となった（三和良一『概説日本経済史』一〇〇頁）。すでに触れたように、原内閣はその成立にあたり四大政策を掲げ、交通機関や教育そして国防の充実と、積極政策を展開した。かくして歳出予算は急速に膨張した。原内閣成立時の大正七年度予算の歳出は一〇億一七〇〇〇万円だったが、原内閣最後の大正一〇年度のそれは一四億九〇〇〇万円と、わずか三年間で五〇パーセント増であった。軍事費も大きく伸び、大正七年度が三億六八〇〇万円だったのに対し、大正一〇年度では七億一三〇〇万円と、ほぼ倍増である。この軍事費に占める海軍分はほぼ六割であり、大正一〇年度では六・六割と、年度歳出総額の三二パーセントを占めるまでになった（前掲『日本海軍史』第三巻、三一一頁）。

戦後恐慌

ところが、大正九年には大戦景気から一転、反動で戦後恐慌が起こり、輸出と生産活動は大きく縮小した。翌年も不景気は続き、鈴木商店、久原商事、古川商事、高田商会など大手の商社は、のちに破綻につながる損失を出した（三和良一『概説日本経済史』九五頁）。こうした不景気のなかで税収の拡大は見込めず、八八艦隊計画達成のために海軍経費をかくも膨張させていいのか、との強い思いが財政当局にあった。

海軍の兵士教育・訓練の必要性

先にも触れたように、建艦費・維持費、さらには艦隊を運用し、戦時に備えるために兵士の訓練や演習が不可欠である。大正九年一一月、第二艦隊参謀の高橋三吉《たかはしさんきち》（のち連合艦隊司令長官）は「艦隊の編成行動及び教育に関し意見」と題し、加藤海相に宛てて意見を具申している。それによれば、八八艦隊の出現をいよいよ見ることになるが、今後は教育訓練で戦技検定に没頭したり、訓練地を豊後水道や寺島水道（長崎県）に固定するのではなく、時には太平洋で訓練を実施するべきである、そして兵員の士気を高め、厳しい訓練に耐えさせ、「後顧の患《うれい》なからしめんため」にも兵員に充分な給与が支給されるべきだ（高橋三吉「艦隊の編成行動及び教育に関し意見」、防衛省防衛研究所戦史研究センター史料室所蔵『大正九年官房秘書官雑綴』所収）という。八八艦隊は、主にアメリカに対抗する艦艇群である。高橋は想定される戦場、すなわち太平洋上での厳しい訓練を必要とすると主張した。しかし、頻繁かつ長期にわたる訓練のための燃料や砲弾などの確保にも、それなりのまとまった予算が必要となる。さらに加藤は、八八艦隊の建造とその維持のための工業力についても配慮しなければならなかった。

労働争議の頻発

大正期後半、アメリカのウィルソン主義と呼ばれるデモクラシーの思潮は、日本国内の工場労働者の意識を覚醒させ、その結果、主要都市では労働争議が頻発した。軍港都市も例外ではなかった。大正八年一〇月、呉海軍工廠の一部の工場では、短時間ではあったが待遇改善を要求してストライキが起こり、工廠の労働者を中心に呉労働組合が結成された。二六〇〇名がこれに参加したという（呉市史編纂委員会編・刊『呉市史』四、五八七

加藤一家（大正９年９月，海軍大臣官舎にて）
前列左から喜代，昇（4歳），喜美，愛子（2ヵ月），
後列左が加藤，右隣が船越隆義

頁）。呉海軍工廠のこうした動きは、のちに「海工会」という労働組合結成に結実した。加藤は八八艦隊の建造と維持という視野の下、海軍工廠はもとより、民間の造船所や製鋼所など軍需工場での労働争議に注目し、その激化を警戒した。

加藤は、大正九年九月に開催された工廠長・（鎮守府）会計部長会議で、大規模な造船所を抱える都市や軍港は、社会主義者による宣伝や扇動の対象として注目されやすく、いったん彼らの侵入を許すと収拾がつかなくなるであろうから、鎮守府《ちんじゅふ》や各工廠においては憲兵や警察官憲と協力してその防遏《ぼうあつ》に努めるよう、訓示した（「覚書　大正九年工廠長・会計部長会議、経理部長会議ノ際大臣口述中ヨリ要点を筆記シタルモノ」、前掲『大正九年官房秘書官雑綴』所収）。

孫照子の死と孫愛子の誕生

なお、大正八年三月、船越隆義《ふなこしたかよし》・喜美夫妻の次女照子が、父隆義の帰国を前に亡くなった。翌九年七月、喜美は三女愛子を生んだ（平成二四年〈二〇一二〉八月没）。愛子は長じて西尾松平家当主松平乗統《まつだいらのりつな》四男・斉《ひとし》と結婚し、斉は隆義の養嗣子として加藤家を継ぐ。

二　原内閣期のシベリア出兵

反ボリシェヴィキのオムスク政権を支持

寺内内閣を引き継いだ原敬内閣は、一部撤兵を実行しつつも、西シベリアの要衝オムスクを拠点とした、反ボリシェヴィキの旗幟《きし》を鮮明にするオムスク全露臨時政府支持に動いた。一九一八年（大正七）一一月に成立したこの政府はオムスク政権と呼ばれ、コルチャック海軍中将を首班とした。すなわち、原内閣は邦人保護やチェコスロバキア軍救出という目的から離れ、ボリシェヴィキ政権を政治的・思想的に排除する意図でオムスク政権支持を鮮明にした。

この頃、イギリスやフランスは、対独戦線の再構築とボリシェヴィキに対する強い違和感からか、日本に対し西部シベリアに対する進出を強く要請してきた。こうしたなか、原はアメリカの動向に留意しつつも、フィンランドの独立が列国に承認されたのを機に、オムスク政権の承認を連合国と協議するよう閣議決定した（『原敬日記』大正八年五月一六日の条）。さらにその数日後の閣議では、「オムスク政府承認の上は、時機を見て樺太油田を請求する事」との、加藤の要請を受け、その旨を内定した（同、大正八年五月二〇日の条）。加藤は時機を見て、沿海州の対岸にある樺太《からふと》北部の油田群を日本の勢力下に置くよう閣議に提案し、了承されたのである。

しかし、その後、オムスク政権はボリシェヴィキとの戦闘に敗れ、首班のコルチャックは敵方に捕らえられた（翌年二月、処刑）。原内閣では撤兵か増兵との議論があったが、加藤は「今日増兵をなすは即ち他日の端緒を開くものなれば篤と考慮を要す」と増兵には慎重で、まずアメリカと交渉してはどうかと述べている（『原敬日記』大正八年一一月二一日の条)。原は、撤兵にしろ増兵にしろ「日米提携」によると、駐日米国大使を通じてアメリカ政府との交渉に入ったが(同、大正八年一一月二五日の条)、事態の展開は急であった。イギリスやフランスはシベリアからの撤兵の意思を明らかにし、オムスク政権は軍の反乱もあって急速に東シベリアでの支配力を喪失し、翌年早々崩壊に至った。こうした新たな事態に対し、アメリカは突如シベリアからの撤兵を宣言した(一九二〇年一月八日、三月末に撤兵を完了)。

列強のシベリア撤兵

原は、アメリカに撤兵を提議するも回答がないまま急に撤兵とした、と同国の措置について訝《いぶか》っている(『原敬日記』大正九年一月九日の条)。こうして日本は駐留部隊を縮小する一方で、シベリア各地で直接ボリシェヴィキ勢力やコルチャック政権の反乱軍を吸収したパルチザン(ボリシェヴィキ配下の民兵組織)部隊と単独で対峙せざるを得なかった。このことが、大正九年三月から五月に引き起こされたニコライエフスク虐殺事件(尼港事件《にこうじけん》)の遠因となった。

尼港事件

この事件は、一九二〇年(大正九)三月一二日から翌日にかけて、日本軍の支配下にあった黒竜江《こくりゅうこう》河口の町ニコライエフスクをパルチザン部隊が包囲し、日本軍人や日本居留民数百名さらに多数の一般市民を惨殺した事態を指す。この事件は日本社会を震撼させた。原内閣はシベリア地方に安定した政権ができるのを待ち、その政権に対し謝罪と賠償を要求して事件の解決を図りたいとし、それまで北樺太を保障占領する方針を打ち出した。それに合わせ、加藤は陸相の田中義一とともに、六月一八日付で進退伺を原首相に提出した。原は二人の進退伺を同趣旨としながらも、加藤の伺の全文を日記に転写している（同、大正九年六月一八日の条）。それには「上聖明に背き、下国民の依託を擴《むなしゅ》うす」と、軍として数百名の居留民を守れなかったことへの責任が明らかにされている。それらは翌一九日に上奏され、ともにそのまま却下された。

北樺太の石油資源開発

ところで、北樺太は石油資源が豊富で、特に海軍は第一次世界大戦期を通じて今後の石油供給地として同地に注目していた。海軍は明治三九年（一九〇六）に重油を艦艇燃料として正式に採用したが、石油資源に恵まれない日本の主要艦艇の多くは、出力に富み船の航続距離を増すことが可能な重油専焼ボイラーではなく、重油・石炭混焼ボイラーによる蒸気タービンで推力を得ていた。しかし、大正五年（一九一六）から徐々に重油専焼ボイラーの導入が開始され、製油を主とする海軍燃料廠の設置が大正一〇年に予定された。その重油の買い付け先はボルネオとカリフォルニアであったが、横須賀や佐世保など海軍の根拠地から地理的に近い北樺太の石油は、日本海軍にとって垂涎《すいぜん》の的《まと》であった。そこで海軍は、大正八年五月、久原鉱業、三菱商事、大倉商事、日本石油、宝田石油の五社を「北辰会」としてまとめ、共同して北樺太の石油開発にあたらせた。

石油開発の中断

しかし、翌年起こった尼港事件のため、作業の一時中断を余儀なくされた。先に述べたように、補償請求交渉を将来の課題として、大正九年六月二八日、北樺太を保障占領する旨が閣議決定されたが、その当日か数日前のことを山梨勝之進（海軍省軍務局第一課長）は、「……加藤大臣〔加藤友三郎海軍大臣〕が会議から帰ってきて、「皆喜べ、こんどこそは尼港事件の後始末に関連して、樺太の北半分が手に入りそうだ」あの用心深い寡黙の人が、よほど嬉しかったとみえて、このように言われた」と回顧する（山梨勝之進先生記念出版委員会編『山梨勝之進先生遺芳録』五九頁）。加藤は北辰会による作業再開を喜ぶとともに、北樺太を日本軍が占拠し、なし崩し的に日本統治下に置くことを期待したのであろう。しかしこの時、日本軍は樺太の北半分を一時占領しつつも、その後に日本が手に入れることはなかったが、北樺太の一部石油利権の獲得に成功した（後述）。

三　ベルサイユ講和条約と海軍

——加藤友三郎—島村速雄コンビ——

パリ講和会議

尼港事件より一年ほど前、すなわち大正八年（一九一九）六月二八日、第一次世界大戦終結となるベルサイユ講和条約が調印された。ドイツとの講和条約締結のためのパリ講和会議に、日本は西園寺公望《さいおんじきんもち》首席全権以下、総勢約六〇名の全権団を送り込んだが、参加国の利害関係が錯綜し、会議は五ヵ月余りに及んだ。日本は大正四年に当時の外相加《か》藤高明《とうたかあき》が、二十一ヵ条の要求で山東省《さんとうしょう》における旧ドイツ権益の全面的譲渡を主張し、中国と山東問題を引き起こしていたので、利害関係のあるこの問題に対しては意思表示を明確にしたが、そうでない問題には無関心で沈黙を守った。そのため「サイレント・パートナー」と他の国々の全権から揶揄された。

国際連盟規約の採択

しかし、ここで日本が得たものは大きかったと言える。会議で国際連盟（以下、連盟）規約が採択され、日本は五大国の一つとして連盟の中枢に参画することとなった。さらに占領地である赤道以北の旧ドイツ領南洋諸島を、連盟の附託による委任統治領として領有することとなった。また、中国の強い抵抗を排し、山東半島における旧ドイツ権益をほぼそのまま受け継ぐこととなった。ただし、後者は中国国内に激しい反日運動を引き起こし、その後の日中関係に大きな傷跡を残すこととなった。なお、この問題は後述する、大正一〇年一一月～翌年二月のワシントン会議で再び取り上げられることとなる。

男爵に叙爵される

大正九年九月、加藤友三郎は勲功により華族に列せられ、男爵に叙せられた。実はその前年一一月、枢密院での審議など一連のベルサイユ講和条約の批准手続き終了（一〇月二七日）を受け、原首相は元老の山県有朋と、講和会議の論功行賞について意見を交わしている。原は、西園寺以下五名の全権の陞爵《しょうしゃく》または授爵、内閣関係では外相の内田康哉の陞爵、海相の加藤、陸相の田中義一、前外務次官（現、駐米大使）の幣原喜重郎《しではらきじゅうろう》を男爵に叙するよう奏請したい旨を述べ、いずれも山県の同意を得ている（『原敬日記』大正八年一一月六日の条）。なお、軍令部長の島村速雄《しまむらはやお》は前海相八代六郎《やしろろくろう》とともに、加藤より四年早く、大正五年七月、大隈内閣の下で勲功により男爵に叙せられていた。

親友島村速雄の支え

　ところで、海軍において大臣加藤友三郎を支えたのは、軍令部長で親友の島村速雄である。高知出身の島村と広島出身の加藤とでは出身地こそ違うが、二人は海軍兵学校の同期であり、私生活でも互いに家庭を行き来するほど親しく、ことに島村は加藤の一人娘の喜美をことのほか可愛がった（中川繁丑編・刊『元帥島村速雄伝』二六九・二八一頁）。すでに述べたが、加藤は海軍の大御所山本権兵衛に嘱望されるところが大きく、軍政畑を主に歩き、島村は八代六郎と同様、艦隊勤務—軍令畑を主に歩いてきた。島村は大正三年四月から九年一二月まで、六年半にわたり軍令部長を務め、加藤は大正四年八月から一二年五月まで八年近く海軍大臣を務めた。二人の在任期間が重なる約五年間は、未曾有の贈収賄事件と言われたジーメンス事件後の海軍の組織改革期であり、第一次世界大戦による戦術面での海軍変革期でもあった。加藤—島村コンビで日本海軍はこの時期を乗り切っていった。海軍省・軍令部すなわち省・部間の、特に若手の間では時に意見の対立があったが、解決がつかない時は大臣と部長とが折衝し、その結果について省内、部内の誰も不満を言わず治まったという（同前、二二三頁）。

海軍人事の審議

海軍では、毎年一二月に定期人事異動が実施される。それに向け一〇月下旬から一一月上旬のしかるべき時に、海相、軍令部長、元帥、軍事参議官、各艦隊司令長官、艦政本部長、教育本部長、海軍省各局長、水路部長らを構成員とする「進級会議」が開催され、海軍の人事全般について話し合われた。そこでは兵科、機関科など、各科佐官級以上の士官の進級も審議された。この進級と配置が、海軍における人事の骨格である。海相として海軍全体の人事権を掌握する加藤は、「進級」を念頭に人事局長の谷口尚真《たにぐちなおみ》と協議のうえ、第一案から第三案までを用意し、島村の意見をきいた（同前、二二三頁）。こうして作成した原案を加藤は会議に提出した。これは島村が軍令部長を退き、軍事参議官となっても続いた。軍事参議官は、用務がない時は霞ヶ関の海軍ビルには出向かないのが慣例であったが、島村は週二回出勤し、軍令部長室で書類を閲覧し、海軍

島村速雄

大臣室に立ち寄り、加藤と談話を交わした（同前、二六五頁）。人事も話題にしたであろう。

島村との出張

また、この二人が出張をともにしたことがある。大正一〇年七月八日午後七時三〇分、寝台車で上野駅を発ち、二日間新潟県内の油田や製油所を視察し（九日に新潟市内に宿泊）、一一日午前六時に上野駅に帰着する公用出張であった（「大正一〇年七月一日付海軍省副官メモ」、防衛省防衛研究所戦史研究センター史料室所蔵『秘書官綴一・二　大正一〇年』所収）。既述のように、加藤は石油燃料の確保に頭を痛めており、島村ともども新潟県の石油事情を確認したかったのであろう。副官と秘書官がそれぞれ一名随行し、二度の車中泊を含む三泊四日の強行軍だったが、おそらく二人が時間を気にせず、ゆっくりと語りあった最後の機会ではなかったか。当時、国内二大石油メーカーである日本石油と宝田石油の合併問題が新聞を賑わせている折から、二人とも目立たぬよう軍服ではなく平服での出張であった（前掲『元帥島村速雄伝』二六四～二六五頁の間の図版参照）。

四　潜水艦と飛行機——新兵器の導入——

新兵器研究の遅れ

大正六年（一九一七）六月二七日、衆議院予算委員会で、政友会の鈴木梅四郎《すずきうめしろう》は、ヨーロッパにおける大戦の現状を見据えつつ、潜水艦を中心に「新しき兵器の研究」の必要性について陸・海軍大臣の見解を問うた。これに対し加藤は、「潜水艇〔艦〕の問題はお説の通り実に困難」であるとして、現在、海軍工廠で建造される潜水艦はヨーロッパ各国で建造されている潜水艦に及ばないと、その遅れを認めた。そして彼は続けた。「潜水艇ばかりではなく飛行機もやはり研究の必要があろうと考えます。外国の知識を得ることも出来るだけ努めております。しかし今日に於いてはなかなか得られませぬ。……何れ或る時期に於いては之を実行したい」と。

加藤らが「新しき兵器の研究」を「実行」できたのは、大戦終了後のことである。大戦中、参戦した各国は軍事技術を秘匿した。では、戦争終結が加藤らに「新しき兵器の研究」を可能にさせたかといえば、そうではなかった。戦後、旧連合国側の各国は最新の軍事技術の公開を渋った。またのちにも触れるように、特に旧交戦国であったドイツの軍事技術の移転について、ヨーロッパにおける旧連合国の国々は厳しく制限した。

ドイツの潜水艦技術導入を要望

こうしたなかで、加藤は大正八年一二月九日の閣議において、ドイツから潜水艦の技術を導入したい旨を発言し、原敬首相をはじめとする閣僚たちの同意を得ている。『原敬日記』（大正八年一二月九日の条）に次のようにある。

加藤海相より出来得るや否や不明なるも、独逸《ドイツ》より潜航艇の機関類の特許物の買入を試したしと云ふに付、其事に決定したり。

当時、日本には潜水艦のディーゼル機関についての独自の技術はなく、第一次世界大戦中は、もっぱらスイスの機械メーカーのズルツァー（Sulzer）社から導入した技術に頼っていた。海軍は大正八年度計画として、外洋での長期にわたる活動を可能とする、大型潜水艦の開発に取りかかった。大戦中、「Uボート」は大西洋を縦横無尽に動き回り、指定海域以外を航行する船舶を無警告で魚雷攻撃をして、連合国を恐怖のどん底に陥れた。海軍は、アメリカと対峙する太平洋での作戦に、大型潜水艦を導入しようとしたのであろう。しかし、その開発は失敗の連続であった。なかでもエンジンが問題であった。潜航中に推進力を得る電動モーターはともかく、洋上航行に使用するズルツァー社の技術による大型ディーゼル機関は、故障や欠陥が目立った（前掲『日本海軍史』第五巻、五一六・五二七頁）。

ドイツへの軍事技術輸出厳禁

加藤は、先にも述べたように、最初から「Best」なものを造ろうとすることが原因と考え、最善・最高を追及するより、まず「Uボート」を真似たらどうか、と考えた。彼は製造技術、特に大型ディーゼル機関の製造技術の獲得を望んだのである。しかし、一九一九年（大正八）六月に締結されたベルサイユ講和条約により、敗戦国ドイツは潜水艦の建造や保有、さらに広く軍事技術の輸出も厳禁された。ドイツ国内には、イギリス・フランスを中心とする連合国監視委員会の目が光っていたという（ＮＨＫドキュメント昭和取材班編『ドキュメント昭和㈤・オレンジ作戦』九四頁）。加藤が閣議で、できるかどうかわからないが、と前置きをしたのはこのためである。

やはり表立っての「買入」は難しかったのであろう。海軍はその後、川崎造船所社長で、絵画の収集家として著名な松方幸次郎《まつかたこうじろう》（松方正義《まさよし》の次男）に、密かにその設計図やその他の情報の入手を依頼した。欧米の労働事情視察を名目に、松方は大正一〇年四月一四日、ヨーロッパに向け出発した。

技術者を秘密裏に招聘

松方らは、オランダ経由で図面を入手し、大戦末期に最新鋭のU一四二型を建造したクルップ・ゲルマニア造船所、ディーゼルエンジンのメーカーとして著名なマン社などから、「Uボート」建造経験を持つ技術者を秘密裏に招聘する契約をして、翌年二月に帰国した（同前、九七〜九八頁）。こうして、観光という名目で来日したドイツ人技術者の援助を得て、日本海軍は「Uボート」をモデルとした大型潜水艦「伊号潜水艦」の建造を開始することになる。加藤がドイツからの潜水艦の「機関類の特許物」入手について閣議了解を得てから、二年余りのちのことである。衆議院予算員会で鈴木梅四郎議員の質問を受けてから、実に五年近くの時間が流れていた。

航空兵器開発の遅れ

では飛行機についてはどうか。

加藤は、海相に就任した翌年の大正五年四月、横須賀に小規模ながら海軍初の航空隊を設置し、翌五月には、軍令部長の島村速雄の提案に応じ、艦載機（この段階では水上飛行機）に関わる実験を開始した。後者の艦載機は、巡洋戦艦「金剛《こんごう》」の後部両舷の最上甲板に、それぞれ一機ずつイギリス製の複葉機を搭載し、離・着水の際にクレーンを使うというものであった（前掲『日本海軍史』第二巻、四五四頁）。

主戦場のヨーロッパから遠く離れた東アジアにある日本は、四年にわたった第一次世界大戦で、ヨーロッパ諸国が航空兵器とその戦術を飛躍的に発達させたのに比べ、大きく遅れをとっていた。航空戦について言えば、日本は緒戦の青島《チンタオ》要塞攻略戦において、わずかに海軍の飛行機数機が爆撃や空中戦を体験したのみであった。加藤はこうした遅れを取り戻すため、イギリスから教官団を招き、海軍関係者に学ばせようとした。

小林躋造の英国派遣

大正九年四月、彼は小林躋造《こばやしせいぞう》（海兵二六期、のち大将、連合艦隊司令長官、台湾総督）を、大使館付武官としてロンドンに派遣した。小林は加藤と同じ広島出身で、二等巡洋艦「平戸《ひらと》」（排水量五〇〇〇トン、明治四五年竣工）艦長から、大正六年一二月、海軍省に副官として転じ、二年余り加藤海相のもとで勤務していた。駐在武官としてロンドン派遣の内示があった時、しかるべき主力艦の艦長に転ずることを希望していた彼は、加藤にその思いを伝えた。この時、加藤は小林に次のように言ったという。

我海軍当面の急務は海軍航空勢力の増強に在る。之が為には我海軍発達の歴史の示すように、此点での先進国より優秀なる教官を招聘し其指導を受くるのを捷径と思う。然るに海上航空の整備せるは英国が第一位の様である。即ち英海軍航空界より善き指導者を得たい。ソレを君にやらせたいのだ。（小林躋造「軍人と政治」、伊藤隆・野村実編『海軍大将小林躋造覚書』所収、二二二頁）

加藤は兵学寮在学時に、ダグラス海軍少佐を団長とする三四名からなるイギリス教官団から教育を受け、草創期の日本海軍がイギリス海軍から多くを学ぶ過程を、身をもって体験し見聞した。今また、航空兵器とその運用・戦術について最新のものを導入するため、加藤はかつて自ら体験した手法——教官団の招聘——の実施に踏み切ったのである。

英国より航空教育団を招聘

小林は大正九年五月に日本を出発し、ロンドンに到着後、イギリス海軍の航空関係者と交渉し、「幾多曲折の後」約三〇名の英国海軍将校と下士官とからなる一団を日本に送り込むことに成功した（同前、二二三頁）。ウィリアム・フォーブス＝センピル大佐（William Fobes-Sempill）を団長とする教育団がそれである。センピルは、第一次世界大戦中に海軍航空兵として活躍し、わずか二八歳で大佐となるなど、イギリス海軍航空隊のエースとも言うべき人物である。

センピルらは教育用に、多数の航空機（飛行機・飛行艇）や大量の機材を日本に持ち込み、

英国海軍講習の影響

センピル大佐らイギリス航空教育団（霞ヶ浦飛行場にて）

大正一〇年九月から一年半にわたって霞ヶ浦飛行場（のち霞ヶ浦海軍航空隊）を中心に、海軍関係者への講習を実施した。その内容は、操縦、機体・エンジン整備、爆撃法・雷撃法（魚雷攻撃法）、落下傘降下など多岐にわたるものであった。日本側も熱心にセンピルから多くを吸収した。彼は日本を離れるにあたり「日本海軍のよいところは自己を空しくして惜〔ママ、心から〕しげなく外国の指導をうけることであり、その雅量には感服した」（前掲『山梨勝之進先生遺芳録』一〇七頁）と語ったという。

　センピルらによるこの講習は、その後の「海軍航空技術発展の原動力となった」と言われている（前掲『日本海軍史』第五巻、五三三頁）。しかし、航空技術だけではなく、日本海軍の戦術に与えた影響も大きい。後年、戦艦「長門《ながと》」に航空士官として乗り込み、空母「飛龍《ひりゅう》」の飛行長を務め、日本の敗戦後、海軍航空隊研究を行なった永石正孝《ながいしまさたか》（海兵五〇期）は、次のように言う。

それまでのただ飛ぶだけの……おおむね偵察力に威力を加えた程度に終わっていた海軍航空に、〔センピルらによる講習は〕爆撃・攻撃力を加えたのみならず、〔それを契機に海軍は〕大正一一年に鳳翔《ほうしょう》を、大正一五年に赤城、昭和三年に加賀と航空母艦を完成し……さらに大正一五年六月一日以降戦艦長門に飛行機を搭載し、逐次、艦隊の戦艦、巡洋艦に〔飛行機の搭載を〕及ぼすなど海上作戦における航空の地歩は着々固められたのである。（永石正孝『海軍航空隊年誌』一三頁）

親日派センピル大佐

余談だが、センピルと日本との関係は、第二次世界大戦を挟んで長らく続いた。戦後のことであるが、彼は移り住んだジュネーブから、ロンドンの日本大使館における天皇誕生日の祝賀会に、わざわざ飛行機でやってくるなど、大の親日派であったという（前掲『山梨勝之進先生遺芳録』一〇七～一〇八頁）。

二年早い陸軍の航空戦力対応

こうした航空戦力の遅れを取り戻す、キャッチアップに向けた試みは、海軍より陸軍の方が二年ばかり早かった。陸軍では大正八年、五七名からなる「仏国教育団」を招き、所沢（埼玉県）陸軍飛行場や各務原《かかみがはら》（岐阜県）演習場（のち各務原陸軍飛行場）などで、フランス人将校から指導を受けた。これに海軍側も少人数ではあるが参加した。これは海軍にとっても大きな刺激であったに違いない。小林躋造が加藤より「特命」を受けてイギリスに向かったのは、その翌年のことである。

旧主筋浅野侯爵家からの信頼

なお、大正九年一一月、加藤夫妻は、旧主筋にあたる侯爵浅野《あさの》長勲《ながこと》の孫・長武《ながたけ》（戦後、東京国立博物館長）と安子（山階宮菊麿王長女）の婚礼の媒酌人を務めた。加藤は日露戦争前に、広島県出身の軍人からなる「草水会」の会合に出席して以来、長勲、長之《ながゆき》、長武の三代にわたる浅野家当主と交流を続け、浅野家の顧問や評議員ではなかったが、同家の大きな信頼を得た。長武は加藤の妻・喜代に「並々ならぬお世話」になったという。加藤は長武の婚礼披露宴にも「細心の注意」を払い、供する酒について七種類を記した自筆のメモを長武に手渡したという（加藤友三郎元帥を偲ぶ会実行委員会編刊『加藤友三郎元帥』三四〜三五頁）。

第七　ワシントン会議への道
——首席全権委員に就任——

一　会議の発端

米国からのワシントン会議招請

アメリカから、ワシントン会議に正式に招請が来たのは大正一〇年（一九二一）七月で、開催の四ヵ月前のことである。渋沢栄一《しぶさわえいいち》ら財界の大方は日米友好の立場からこれを歓迎したが、政界やマスコミの一部には警戒する向きもあった。例えば『東京朝日新聞』（七月一三日付）は「国難」と報じた。しかし、原敬《はらたかし》首相は日米協調の観点から、躊躇することなくその参加を決めた。

開催のいきさつ

なぜアメリカはワシントン会議の開催を考えたのか。まず、大戦で財政上の困難を抱えたイギリスからの、海軍軍縮に向けての働きかけがあった。会議開催決定の前年（一九二〇年）、イギリスのグレイ（Edward Gray）前外相が特派大使として来米し、体調の良くなかったアメリカ大統領ウィルソンに会えないまま、連邦議会の有力者らに軍縮会議の開催を働きかけた（幣原喜重郎『外交五十年』四五〜四六頁）。この時は大統領選挙を間近に控え、イギリスの提案は実現に至らなかった。

しかし、一九二〇年一一月の大統領選挙でウィルソンの後継の民主党候補者が破れ、共和党のウォレン・ハーディング（Warren Gamaliel Harding）が当選すると、事態は急転した。すなわち大統領選挙の翌月、南部のアイダホ州出身のウィリアム・ボラー（William Edgar Borah）上院議員が、ウィルソン政権下で膨張の一途を辿ってきた海軍予算を縮小するため、米英日三ヵ国による海軍軍縮会議開催を大統領に要請する決議案を上院に提出した。彼のこうした動きを、院内よりも院外の労働組合、宗教団体、婦人団体が熱心に支持し、やがて広く国民の間に支持者を急拡大させた（海軍歴史保存会編『日本海軍史』第三巻、三四〜三五頁）。決議案は翌一九二一年二月に採択され、三月に大統領に就任したハーディングは、こうした国民の動向や上院多数を占める孤立主義派議員（共和党所属の彼らはベルサイユ講和条約の批准に反対し、アメリカの国際連盟加入を阻止した）への配慮からこの決議を受け入れ、軍縮会議の早期開催を決断した。

日英同盟問題

ここでアメリカが軍縮を考えるにあたり問題になるのが、日英同盟の存在である。それは二度にわたる改訂を経て、その有効期限が一九二一年（大正一〇）七月一三日に迫っていた。アメリカは日露戦争終結後、日本の中国大陸への進出を警戒し、日英同盟の継

日英同盟の有効期限

続には反対の立場を鮮明にしてきた。アメリカにとって、日英間に軍事同盟が存在する限り、その存在を考慮して対日安全保障を考えることが不可欠となる。それゆえ、日英同盟の存続はアメリカの安全保障問題に密接に関わったのである。そこで、上院決議案では日英米三ヵ国の軍縮会議開催の必要性が説かれた。

他方、イギリスでも日英同盟の有効期限を目前に控え、その存続の是非が政治問題となった。本国では存続させる意見も根強かったが、自治領の間でははっきりと意見が分かれた。太平洋において新たに日本と国境を接するようになったオーストラリア（旧ドイツ領南洋諸島を赤道を境に日豪で分割した）と日本の信託統治領に近いニュージーランドは存続賛成であったが、アメリカと国境を接するカナダは存続に反対であった。結局、イギリスは日英同盟問題についてアメリカを交え日英米三ヵ国で協議する可能性を、改めてアメリカ政府に打診した（前掲『外交五十年』五〇頁）。一九二一年七月、ロンドンに海外自治領の首脳を集めて開催されていた大英帝国会議は、日英米三ヵ国に中国を加えた四ヵ国による太平洋会議の開催をアメリカに求めるよう議決した。

こうしたイギリスによるアメリカへの外交攻勢に対し、ハーディング大統領は、上院決議による海軍軍縮を軸に新たな視点で、国際会議の開催を構想するに至った。すなわち、日英米三ヵ国にフランスとイタリアを加えて軍縮と太平洋問題とを議題とすること

原　敬

とし、この五ヵ国に加えて中国と、中国・東南アジアに勢力圏を持つベルギー、オランダ、ポルトガルの計九ヵ国で、東アジアの国際秩序についても協議したいとした。

そもそも、一九一九年（大正八）六月に締結されたベルサイユ講和条約に、中国は調印を拒否し、アメリカは調印をしても批准しなかった。それゆえ、東アジアにおける戦後の秩序構築はいまだ道半ばであった。こうした状況を踏まえ、アメリカはベルサイユ講和条約とは別に、すなわち孤立主義と矛盾はするが、太平洋および東アジアにおける秩序の構築に乗り出そうとしたのである。

ワシントン会議参加を警戒する勢力

日本では、対華二十一ヵ条の要求を主導した加藤高明《かとうたかあき》率いる憲政会など政界の一部に、アメリカ主導のこの国際会議への参加を警戒する声もあった。山東問題《さんとうもんだい》（日本による山東省におけるドイツ権益引継ぎをめぐる日中間の対立）が蒸し返されることへの懸念である。対米協調を前提とする原内閣は、この問題をでき得る限り会議の具体的な問題とすることを避け、日英同盟問題や太平洋の安全保障について欧米列強との意見交換を通じ、利害関係について一致点を見出そうとした。

こうしたなかで、大正一〇年（一九二一）八月二三日、加藤は外相の内田康哉《うちだこうさい》よりワシントン会議への派遣につき内談を受けた。

二　首席全権委員になる

ワシントン会議首席全権委員就任を受諾

翌八月二四日、今度は原首相から、いろいろと考えたが他に適任者がいないので、ぜひ全権委員としてワシントン会議に行ってもらいたい、との依頼があった。加藤はこの時、斎藤実《さいとうまこと》（朝鮮総督）の方が適任かもしれないと述べたが、原は取り合わなかった。加藤は一両日の猶予を乞い、翌日に原と会うと「英語も十分ならず、且外交上には全く無知識なれば幣原を煩わす他なし」と述べつつ、その依頼を受諾した。そして、駐米大使としてワシントンに駐在する幣原喜重郎《しではらきじゅうろう》も、自分と同等な全権として会議に参加させるように原に要請した（『原敬日記』大正一〇年八月二五日の条）。

加藤は、内田から内談があった時か、原から要請があった時か定かではないが、原に派遣受諾の返事をした時、事前に東郷平八郎《とうごうへいはちろう》、井上良馨《いのうえよしか》（ともに鹿児島出身）の両元帥に派遣や留守中のことについて相談している。元帥は終身現役の将官として処遇され、最長老として軍への発言力を持った。加藤はこの時ばかりではなく、海相就任以来、事あるごとに、東郷ら元帥たちへの意思疎通を欠かすことはなかったようである。彼は山本権《やまもとごん》兵衛《べえ》ら海軍の元主流派とは一歩距離を置きつつも、大正六年（一九一七）には鹿児島出身の伊集院五郎《いじゅういんごろう》（大将、不発弾を激減させた「伊集院信管」の構案者として著名）を元帥に推薦するなど、薩摩閥への一定の配慮を見せ、海軍の基本政策について元帥府の諒解を得るよう努めた。特に東郷との意思疎通に努めた。

留守中の海軍業務処理

　加藤のワシントン派遣を諒解した東郷、井上両元帥の関心は、留守中の海軍の業務処理のことだった。加藤は原に、軍事参議官から一人を大臣の臨時代理とするよう提案した。しかし、原は臨時に自らが「海相」を兼任し、実務は次官に任せたらどうか、と言い出した。内閣官制（明治二二年一二月二四日勅令一三五号）第九条に「各省大臣故障アルトキハ他ノ大臣臨時摂任シ又ハ命ヲ承ケ其ノ事務ヲ管理スヘシ」とある。この条文に基づき、原首相が事務管理として実質的に海相を兼任することになった。このことが内閣で内定されたのを受け（正式な発表は大正一〇年一〇月一二日）、加藤は東郷らの不安を除くべく、事前に海相官邸に東郷、井上両元帥をはじめ、各軍事参事官ら海軍の長老や首脳を招き、全権委員として渡米する旨や留守中の首相による事務管理について説明した。参集者らは内閣官制の「事務管理の規定はむしろ今回のごとき場合に適用すべき便法」

との意見であったという（大正一〇年一〇月六日付『東京朝日新聞』）。

なお、陸軍は軍部に文官大臣を入れる端緒となることを恐れ、陸相の山梨半造《やまなしはんぞう》は原首相による海相事務管理に反対した。これに対し加藤は、「国務大臣の或るものに対し、特殊の階級にあらざれば任ぜらるるを得ざるがごとき制度は時代錯誤のはなはだしきものなり」（ある特定の国務大臣には特殊の階級に属する者でなければ就くことができないなどという制度は時代錯誤も甚だしい）との見解を示した（同前）。「国務大臣の或るもの」とは軍部大臣であり、「特殊の階級」は現役の中将・大将を指す。加藤は軍部大臣任用資格制限撤廃を妥当としたのである。

全権団構成への危惧

さて、派遣される全権団の構成についてである。当初、原は全権団の構成を、加藤を中心に幣原、さらに陸海軍、外務の各分野よりそれぞれ一名を選抜し、合計五名によると考えていた。しかし八月二九日、原、加藤、内田の三者会談の折、外相の内田が、軍人をアメリカに派遣するのは列国の感情を逆なでするというとの意見もある、と述べた。加藤はこれを受け、自分以外の全権は幣原のみとし、他は専門委員としたいと述べ、原の諒解を得た（『原敬日記』大正一〇年八月二九日の条）。

すでに述べたように、加藤は寺内内閣の末期、外交について寺内の諒解の下に幣原としばしば意見交換をしたが、対米協調という点で意見は一致していた。三者会談における加藤の右の発言は、幣原とコンビを組むことで、来るべきワシントン会議を乗り切る自信のほどを示したものといってよい。その後、貴族院議長の徳川家達《とくがわいえさと》が全権委員に加えられた。これは原の政友会と提携した貴族院の最大会派「研究会」の領袖水野直《みずのなおし》（子爵）の推薦によるが、ロッジやアンダーウッド（Oscar Underwood）という上院の大物議員がアメリカの全権団に加えられていることを考慮した内田外相の意向にも合致する措置であった（西尾林太郎『貴族院議員水野直とその時代』一八九〜一九〇頁）。

全権委員の閣議決定

大正一〇年九月二七日、閣議決定を経て、次のように参加者が発表された。

全権委員

海軍大臣男爵　加藤友三郎

特命全権大使男爵　幣原喜重郎

貴族院議長公爵　徳川家達

全権委員首席随員（専門委員）

法制局長官　横田千之助、外務次官　埴原正直、外務省欧米局長　松平恒雄、外務省参事官　林毅陸、外務省情報部第一課長心得　高尾亨、陸軍少将　田中国重、海軍中将　加藤寛治

全権団総勢五五名

また、随員として外務省から事務官、翻訳官ら一八名、大蔵省から財務官や事務官ら

四名、陸軍省・参謀本部から一一名、海軍省・軍令部から一二名が加わり、全権団総勢五五名となった。外務次官の埴原は健康を害した幣原を補うため、のち全権に昇格した。

海軍省・軍令部の随員

ワシントン会議の中心は、海軍の軍縮をめぐる会議であり、もっぱら加藤がこれにあたった。海軍省・軍令部より派遣され、加藤を支えたメンバーは次の通りである。加藤《かとう》寛治《ひろはる》を中心に、山梨勝之進《やまなしかつのしん》（海軍省軍務局第一課長）、末次信正《すえつぐのぶまさ》（軍令部第一課長）、上田良武《うえだよしたけ》（前駐米大使館付武官）、野村吉三郎《のむらきちさぶろう》（海軍省高級副官）、永野修身《ながのおさみ》（駐米大使館付武官）の五名の海軍大佐、海軍中佐の堀悌吉《ほりていきち》（軍令部出仕）、海軍少佐の佐藤市郎《さとういちろう》（フランス駐在員）、海軍大尉の桑原虎雄（横須賀海軍航空隊飛行隊長）、海軍機関大尉の三戸由彦（前米国駐在員）、海軍軍医大佐の小島正治（海軍省医務局員）、海軍主計少佐の武井大助（海軍省経理局員）、海軍造船少佐の田路坦（軍令部出仕）、海軍省参事官の榎本重治《えのもとじゅうじ》（海軍省参事官）で構成された。

加藤寛治が主席随員

この人選について、のちに山梨勝之進が興味深い証言を残している。山梨によれば、軍令部長の山下源太郎（大将、海兵一〇期）は、中将の森山慶三郎（呉海軍工廠長、海兵一七期）を首席随員に推薦したが、加藤自身が海軍大学校校長の加藤寛治を選んだのだという（前掲『山梨勝之進先生遺芳録』六九頁）。既述のように、加藤寛治は寺内内閣下、第五戦隊司令官としてシベリア出兵に先んじてウラジオストクに派遣されたが、海相の加藤の意に反して、同市の秩序維持を口実にロシア革命に干渉した。帰任早々、加藤友三郎は加藤寛治に対し「訓戒」した経緯もある。にもかかわらず、あえて加藤寛治を首席随員にした。その理由は不明である。はたして実際にワシントン会議が始まると、二人は主力艦対米比率問題で意見を大きく異にし、対立した（後述）。

中国通を排除

また、山梨は、中国の事情に詳しい八角三郎《やすみさぶろう》（大佐、海兵二九期、のち中将）を随員に加えるよう加藤に助言した。中国問題と「向き合う」ことを想定した加藤は、「私は海軍大臣をやって六年にもなるが、閣議で支那《〔中国〕》問題になると、いわゆる支那通からいろいろのことを聞いている。ところがかえって支那通の言ったことで当たった例がない。支那通なんか連れて行くとかえってマイナスになる」（同前、七〇頁）と承知しなかった。これは、外務省の幹部人事で「支那通」排除が顕著だった、次官および外相時代の幣原喜重郎（種稲秀司『人物叢書　幣原喜重郎』四一頁）と相通ずるものがある。

メンバーで唯一、榎本重治は文官であった。彼は東京帝国大学法科大学を卒業後、海軍省に入り、参事官として国際法や海事・海軍関連法規を担当した。ワシントン会議やその後の軍縮会議にも参加し、手元にまとまった資料を保存してそれを戦後に伝えた。

主席全権が軍人のことへの批判

ところで、ジャーナリズムの一部には、首席全権が加藤であることへの反対意見もあった。軍縮に関する交渉をするのに最も適さないのはその当事者である軍人であるはずだ、と九月二八日付『読売新聞』社説は言う。同紙はさらに、アメリカ大統領ハーディングや国務長官ヒューズ、イギリス首相ロイド・ジョージ（David Lloyd George）は、軍事的見識からワシントン会議開催を提唱または賛成したのではないし、ボラー上院議員が唱えた「海軍制限案」は軍事的知識や思想を基調とするものではない、原内閣がアメリカの提案を「欣然〔喜んで〕賛同」するというのであれば、アメリカに誠意を示す意味でも海軍軍人を首席全権とするのはまずいのではないか、と述べている。

尾崎行雄《おざきゆきお》（元法相）も、駐米大使の幣原喜重郎を除く全権には、「一人〔加藤友三郎〕は剣を吊り、一人〔徳川家達〕は昔の遺物、十分な効果は夢にも望まれぬ」（大正一〇年九月二八日付『読売新聞』）と手厳しい。尾崎は以前より軍縮の必要性を主張し、半年ほど前、第四四議会衆議院に軍縮決議案を提出して圧倒的多数で否決された（大正一〇年二月一〇日）経緯があった。彼は、ワシントン会議に参加する全権や随員が正式に閣議決定される九月二七日に、政治家、ジャーナリスト、学者らからなる軍備縮小同志会の設立を計画し、その設立集会で、「加藤海相が顧問として行くならともかく、正使として行くのは沙汰の限りである。御覧なさい、加藤海相の腰には何が下がっているか、人を殺す剣が下がっているではないか。これでは千万言用いて世界に弁解しても腰に剣の下がっている以上は精神上のことまで容易に見抜けるものではない」（同前）と、加藤をこき下ろした。

友三郎の会議方針と原首相の意向

では、加藤はどのような方針で会議に臨もうとしていたのか。それは、八八艦隊《はちはちかんたい》の原則を破りたくはないが、米英両国とのバランスを考慮して、いかようにも対応できるようにしたい、というものであった。海岸防御も、アメリカがグァム島海岸の防御を撤去するのであれば、当方は小笠原諸島やその他の防禦の撤去も可能であると、彼は柔軟に考えていた（『原敬日記』大正一〇年八月二五日の条）。またこの頃、「海軍軍備制限」に関するUP通信社の質問に対し、帝国海軍は米海軍との競争を試みるほど非常識ではない、協定が列国間に結ばれ、兵力の制限について一致を見れば、場合によっては「八八案完成に固守」するものではない、とも加藤は回答していた（前掲『日本海軍史』第三巻、三三五頁）。

一方、原首相は、軍縮をはじめとするワシントン会議をぜひ成功させたいと考えていた。随員として参加した法制局長官の横田千之助《よこたせんのすけ》は、弁護士であり原の腹心であった。ワシントンに赴く直前に、横田が暇乞《いとまご》いのため原を訪れた際、原は次のように言ったという。「この度の華府《ワシントン》会議の企ては神がハーディング大統領の頭に宿って、之が開催の提議となったものと信ず。日本としてもどうしても会議を成功に終わらしめねば相成らぬ。大局に着眼して邦家の為に更に世界人類の為に努力せられたし」（「原首相ノ言」、防衛研究所戦史研究センター所蔵『加藤全権伝言』末尾に添付）、と。横田が原の口から神という言葉を聞いたのは、これが初めてであるという。原は対米協調を前提としつつ八八艦隊を認めたが、財政事情からして、今後アメリカと建艦競争を続けることはできないと心から思っていたのであろう。防衛力と財政との両立を図るうえで、ワシントン会議は原にとって「神の助け」であった。

主要四ヵ国の全権委員

なお、日本を除く、軍縮関係の主要四カ国の主な全権委員は次の通りである。

アメリカ　ヒューズ（Charles Evans Hughes　国務長官）、ロッジ（Henry Cabot Lodge　上院外交委員長）、ルート（Elihu Root　前国務長官）

イギリス　バルフォア（Arthur James Balfour　枢密院議長、前外相）、リー（Lee of Fareham　海軍大臣）

フランス　ブリアン（Aristide Briand　首相）、サロウ（A.Sarraut　植民相）

イタリア　シャンツェル（Carlo Schanzer　参議院議員・前蔵相）

三　ワシントンへ——原敬首相暗殺の電報——

会議へ出発

大正一〇年（一九二一）一〇月二日、加藤寛治や田中国重《たなかくにしげ》ら一部の随員は、加藤ら全権一行より約二週間早く、横浜から東郷平八郎、井上良馨の両元帥と加藤らの見送りを受け、アメリカに向けて出発した。情報収集や事務所開設など事前準備をするためである。加藤は徳川家達や法制局長官の横田千之助らとともに、一〇月一〇日には原首相主催の送

孫の見送り

別会、一〇月一二日には皇太子裕仁親王《ひろひとしんのう》（のちの昭和天皇《しょうわてんのう》）による宮中午餐会にそれぞれ参加し、各方面への挨拶回りなど、出発直前まであわただしく過ごした。

出発は一〇月一五日である。午前一一時過ぎに加藤は東京駅に到着したが、フロックコートと中折帽という出で立ちで、いつもの軍服姿ではなかった。文相の中橋徳五郎《なかはしとくごろう》が加藤をいち早く見つけ、「今日はフロックだね」と声掛けをすると、加藤ははにかんだような笑みを返した（大正一〇年一〇月一六日付『東京朝日新聞』）。

待合室では、五歳になる孫の昇（船越隆義・喜美夫妻の長男）の見送りを受けた。一〇月一六日付『読売新聞』によると、待合室を出たところで、ただ一人見送りの雑踏に「皮肉な微笑」を湛えていた加藤に対し、「副官らしい人」に肩車された孫の昇が、加藤の首に「おじいちゃん」と抱き着いて甘え、加藤は我を忘れたようにそっと孫を抱き上げ頬ずりし、「会心の笑み」を漏らした。加藤は三ヵ月余りのワシントン滞在中に、数回カタカナで書いた絵葉書を昇に送っている。前年の海軍記念日（五月二七日、日本海海戦開始の日）には、昇を東京・築地の水交社に同伴し、たまたま居合わせた新聞社のカメラマンに乞われ、昇のなすがままにお互いの帽子を交換してかぶった写真を撮らせている。加藤が昇に頬をつねられ、嬉しそうにしている写真である。謹厳で寡黙な海軍大将も、善《よ》きおじいちゃんであった。ここ東京駅でも同様な光景が見られた。

政府・軍関係者の見送り

さて、東京駅は見送りの政府関係者や軍関係者で混雑していた。そのなかには東郷平八郎、島村速雄ら海軍関係者と、陸軍からは参謀総長の上原勇作《うえはらゆうさく》がいた。一二時三五分、加藤ら全権一行と見送りの政府・軍関係者を乗せた臨時列車は出発し、午後一時三〇分、横浜港九号岸壁埠頭に到着した。ここでも三〇〇〇人の見送りがあった。アメリカの財界との交流という名目で、渋沢栄一ら財界関係者も加藤らに同行した。財界人による全権応援団である。一行を乗せた「鹿島丸」は同日午後三時、横浜を出港した。

お互いの帽子を交換した加藤と孫昇
（大正9年5月27日，水交社にて）

ウィッテのポーツマス講和会議の「感想録」

加藤は船中で、セルゲイ・ウィッテのポーツマス講和会議における「感想録」を読み、大いに感ずるところがあった（「加藤全権伝言」、大分県先哲叢書『堀悌吉資料集一』六八頁）。ウィッテは、ロシアの首席全権として講和会議に臨み、帰国後、条約締結の功績により伯爵に叙せられたが、やがて皇帝に疎《うと》んぜられ、第一次世界大戦開戦から間もなくして一九一五年に死去した。一九一七年のロシア革命後、ロシア国外に出た妻マチルダによって亡夫の回想録が公開され、最初英訳版が、次いでロシア語版が刊行された（保田孝一『最後のロシア皇帝ニコライ二世の日記』一五六頁）。日本語版は『ウィッテ伯回想記・日露戦争と露西亜革命』として昭和六年（一九三一）に南北書院より上・中・下三分冊で刊行されている。加藤が読んだのは刊行早々の英訳版『The Memories of Count Witte』（1921, New York, Doubleday）である。

「愛想よく心安く」

ウィッテは一九〇五年、アメリカに向かう船中で、講和会議にあたって五つの行動方針を定め、その三つ目が「アメリカにおける新聞の勢力の強大なのに鑑みて、記者たちに対しては特に愛想よく心安く待遇すること」だった。彼はアメリカで新聞記者や新聞経営者の同情を得ることに成功し、それはアメリカ国民一般の同情を得たこととほとんど同様の効果があり、講和談判成功の要因の一つとなったとする（大竹博吉監修『ウィッテ伯回想記・日露戦争と露西亜革命』〔復刻版〕上、四九六・五二四頁）。ウィッテも言うように、セオドア・ルーズベルトは自らの面子《メンツ》とロシアに同情的なアメリカ世論への配慮から、賠償金などの要求を断念するよう強く日本に勧告した（同前、五二五頁）。

「新聞与論の重視」

出発に先立ち、山梨勝之進は、加藤の新聞記者への応対が大変不愛想であることを指摘し、米国は新聞万能の国であるから、新聞記者に対してよほどしっかりした対応をすることが不可欠であると、加藤に「忠言」がましく述べたのに対し、加藤は「だめだめ、そのことはすでにあきらめている。心配はいらんよ、とそっけなくはねつけ」たという（前掲『山梨勝之進先生遺芳録』七一頁）。この後、加藤はアメリカで新聞記者たちに高く評価されることになるが（後述）、彼はウィッテから「新聞与論の重視すべき」（前掲「加藤全権伝言」六八頁）ことを学んだのである。

ワシントン到着

「鹿島丸」は一〇月二九日に北米西海岸の大都市シアトルに着き、一行はそのまま大陸横断鉄道に乗り換え、一一月二日にワシントンに到着した。この時、加藤は駐米大使である幣原喜重郎の要請もあり、軍服でなく平服を着して歓迎の群衆に帽子をとってニコニコ会釈をした。彼は大使館に顔を出すなり幣原に「もう君の注文は肯《き》かん、俺はあんなことは嫌いだ」（前掲『外交五十年』六四頁）と苦情を言ったが、まんざらではなかったか。船中でウィッテの著作から学んだことが、少なからず加藤をして素直に幣原の要請に応えさせたのであろう。幣原によれば、加藤がワシントンに到着した当初、彼は

「チャーミング・アドミラル《（チャーミングな海軍大将）》」と評判であった（同前）、日本ではおよそチャーミングとは縁遠い彼が、である。加藤はアメリカに滞在中に何度か、記者会見の場をもったが、各国全権のなかで最も評判がよかった。加藤はどんな難問に対しても、冷静かつ簡潔明瞭に要点だけを即答したが、それに記者たちがすっかり魅了されてしまったという（前掲『山梨勝之進先生遺芳録』七一～七二頁）。

原敬暗殺の報

一行の宿舎はホテル・ショーハムである。加藤は先発していた加藤寛治ら随員たちの報告を聞きつつ、長旅の疲れを癒した。その矢先、原首相急死の報が全権団に届けられた。一一月四日午後七時二〇分、政友会近畿大会出席のため東京駅に到着した原は、駅長室から改札口に向かったところを、大塚駅員の中岡艮一《なかおかこんいち》に胸部を刺され、絶命した。享年六六。犯人は未成年、一八歳であった。

首相が凶刃に倒れたとの報が全権団に届いたのは、同日午前であった。随員の上田良武はその日記に、「午前　原首相暗殺の電あり」そして今夕アメリカの友人との夕食会が予定されていたが、急遽中止となった、と記している（防衛省防衛研究所戦史研究センター史料室所蔵「上田良武日記」大正一〇年一一月四日の条）。

ワシントンでの原敬追悼会

一一月九日午後四時から大使館で、故原首相追悼会が開かれた。会衆二〇〇余名。幣原大使の弔辞のあと、黙禱が捧げられ、次いで加藤の荘重な弔辞があった。その最後に加藤は「東京出発の際会見せし時の首相の面容今尚眼前に彷彿たり」と述べ、万感胸に迫り声涙共に下ったと、一一月一三日付『東京朝日新聞』はワシントン支局発の記事を伝えた。加藤のあとに徳川家達、横田千之助、そして東京朝日新聞社社長の下村宏《しもむらひろし》（号は海南、のち情報局総裁）の弔辞が続いたが、特に熱弁を振るったのは横田である。

横田が渡米の挨拶のため原を訪れた際、原は横田に対し、「今回の会議は神がハーディング大統領をして世界人類平和の為に開かしめたものであると確信する故に列国が小我を執って会議を失敗に終らしめれば神は人類に対し更に鉄火の洗礼を与えるであろう」と語ったと述べた（同前）。この横田の言については、表現は少し異なるが、先にも触れた（本書一八〇頁）。加藤の思いは、横田のそれと同じであったに違いない。

友三郎の原への思い

原の急死は、加藤にとって衝撃以上の打撃であった。山梨勝之進は、ある夜二人きりで加藤の部屋でウィスキーを飲みながら、以下のような加藤の打ち明け話を聞いた。

実に惜しい人を殺した。私は総理としての原さんに仕えたが、あれほどの人はいない。あの無限の精力がほとばしり出るようなもとは一体どこにあるかと、いろいろ研究してみたがよくわからない。結局、愛国至上の精神の結晶だろう。料亭で一緒に酒を飲むときなど、まことに悠然たるもので、いっこうに忙しそうな顔をしたことがない。原さんは料亭でもなかなかもてた。半玉達は全部原さんのそばにあつまる。話が面白いのであろう。また機嫌よく相手になり、相手を楽しませ、自分も楽しそうだ。まことに不思議な人であった。金銭上の欲は少しもない。金をつくることは上手だが、反面まことに潔癖であった。またあんな頭のよい討論の達人はいない。演説は下手で、扇動的演説はさっぱり駄目だが、討論となると無敵である。私もしばしば議論したことがあるが、勝ったためしがない。私は自分の議論が正しいと思っていながら、どうしても勝てない、……。

山梨はこの話を聞いて、加藤が力を落としている様子がありありと見えた、加藤はめったにこんなことはしないのであるが、よほど苦しかったと見えて「息抜きに心中をもらされたのであろう」と推測している（前掲『山梨勝之進先生遺芳録』九三～九四頁）。

高橋是清内閣

なお、日本では、原敬の死により蔵相の高橋是清《たかはしこれきよ》が、閣僚はそのままに、ただちに首相に就任した。加藤も高橋内閣の海相として留任した。

第八　ワシントン会議

一　ヒューズの「爆弾提案」

第一回総会

　大正一〇年（一九二一）一一月一一日、軍縮会議開催を翌日に控え、ワシントンのアーリントン国立墓地で世界大戦戦没者の慰霊祭が挙行された。翌一二日、同じくコンチネンタルホールにおいて、ワシントン会議第一回総会が開催された。冒頭、主催者としてハーディング大統領は、「吾人はここに会し、最も誠実なる態度をもって戦後の世界人類の良心の覚醒を代表し、相互の了解により世界の平和を保障し、無用の経費を軽減し、人類の幸福を増進しなければならない」と各国の代表に訴えた。続いてイギリスのバルフォアの提案により、アメリカの国務長官ヒューズが議長に推された。

ヒューズの「爆弾提案」

　ヒューズは開口一番、この会議では軍縮問題をまず討議し、のちに太平洋と中国問題に及ぶと述べ、軍縮については現在最も重要と認められ、迅速かつ有効に処理できるのは海軍軍備の制限であるとした。さらに彼は、①米英日三ヵ国は施工中または計画中の

ワシントン会議第1回総会

ヒューズ

すべての戦艦の建造を放棄すること、②老齢艦を廃棄すること、③各国の現有海軍勢力を考慮すること、④主力艦のトン数をもって海軍力測定の基準とすることとし、補助艦艇はそれに比例して割り当てることなど海軍軍縮について具体的な提案をした。さらに今後の補充すなわち「代艦製造」について、①協定発効後一〇年間は代艦の建造をしない、②一〇年後の主力艦の代艦トン数を、アメリカとイギリスは五〇万トン、日本は三〇万トンとする、③艦齢二〇年に達した時は代艦を建造できる、④代艦として建造できる主力艦は三万五〇〇〇トンを超えないこと、と四項目を挙げ、一〇年間の「海軍の休日《ネイバルホリデー》」を設けるよう提案した。この提案は具体的かつ画期的な内容であったので、ヒューズの「爆弾提案」と呼ばれた。

日本の場合

この提案によれば、日本は次のようになる。ほぼ完成だが就役していないということで、未成艦として申請された戦艦「陸奥《むつ》」および建造中の戦艦「土佐《とさ》」「加賀《かが》」の三隻、巡洋戦艦では建造中の「天城《あまぎ》」「赤城《あかぎ》」、未起工ではあるが資材を集め計画進行中の「愛《あ》宕《たご》」「高雄《たかお》」の四隻、合計七隻・二八万九一〇〇トンを廃棄。計画段階にある戦艦「紀《き》伊《い》」「尾張《おわり》」、戦艦第七号、戦艦第八号の四隻、巡洋戦艦五〜八号四隻の建造取止め。以上、廃棄または建造取止めとなる一五隻に、さらに数年前に竣工した「長門《ながと》」を加えた一六隻は、加藤友三郎《かとうともさぶろう》主導で推進されてきた八八艦隊《はちはちかんたい》計画の基幹となる艦艇である。加えて「摂津《せっつ》」を除く老齢戦艦一〇隻・一五万九八三〇トンが廃棄されることになる。なお、「陸奥」は「長門」とともに、第一次世界大戦最大の海戦と言われる英独のユトランド沖海戦の戦訓を踏まえた、最新鋭の超《ちょう》弩《ど》級《きゅう》戦艦であった。

これに対しアメリカはどうか。建造中の戦艦一五隻・約六一万八〇〇〇トンと老齢艦一五隻・約二二万七七〇〇トンの廃棄。さらにイギリスは未起工ではあるが、議会による予算承認済みの戦艦四隻・一七万二〇〇〇トンの建設取止めと老齢艦一九隻・四一万一四〇〇トンの廃棄。

日米英の主力艦比率

こうして協定が結ばれ発効に至れば、建設取止めと廃棄後の日・米・英三ヵ国の保有主力艦の総トン数は、それぞれ約二九万九〇〇〇トン、約五〇万トン、約六〇万四〇〇〇トンで、大雑把な比率では三対五対六となる。そして、一〇年経過して以降、代艦による補充が行なわれ、最終的に主力艦保有量はアメリカ五〇万トン、イギリス五〇万トン、日本三〇万トンと、米・英・日のその保有比率は五対五対三となる。

ヒューズの「爆弾提案」に対し、加藤は実に想像外のものであり、大変なことが始まったと思った（「加藤全権伝言」、大分県先哲史料館編『堀悌吉資料集』一、六九頁）。しかし、彼は主義として、米案に反対することはできない、もしこれに反対すれば、日本はひどい目に遭うと考え、全権団の主要な人々を集め、自らの決心を伝えた（同前）。そして、その後ただちに、すなわち一一月一二日午後五時五〇分、加藤の不在を預かる海軍次官の井出《いで》謙治《けんじ》（中将、海兵一六期）に宛てて、次のような電報を打った。

友三郎から次官への電報

米国果断なる海軍縮小の提案に対し英国賛同し、英米一致を見るに至らば、日本は大体に於て之に賛成するは大局上止むを得ざる次第と認む。本案通過を見たる上人事問題並対私立会社等の問題は解決誠に困難なるものありと雖《いえど》も之等は国内問題と別に適当なる解決方法を見出すの外なかるべし。右含み置かれたり。……今日開会式に当たり国務卿〔ヒューズ〕演説の際聴衆は盛んに拍手喝采し、主力艦皆建造停止に言及したるとき殊に著しかりし。（防衛省防衛研究所戦史研究センター史料室所蔵『加藤大臣海軍次官往復電報綴』「第四号電報」）

海軍首脳からの返信

ヒューズの提案が総会で承認され、軍縮協定が成立したならば、各地の海軍工廠や川崎造船など、海軍の艦艇を建造してきた民間企業では人員整理や民間の軍需企業への解約に伴う補償など難しい問題が生ずるであろうが、国内の政治的・経済的問題と切り離して、適切に解決する必要がある、と加藤は井出に伝えたのである。

これに対し、一四日に届いた井出の返信では、対米七割の方針に基づき、例えばアメリカ側の要求する一八隻を若干減じ、残存を認められた「摂津」の代わりに廃棄を指定された「陸奥」を復活させるなど、ヒューズ提案に対するいくつかの逆提案があった。

また、井出は軍縮協定が締結された場合、「人事、工業上に及ぼす重大なる影響」については「主務者」＝海軍省はじめ関係官庁においてしかるべき策を立てるよう「決心」をしているので安心して欲しいと、付言した（同前、「特第一番電報」）。

井出ら東京の海軍首脳は「長門」の姉妹艦「陸奥」にこだわった。それは一〇月二四日に公試を完了し、一一月二二日に就役が予定されていた。加藤はヒューズ提案に対する井出らの反応や後述の加藤寛治《かとうひろはる》ら専門委員会の意見を踏まえ、一一月一五日開催の第二回総会に臨んだ。

第二回総会で演説

第二回総会では、まずイギリスのバルフォアがアメリカ案の支持を表明し、彼はロイド・ジョージ首相から送られたハーディング大統領やヒューズ国務長官の演説を称賛した電報を紹介した。続く加藤は、各国代表や聴衆が固唾の飲んで見守るなか、演説した。日本は主義においてアメリカの提案を「欣然《喜んで》」受諾し、海軍の「大々的削減」に着手する用意がある、ここで「些少の修正」を提案することになるであろうが、それは海軍専門家の審議に委ねたいと述べ、さらに日本はイギリスやアメリカの艦隊と均等のそれを持とうと主張したことはないし、主張しようとの意思はない、と付け加えた（外務省編『日本外交文書―ワシントン会議軍備制限問題―』八二頁）。その主張は会場で大きな拍手を得、歓迎された。

主力艦対英米七割と戦艦「陸奥」「安芸」保有を要求

第二回総会の後、軍備制限委員会では、英米日仏伊五ヵ国から一名ずつ専門委員を出して構成する海軍小委員会（海軍専門家委員会）で、ヒューズ案が検討されることになっていた。その第一回目の会議で、日米両国は鋭く対立した。ここで日本側委員の加藤寛治は、「国防上の安全を保つ為」主力艦の対英米七割を保持することが必要であり、戦艦「陸奥」「安芸《あき》」の保有を要求した。しかし、これはアメリカにとって「若干の修正」どころではなかった。

これより前、すなわち小委員会で加藤寛治が日本の要求を提案する前に、日本側は中将の加藤寛治と山梨勝之進《やまなしかつのしん》、野村吉三郎《のむらきちさぶろう》、末次信正《すえつぐのぶまさ》、永野修身《ながのおさみ》、上田良武《うえだよしたけ》の大佐五名で編成された、日本側の海軍専門委員会（記録担当として堀悌吉中佐も出席）で、ヒューズ案への対応を協議した。ここで日本側の要求の概略が決められたのだが、「七〇パーセント」はその後の交渉の際の「折半的解決」を考慮して、「七五パーセント」とされた。要は五《パーセント》のさばを読んだのである。加藤はこの委員会による対案の案文を読むや、「自分は之に掛値があると思うが」と非常に不機嫌となり、加藤寛治から説明を聞き、「斯かる公開性の会議に於いて掛値をなすは自己の採らざる所なり」と、ただちに七〇《パーセント》に改めさせた（「海軍軍備制限ヲ中心トスル華府会議　弁妄篇」、前掲『堀悌吉資料集』一、四七〜四八頁）。それ以外には特に異論はなかった。要するに、対英米七割と「陸奥」の復活は、加藤の要求でもあった。それを「掛値なし」で実直に主張し、交渉する、というのが加藤の交渉スタンスであった。

加藤メモ

なお、堀悌吉《ほりていきち》が保存した加藤のメモには、「米英と日の軍艦比は一〇対一〇対六なるも私は日の六〇％を七〇％以上とせんことを要求す。我がExpert《〔専門家〕》の研究に依れば、米英に対し七〇％を日本が有するは過当の要求にあらずとの意見に一致す……又公平なる意見を有する国民は七〇％以上を有するは穏当なる要望なりと云う者多し」とあり、「航空機母艦は同数」、「陸奥」は完成し、一二月一日には艦隊編入のはずである、さらに「七割以上の比率を要求せる結果とし安芸を加えられたし」とあり、「陸奥」と「安芸」を加えて「米の一〇に対し英は一二、日は七・一と成る計算なり」と彼のメモに記されている（同前、四八頁）。

戦力計上方法の違い

専門家委員会の第一回会議終了後、アメリカ側は日本側に対し、七〇《パーセント》については「国内世論」が承知しないので、何とかして撤回して欲しく、比率以外のことであれば「何事にても成立する如く努力」したいと懇請したが、加藤寛治専門委員は七〇《パーセント》という数字にこだわった。堀によれば、この「比較論」はその論拠が各国別々であり、水かけ論に終わってしまう（同前、四九頁）。例えば、日本は建造中のものは戦力に入れないが、アメリカは建造中のものでも修理中の場合と同様に戦力として扱い、建艦の進捗状態に

ワシントンでの生活

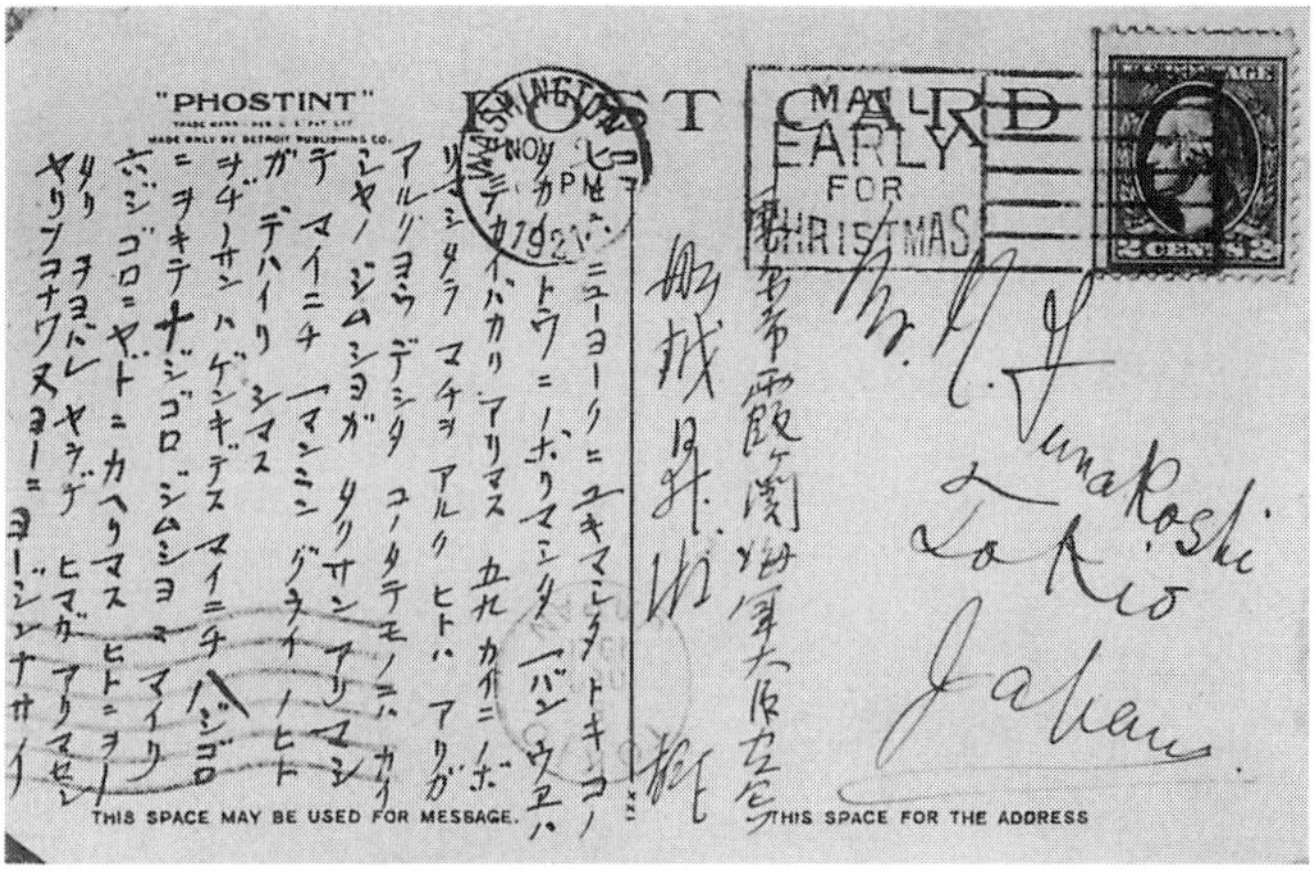

孫昇に宛てた加藤の絵葉書（大正10年11月9日）

応じて戦力として計上する、という違いがあった（同前）。

一一月一九日、ヒューズ、バルフォア、加藤の首席全権が随時会合をもち、軍縮問題に加えて、太平洋・極東問題についても意見交換をし、問題となっている「現有勢力」Existing Strength の概念と、その算出法に特化した専門家による分科会を設けることで合意をみた。「ビックスリー」交渉はここから始まるが、停滞しつつある軍縮交渉を少しでも打開したいとする三人の思いは同じであった。

ところで、この頃の加藤のワシントンにおける生活はどのようであったか。彼が孫の昇に宛てた絵葉書がある。彼は週末にニューヨークに出かけ、高層ビルに昇ったことなど、当時の幼児向けの雑誌・絵本がそうであったように、ほぼ全文カタカナで孫に語り掛ける。「……ヲヂイサン《おじいさん》ハゲンキデス。マイニチ八ジゴロニヲキテ《オキテ》、十ジゴロジムショニマイリ、六ジゴロヤドニカヘリマス。ヒトニヲータリ《あったり》、ヲヨバレ《オヨバレ》ヤラデヒマガアリマセン……」（一一月九日付船越昇宛加藤友三郎葉書、前掲『元帥加藤友三郎伝』二八二頁以下に写真所収）。午前八時頃起床、一〇時頃全権団の事務所に行き、午後六時頃ホテルに戻る、という日々を彼は過ごしていた。人に会ったり、食事に招待されたりで暇がない、と彼は孫に書き送った。

二　「対米七割」と海軍専門家委員会

日本の交渉方針

さて、英米日仏伊の五ヵ国の海軍専門家委員による意見調整は困難を極めた。加藤はこれを踏まえ、①日本側の主張に固執する→②比率を一〇対六・五前後とし「陸奥」を復活させる→③比率を一〇対六とし「陸奥」を復活させる→④アメリカ案でいく（「陸奥」の復活なし）、の順で交渉を進めたいと東京に請訓した（大正一〇年一一月二三日）。

これに対し政府は、できるだけ①でいき、④は可能な限り避けるように回訓した（一一月二八日）。この日、海軍次官の井出謙治から加藤のもとに、電報が届いた。井出は、一〇対七であることは必要だが、会議が不成立に終わることによって引き起こされる、米国との海軍軍備競争は「数に於いて到底でき難きこと明らかなり」、したがって、「海軍勢力比を七割以下に決定せらるるも已むを得ざるものと認む」（前掲『加藤大臣海軍次官往復電報綴』「特十六番電報」）と、東京における海軍中央の考えを伝えた。海軍中央は、ともかくワシントン会議で軍縮協定を成立させ、アメリカとの軍拡競争を避けるべきであるとの考えでほぼ一致していたようであった。少なくとも海軍の大勢は、アメリカと軍拡競争になれば、数量で対抗できないのは明らかだと考えていた。

ワシントン会議全権委員
左から幣原喜重郎，加藤，徳川家達

加藤寛治の不満と全権団の不一致

しかし、加藤寛治は、対英米六割の根拠となるアメリカ側の「現有勢力」の概念定義が恣意的で、一方的であるとして、大いに不満であった。竣工し、就役済みの艦艇のみを「現有勢力」とする日本側に対し、建造中のものでも「現有勢力」に入るとするアメリカの主張は、平行線のままであった。こうしたなか、一一月二八日、全権委員の徳川家達《とくがわいえさと》が記者会見で記者の質問に答えた際、対米英七割は加藤寛治中将個人の意見であって、日本代表の正式な見解ではないと発言し、それが日本で大々的に報ぜられた。そのことは加藤寛治の意見をかえってクローズアップさせ、期せずして日本全権団の不統一ぶりを露呈させた（原口大輔『貴族院議長・徳川家達と明治立憲制』一六五頁）。

海軍首脳からの「信頼」

この頃、海軍省の井出次官により、加藤友三郎の一一月二三日付け請訓やそれに対する政府の方針、および海軍中央の意見が、元帥や軍事参議官らに伝えられた。その結果、元帥らの加藤に対する「同情」と「信頼」が表明された。一二月一日、井出はそのことを加藤に報告するとともに、特に「御参考迄に」と、東郷平八郎《とうごうへいはちろう》の「談話要領」を次のように伝えた（前掲『加藤大臣海軍次官往復電報綴』「特二十番電」）。

一、一割内外の兵力差は深く関する所に非ず。要は敵に勝つべき準備と心算覚悟に在り。

二、然れども日本より出たる修正案は全部を拒絶せられ、米国案以外何等得る所無きに至る場合において、国内の与論政府の将来及海軍部内の士気に及ぼす影響の重大なるべきに想到するときは憂慮に堪えざると同時に偏に全権の苦衷と努力に対して全幅の同情を表すを禁ずるを得ず。

東郷平八郎からの応援と「心配」

東郷は、一割程度のことであれば、それは容認できるという。すなわち、対米六割でよい、と彼は言うのである。ただ、米国案以外はだめだというのであれば、国内世論や政府、さらに海軍部内の士気に及ぼす影響を心配するが、それにつけ加藤全権の苦衷と努力に心から同情する、と加藤に寄り添う姿勢を示した。加藤には「御参考」どころか、大きな励みになったに違いない。一二月四日に発せられた電報の末尾で、加藤は東郷の「御芳情を深謝する旨懇ろに御伝えありたし」と、井出次官に伝えている（同前「第十二番電報　其の二」）。

その後、東郷の「心配」は現実のものとなる。「対米六割」をアメリカの押し付けと、海軍部内の一部の有力将官やかなり多くの国民は認識したのである。そのことが、やがて昭和期における海軍軍縮に大きな影を落とすこととなる。

加藤寛治の声明で行き詰まる交渉

ところで、一一月三〇日に開催された第二回専門家委員会は不調に終わった。会議を終えるにあたり、加藤寛治は次のような声明を発した。今回の審議によって「日本の根本主張たる国家安全の見地よりする最小限七割」が変更されることはない、「現有勢力」については各国共通の定義はなく、アメリカ側に質問しても定義そのものに関する答えは返ってこなかった、日本の基準によれば、①旧式戦艦・弩級戦艦・超弩戦艦、②弩級戦艦・超弩級戦艦、③超弩級戦艦の三種類の項目において、日本はいずれも対米七割以上の艦艇を有している、と主張した（前掲『日本外交文書―ワシントン会議軍備制限問題―』

一二四〜一二五頁)。この加藤寛治の声明は、軍縮条約締結に暗雲を投げかけた。

英国のバルフォアが来訪

翌一二月一日、軍縮会議の行末を案じたイギリスのバルフォアが、加藤の宿舎を訪問した。この時、加藤はバルフォアに対し、次のように述べた。

米国提案の主眼である建造中の新艦や旧艦の廃棄について日本は賛成した、「比例問題は第二段の比較的小問題」であるにもかかわらず、海軍専門家間の意見の一致が見られなかったのは遺憾に堪えない、仮に自分が米国案に賛成したとしてその結果を考えると、日本国民は日本の譲歩を米国によるものであると見て、自分に対し攻撃的態度を抱き、さらに米国に反感を持つに至るであろう、……自分に対する国民の攻撃に対しては自分が全責任を負い辞職すればそれで解決しようが、日米両国民の感情の疎通には何ら役立たない、それ故この海軍制限はぜひとも成立させなければならない(「バルフォア・加藤全権会談記録」、前掲『日本外交文書―ワシントン会議軍備制限問題―』一三〇〜一三一頁)。

バルフォア

バルフォアは、海軍軍縮に向けた加藤の不退転の決意を知ると、自ら日米の間に入り尽力する意思を明らかにした。加藤はこれにには応えず、話題を太平洋島嶼《とうしょ》防衛問題に切り替えた。それはベルサイユ講和条約により成立した国際連盟によって、「信託統治」という形で領有を認められた赤道以北旧ドイツ領「南洋諸島」防衛に関わる問題である。『日本外交文書―ワシントン会議軍備制限問題―』では、「南洋防備問題」または米英両国が領有する島嶼・地域を考慮して「太平洋島嶼防備問題」と記載されている。

日本が対英六割に譲歩する条件

加藤はバルフォアに対し、アメリカのハワイ、フィリピン、グァム、そして日本の台湾、澎湖諸島《ほうこしょとう》、小笠原、奄美大島の現状について説明し、従来アメリカはフィリピンやグァムに巨費を投じて要塞や海軍の根拠地を作るとの報道があるが、これは日本にとって脅威であり、「〔新たに信託統治領として取得した旧ドイツ領〕南洋諸島の防衛に関し何らかの諒解を得ば日本国民は大いに安心」するに違いない、イギリスの香港やシンガポールの位置も気になる、と述べた。そして、これに関し、ここで何らかの協定が得られれば、「海軍制限」に関して国民にそれなりの説明をつけることができることを示唆した（同前、二四〇頁）。さらに、すでに竣工し、公式運転試験を終えて乗員が乗り組んでいる「陸奥」を破壊することなど、国民に対してできるものではない、と再度主張した。こうして、加藤は、赤道以北南洋諸島の安全を保障する太平洋島嶼現状維持と戦艦「陸奥」の復活とを条件に、対英米六割を甘受する意思をバルフォアに対し明らかにしたのである。

バルフォアの仲介

バルフォアはただちに動いた。一二月二日、彼は「五・五・三」の比率は適切と公式に表明するとともに、ヒューズに軍縮条約締結促進を働きかけた。ヒューズはハワイを本土並みとし、現状維持という規制の適用外とすることを条件に、グァム、フィリピンの現状維持（要塞や海軍施設等の増設・拡張をしない）について容認した。

全権団随員の友三郎への不満

翌三日、加藤は政府に対し、主張に固執するか、アメリカ案に全面同意するか、指示を乞うた。また、加藤寛治や末次信正らは、大局的見地から「対英米六割」受諾止むなしとの姿勢を執る加藤全権に不満を持ち、軍令部長（山下源太郎）・次長（安保清種）や海軍次官（井出謙治）に宛てて自説を展開し、決裂止むなしとの意見を具申した。

その加藤寛治も、連日自らが「苦悶」しているさまを日記に書きつけた。一二月四日「終日大苦悶。従来未曾有の事なり。日本の将来如何《いかが》嗟歎《さたん》」、一二月五日「苦悶遣る方なし」、一二月六日「所決《ママ》せんとして書を認む」（「加藤寛治日記」、伊藤隆他編『続・現代史資料五　海軍』所収）。

加藤全権はその様子を見かねたのか、加藤寛治に対し「懇々諭告」し、彼と「夕食を共に」するなど配慮を示した（同前、大正一〇年一二月七日の条）。加藤寛治が「対米七割」を強く主張した根底には、「現存勢力を以て各国を律するは一見公平なるが如くにして、実は一時の状況を基礎として対等なるべき各国の主権に半永久的に差等を付する」から、それが紛議を招く最大の原因であるという思いがあった（加藤寛治「軍備制限に就いて」、加藤寛治大将伝記編纂会編『加藤寛治大将伝』七四九頁）。また、フランスやイタリアに関して、日米英三ヵ国全権が「私議」した結果を両国に言い渡すような姿勢は、両国への「明白なる侮辱」である、という憤懣もあった（同前）。このような加藤寛治の主張に対し、加藤友三郎がどのようなことを言って反駁《はんばく》したかは不明である。加藤友三郎は受諾の理由を言い含めたのであろうが、加藤寛治は納得しなかった。

現実論による交渉妥結を優先

確かに加藤寛治の主張は筋が通っているようである。しかし、筋論だけでは交渉はなりたたない。むしろ妥協できないまま、交渉は行き詰まる。加藤は首席全権として、主力艦保有比率よりも防備制限を優先したし、筋論による交渉決裂よりも、現実論による交渉妥結を優先した。加藤は幣原に対し「あれ〔加藤寛治〕も自分の部下であるし、別に野心があるわけでもなく、日本の海軍を思って熱中しているのだから、昨夜も辛かったけれども、黙って聞いていた。そのためにひどい目に逢った」（前掲『外交五十年』六五頁）と

加藤寛治

「七割」論は秋山真之に基づく海軍の通念

述べたが、その「ひどい目」というのは、翌日「蒼白な顔」になるほどその晩にかなりの吐血をしたらしい（同前）ことを指す。もうこの頃から癌は加藤の体を蝕《むしば》みつつあり、そのための出血であったと思われる。後年、山梨勝之進も同様のことを述べている（後述）。ともかく、加藤は加藤寛治の筋論をただ聞くしかなかった。

加藤寛治らがこだわる「対米七割」とは何か。のちにロンドン軍縮条約締結（一九三〇年（昭和五））に尽力する小林躋造《こばやしせいぞう》は、第六期甲種学生として海軍大学校に学んだ時、教官吉田清風《よしだきよかぜ》（海兵一八期、のち中将）中佐から、今後米英と戦うことがあれば、五分と五分に持ち込むには、敵兵力の七割が必要である、と教わったという。その根拠とするところは、秋山真之《あきやまさねゆき》が古今の歴史書における海戦を克明に調査した結果到達した結論であった。小林によれば「海大〔海軍大学校〕甲種学生教程を履んだ者は海軍の要路に用いられる者が多く、従て「七割」論は海軍の通念となり、之を以てわが海軍兵力整備の基準とした」という（「軍人と政治」、伊藤隆・野村実編『海軍大将小林躋造覚書』二二〇頁）。

ワシントン会議でこれが問題となった時、加藤は、加藤寛治以下の専門委員を集めて「兵術論を言い張っても駄目である。何とか政治的に七割でなければならぬという説明法はないものか。米国側に陸奥は未成艦として廃棄艦の中に入れてあったが、あれは完成してすでに試運転がすんでいることを説明したら、すぐに了解してくれた。そういう調子で具体的に立証していかねばならぬ。観念論では駄目だ」（山梨勝之進先生記念出版委員会編刊『山梨勝之進先生遺芳録』七九頁）と、彼らを諭《さと》した。

高橋内閣の対英米六割受諾条件

さて、こうした出先の動きに対し、高橋内閣は加藤に、太平洋諸島の防備の現状維持、「陸奥」の復活と「摂津」の廃棄を条件として、対英米六割の受諾に向けて交渉するよう指示した（「一二月一〇日付訓令」、前掲『日本外交文書―ワシントン会議軍備制限問題―』上、二四三～二四四頁）。この時、首相の高橋是清《たかはしこれきよ》は、海軍大臣事務管理として非公式に軍事参議官会議を招集し、一二月三日付けの加藤の「受諾止む無し」の請訓について諮《はか》った。その席上、名和又八郎《なわまたはちろう》（大将、海兵一〇期）が「海軍軍人の士気に関する故、反対なり」と発言するや、元帥の東郷平八郎はすかさず「士気とは何事ぞ。責任ある海軍大臣が六割でよしと思うならば、士気に関する理あることなし。大臣の言う通りで宜《よろ》し」と言明したという（「寺島健中将〔海兵三一期〕直話、海軍大学校研究部編『元帥東郷平八郎侯ニ関スル秘話』」、防衛省防衛研究所戦史研究センター史料室所蔵。寺島は大正一三年一二月より二年余り海相の財部彪の下で副官を務め、その後は軍務局長に就任）。高橋は加藤に回訓するにあたり、事前に東郷をはじめ海軍の長老たちの了解を取ったのである。

友三郎を思いやる島村速雄

なお、この時は軍事参議官になっていた島村速雄《しまむらはやお》（大将）は、かつて自らが参加した第二回万国平和会議（Hague Conferences、一九〇七年〔明治四〇〕にオランダのハーグで開催。会議冒頭でハーグ密使事件が起こった。）で首席全権を務めた都築馨六《つづきけいろく》（男爵、枢密顧問官）に宛てて、「加藤が右迄漕ぎ着けたる働きは小生は大いに買うてやらなければならむと存居候」と述べ、さらに八八艦隊構想の放棄についても認めたいと書き送っている（大正一〇年一二月二二日付都築馨六宛島村速雄書簡、国会図書館憲政資料室所蔵『都築馨六関係文書』所収）。島村が海軍を、秋山真之の兄の好古《よしふる》が陸軍を、それぞれ専門委員として代表した第二回万国平和会議では、常設仲裁裁判所の創設や陸戦法規の整備などの第一回会議（一八九九年）で得られた成果を踏まえ、海戦法規を中心に戦時国際法の充実について新たな合意が得られ、さらに軍縮をめぐって討議がなされた。しかし、軍縮については、各国の合意を得られることなく終わった。島村は、今回、具体的な軍縮を可能にするところまで持ち込んだ加藤らに、声援を送る気持ちであったのだろう。東郷と並び軍令系統の重鎮でもあった島村も対米六割を承認したことは、加藤にとって大きな援軍であった。

米英日仏間の「四ヵ国条約」調印

さて、一二月一二日、加藤は政府からの回訓により、ヒューズとバルフォアに「対英米六割」受諾を表明した。これに対し、ヒューズはフィリピンとグァムの、バルフォアは香港《ホンコン》の、それぞれ現状維持に同意する旨を述べた。

こうして米英日三ヵ国間に、海軍軍縮と太平洋地域における島嶼に関する権利を相互に尊重し、その現状維持について合意が成立したことを受け、翌一三日には、米英日仏四ヵ国間に、太平洋地域の現状維持を目的とした「四ヵ国条約」が調印された。それに伴い、日英同盟は廃棄されることとなった。これはアメリカの強い要求でもあった。この条約の特徴の一つに、締約国間で太平洋に関する紛争を生じた場合、当該国は他の締約国を招請して会議を開き、協議によって解決を図るとしたことが挙げられる。武力ではなく、外交手段による紛争解決を締約国間の義務としたのである。

戦艦「陸奥」の復活と仮協定

続く一四日には「陸奥」復活による、三ヵ国間の主力艦保有比率変化に伴う調整が米英日三ヵ国間でなされた。その結果、日本は両国に対し、それぞれ最新型戦艦二隻の建造を認めることになった。これで海軍の軍備制限問題についてはほぼ解決した。「ビッグスリー」はこれまでの成果について仮協定を結ぶよう合意し、翌一五日、日米英三ヵ国間に海軍軍縮に関する仮協定が結ばれた。その主な内容は次の通りである。

1　米英日における主力艦の保有比率を五・五・三とする。
2　香港を含む太平洋地域の要塞や海軍基地の現状維持。ただし、ハワイ、オーストラリア、ニュージーランド、および日本本土《ジャパンプロパー》、ならびにアメリカとカナダの沿岸は適用除外とする。
3　日本は戦艦「陸奥」を残し、戦艦「摂津」を廃棄する。
4　アメリカは最新型戦艦「コロラド」「ワシントン」を竣工させ、旧式戦艦二隻を廃棄する。

5　イギリスは最新型戦艦二隻を起工し、竣工時に「キングジョージ五世」型戦艦四隻を廃棄する。

6　代艦の最大排水量を三万五〇〇〇トンとする。

7　代艦建造後の最終勢力は、米英・各五二万五〇〇〇トン、日本・三一万五〇〇〇トンとする。

8　主力艦の建造は右の米英各二隻を除き、一〇年間行なわない。

こうして、太平洋地域の軍事的現状維持を条件に、アメリカのヒューズ案に副った形で海軍軍縮問題に決着を付けることができた、と加藤には思われた。しかし、後述のように、そうは行かなかったのである。

加藤寛治ら一部随員の帰国と「伝言」

ところで、加藤は海軍軍縮問題が一区切りつき、年末の休会となったところで、本国の海軍幹部への「中間報告」のため、随員の一部を帰国させることとした。彼らは一二月二八日にワシントンを離れ、翌年一月一七日に横浜に帰着した。

彼らがワシントンを離れる前日、すなわち一二月二七日午後、加藤は堀悌吉をショーラムホテルの自室に招致し、加藤寛治を陪席させて、海軍次官の井出謙治宛ての長文の「伝言」を口述筆記させた。それは海軍用箋一八枚にタイプ印字され、現在、防衛省防衛研究所戦史研究センターに保存されている（なお、「原首相ノ言」以外の「伝言」本文は前掲『堀悌吉資料集』一に収められている）。

加藤寛治への「教育」的措置

その冒頭で加藤は、自らが会議に臨む基本姿勢は「日米関係の改善」であると述べ、会議の経過や感想、そして自らの「国防論」について語っている。加藤はワシントン到着以来、井出とは頻繁に電報で意思疎通を図ってきたので、今さら事細かい「中間報告」は不要とも思われるが、ここは陪席する加藤寛治に聞かせたかったのであろう。いや、海軍兵学校の教え子でもある加藤寛治への「教育」のための措置ではなかったか。

友三郎の国防観

加藤は言う。仮に軍備は米国に拮抗する力が日本にあるとして、実際に戦争になったら、日露戦争のような少額の金では戦争は継続できない、ではその資金はどうするか、現状では大戦で疲弊したイギリスやフランスからの調達はできないであろうから、アメリカから金を借りざるを得ない、したがって、そのアメリカとは戦争ができない、アメリカとの戦争を避けることが必要である、と。そして次のように続ける。

斯《か》く考ふれば国防は国力に相応する武力を整ふると同時に国力を涵養し、一方外交手段に依り戦争を避くることが目下の時勢に於いて国防の本義なりと信ず、即ち国防は軍人の専有物にあらずとの結論に到達す。（「加藤全権伝言」、前掲『堀悌吉資料集』一、七〇頁）

加藤は、国防とは国力に見合った武力を整備するとともに国力を養い、外交手段によって戦争を回避することである、したがってそれは軍人の専有物ではない、と言う。なお、右に加藤の言う「日露戦争のような少額の金」であるが、日露戦費はほぼ二〇億円で、開戦前年の一般会計の約七・七倍と、当時としても大変巨額であった。

「伝言」を終わるにあたって加藤は、軍縮に伴う雇用労働問題や関連軍需企業への措置、海軍工廠や他の海軍諸施設の縮小・廃止の検討、重油タンク建設は予定通りに進めること、そして「軍令部の処分」と文官軍部大臣制について検討するよう指示している。すなわち、「軍令部の処分案は是非とも考ふべし、本件は強く言い置く。文官大臣制度は早晩出現すべし。之に応ずる準備を為し置くべし。英国流に近きものにすべし」と指示したのである（「加藤全権伝言」、同前、七四〜七五頁）。

加藤の長い伝言が一区切りついて、加藤寛治も井出に短い伝言を託した。「……何れ帰朝の上、海軍委員として申上げたることあるべし、今日は何も言わず」。

三　太平洋防備制限をめぐる紛糾

海軍制限条約起草分科会

大正一〇年（一九二一）一二月三一日に、各国の法律専門家や海軍軍人による海軍制限条約起草分科会が立ち上げられ、一二月一五日の仮協定を含む今までの合意事項を条約文に落とし込む作業が開始された。この作業のなかから、「現状維持」の適用除外とされた「ジャパンプロパー《日本本土》」、すなわち「the islands composing Japan proper」（日本本土を構成する島々）なる文言の曖昧性が問題となった。これに対し、加藤は仮協定調印の時点で、「ジャパンプロパー」と曖昧にしておく方が得策と考えていた（「「ジャパン、プロパー」に関する加藤全権の意見」、前掲『日本外交文書―ワシントン会議軍備制限問題―』二四八頁）。

「ジャパンプロパー」問題

　年が明けて一九二二年一月七日の第三回分科会席上、太平洋における防備条項（軍縮条約第一九条）の内容が十分議論されていないことが話題となった。それは、太平洋地域の要塞や軍港など軍事施設の現状維持に関わる条項で、「ジャパンプロパー」の曖昧性から来る問題であった。この日の午後の分科会に、米英日三ヵ国からそれぞれ防備条項の草案が提出された。日本案とアメリカ案は、仮協定の該当条項をほぼ踏襲するものだった。しかし、イギリス案は仮協定とはまったく異なり、緯度・経度によって現状維持の地域を具体的に限定するもので、東経一一〇度から東経一八〇までの地域（西太平洋）で北緯三〇度から赤道までの間の領域を現状維持とした（二一四・二一五頁の地図を参照）。グァム島・フィリピンや香港はそこに含まれるが、シンガポールはその領域外にある。

　イギリス側の委員は、香港の防備を現状維持とする義務を負わせながら、小笠原諸島や奄美大島がJapan proper（日本本土）に含まれるという理由でその義務を負わないというのは不公平で、英国議会でどう説明すればいいのか、と日本の姿勢を非難した。さらに、Japan properなる字義に基づいて、小笠原諸島や奄美大島を現状維持義務から除外するなどという主張は、仮協定の精神的価値を消滅させるものである、とまで主張した

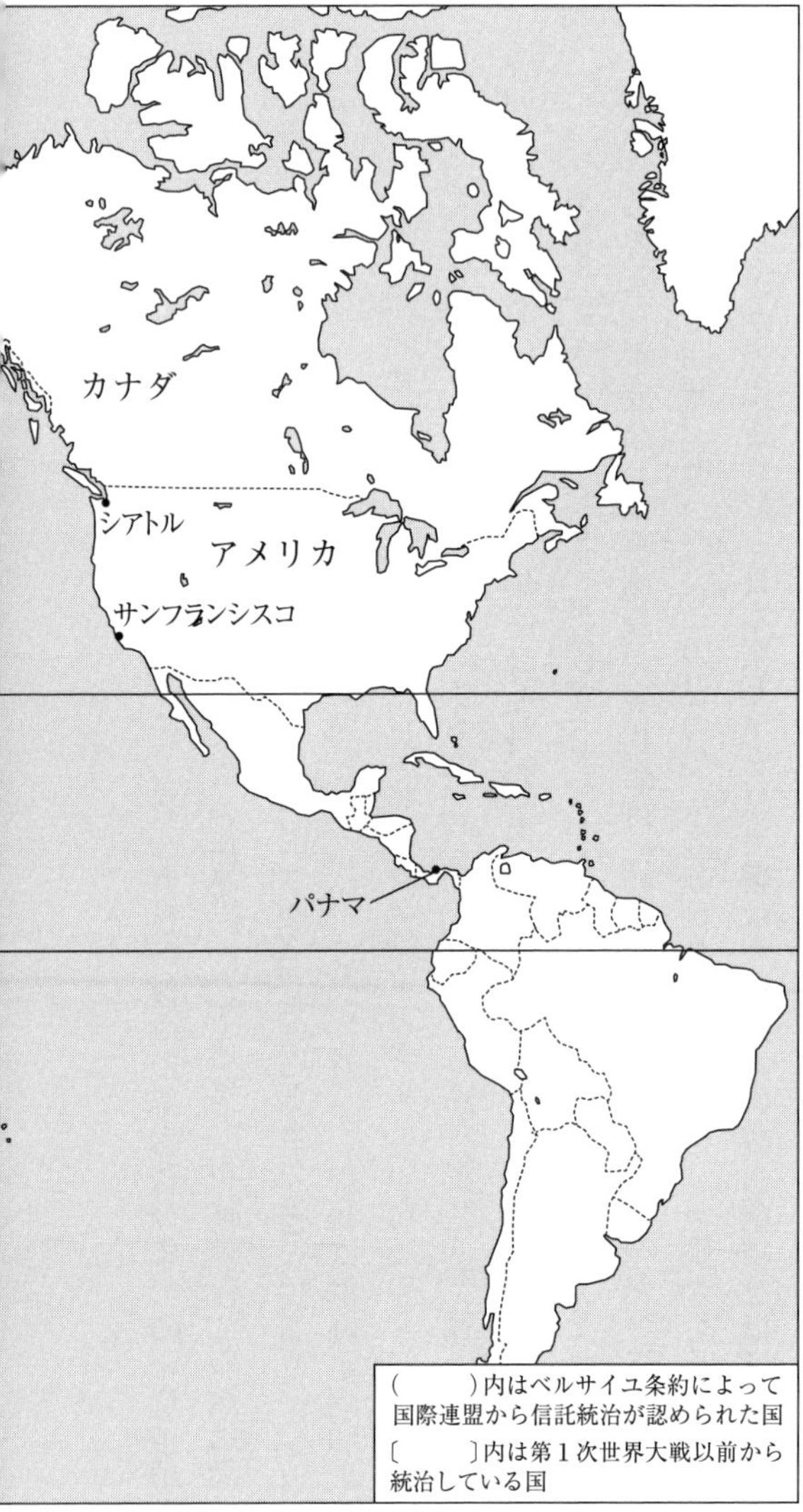

ワシントン会議時の太平洋地域

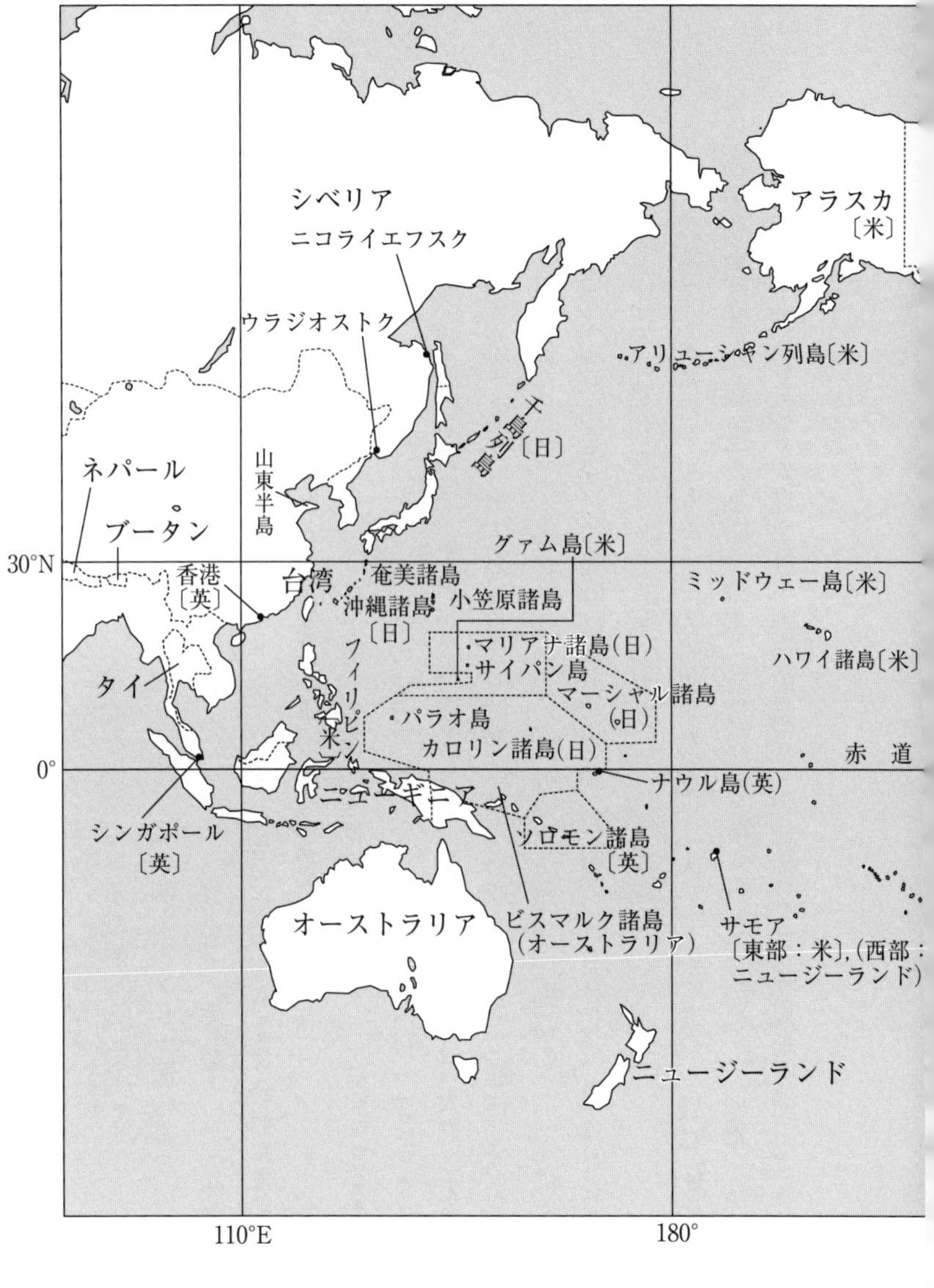
シベリア
ニコライエフスク
ウラジオストク
アラスカ
〔米〕
アリューシャン列島〔米〕
千島列島〔日〕
山東半島
ネパール
ブータン
30°N
香港
〔英〕
台湾
奄美諸島
沖縄諸島
〔日〕
小笠原諸島
グァム島〔米〕
ミッドウェー島〔米〕
ハワイ諸島〔米〕
・マリアナ諸島(日)
・サイパン島
マーシャル諸島
(日)
フィリピン
〔米〕
タイ
・パラオ島
カロリン諸島(日)
赤道
0°
シンガポール
〔英〕
ニューギニア
ナウル島(英)
ソロモン諸島
〔英〕
オーストラリア
ビスマルク諸島
(オーストラリア)
サモア
〔東部：米〕,(西部：
ニュージーランド)
ニュージーランド
110°E
180°

（同前、二五二〜二五三頁）。ここで、イギリスが小笠原諸島や奄美大島を問題にしたのは、西太平洋地域における海軍の作戦上、重要な拠点であるためであった。

この日はこれで終ったが、終了にあたり、イギリス側とアメリカ側の委員はしきりに意見を交換し、「事態容易ならざるに至った」（同前、二五三頁）。そして、この問題を含む「現状維持」に関わる第一九条を除き、他の条文は翌日には書き上げられたため、「ジャパンプロパー」問題は一躍注目を集めるようになった。

日本政府の「ジャパンプロパー」解釈

これに対し、政府は一月一〇日午前、加藤へ意見書という形で、Japan proper の解釈を明確にする必要があるとして、次のように再考を促した。政府は、Japan proper とは「内地として認め居る地域」を指し、内地としての小笠原諸島や奄美大島は本協定による規制の適用外であり、樺太〔南樺太〕も今日まで問題にはならなかったので同様である、南洋委任統治領は〔国際連盟規約の〕委任統治条項に防備廃止の規定があるので問題は生じない、結局、本協定の適用を受ける島嶼は台湾、澎湖島に限られるとした（「帝国政府の意見（「ジャパンプロパー」）の解釈に関す」同前、二五四頁）。

加藤寛治によれば、ワシントンの日本事務局は「大いに弱」った。彼は Japan proper の解釈を曖昧にしてきた加藤全権の「処置決心を要す」と考えたが、加藤全権は、適当な時期に小笠原と奄美大島を日本の自由意思で現状維持という規制を適用すると宣言すればいい、との対応であった（前掲『加藤寛治日記』大正一一年一月一〇日の条）。加藤寛治は加藤全権のこうした姿勢を「crafty《ずるい》……彼、共に事を為す能わざる人物也」（同前、大正一一年一月一二日の条）と難じている。

英米からの糾弾

やはり、加藤の「曖昧手法」はイギリスやアメリカ側には通用しなかった。一〇日午後、「ビッグスリー」にフランスとイタリアの全権を加え、条約起草のための会議が開かれた。バルフォアは席上、現状維持の適用区域はぜひ緯度・経度で正確に示すべきではないか、仮協定は「急遽これを認めたる事情」もあるから杜撰《ずさん》だが、日本側はなぜ仮協定の文言を条約の規定中に入れようとするのか、理解に苦しむ、と加藤の姿勢を非難した。同様にヒューズも、日本側の意図は、条約中には概括的な規定に止め、詳細は別に覚書というかたちで規定しようというのであろうが、それは内政上の理由からなのか、そのような煩雑なことをすることなく条約という形で一本化したらどうかと述べ、バルフォアに同調する姿勢を見せた。さらに二人は、この問題は主力艦比率問題の際、加藤すなわち日本側の要請で議論してきたもので、日本の要求が貫徹された今、先の不完全なる「公表文《仮協定》」を今さら蒸し返し、なぜ条約に挿入しようとするのか、協定の適用範囲を正確に規定する外に良策はないのではないか、と加藤に迫った（「首席全権起草委員会における討議」、前掲『日本外交文書―ワシントン会議軍備制限問題―』二五七頁）。

孤立する友三郎

ワシントンにおいて加藤が参加したすべての会議で、彼の通訳を務めたスタンフォード大学助教授の市橋倭《いちはしやまと》は、この時、加藤は孤立し、日本政府が満足でき、かつイギリスやアメリカ側をしてイギリス案を撤回させるような逆提案をしなくてはならなくなったが、加藤の説明には明確さを欠き、一度や二度ならずそれを指摘したという。これに対し、加藤は潔く認めつつ、次にように言ったという。「自分が辞めることは容易で、辞めれば自分は救われるだろうが、それでは国は救われない。日本は孤立してはいけないのだ」（Yamato Ichihashi『Washington Conference and After』九〇頁）と。

「防備問題」と「六割同意」は一体

加藤は一月一〇日、政府に請訓を発した。彼はそこで、「防備問題」がかくも紛糾し、日本の立場が予想を超えて「極めて困難なる地位に陥りたることは本全権〔加藤友三郎〕の衷心遺憾に堪えざる所なり」としつつも、「琉球〔沖縄〕」が該当所に入ってくるが、朝鮮半島や千島列島が現状維持の範囲外であり、グァムとフィリピンを現状維持の対象としたことだけでも、失うところよりも得るところが大きく、イギリス案を認めたいが如何《いかが》なものかと、イギリスやアメリカの主張にそってこの問題を解決するよう、政府に求めた（「一月一〇日請訓」、同前、二五八～二五九頁）。彼にとって「防備問題」と主力艦対米保有比率の「六割の同意」とは一体であり、前者に関し英米両国に反対することは、「六割を撤回すること」を意味するものであった（「一月一二日付加藤全権報告」同前、二六二～二六三頁）。

国内ジャーナリズムからの批判

しかし、日本の諸新聞はこうした加藤の姿勢を批判した。例えば、大正一一年一月一五日付『東京朝日新聞』は、アメリカはハワイを現状維持の適用外とし、イギリスもオーストラリアやニュージーランドはもちろん、赤道以南の旧ドイツ領南洋諸島を適用外に置こうとするが、日本だけが歴史上完全なる我が領土である「琉球小笠原」を現状維持の地域に入れるのは「何たる不公明なる措置」か、こうした失敗をするのであれば「我が七千万国民の全権として到底信用するに足らず」と、加藤ら全権団の姿勢を難じた。

日本政府の防備条項問題への見解

では、政府はこの問題をどのように捉えていたか。それは、一月一五日に加藤らに届いた政府の訓令に明らかである。政府は今回の防備問題を「英米二大国による日本圧迫」と捉えた。アメリカはミッドウェー、アリューシャンの諸島が、イギリスはニューギニアはじめ赤道以南の諸島が、それぞれ協定区域から除外され、これは日本にとって不公平である、イギリス案のごとき「独断的地域の確定は果たして如何《いか》なる根拠に基づくものなりや。帝国民を納得せしむること能わざるべし」、いったん比率問題妥協の対価として提供した防衛協定を「今日甚だしく変改して日本を不利なる地位に陥れんとするが如き」と、イギリス案に基づく防備条項の作成に反対した（「一月一〇日付請訓に対する訓令」、前掲『日本外交文書―ワシントン会議軍備制限問題―』二六五〜二六六頁）。

すでに政府は前年一二月一五日に調印された仮協定を新聞に発表し、官報にも掲載済みであった。それゆえ、六割受諾とセットである太平洋の防備条項の内容を大きく変えることは、国内の政治状況から困難だった。政府は「英国案採用の結果は必ず国論の沸騰を来し、英米に対する我国民の反感を激発し結局枢密院に於いて之が通過を拒否」（同前、二六六頁）されることになろうと考えた。明治憲法下では、条約案は枢密院の審議を経てその了解を得る必要があり、批准には同院の了解が不可欠だったのである。

かくして、この訓令は、ヒューズに日本側の事情を説明し、仮協定の「変改」（例外はあるが、現状維持とする領域を太平洋全域から赤道以北・北緯三〇度以南の西太平洋に限定したこと）は承諾できない、さらに防備条項は比率その他の問題とともに「海軍制限協定」の不可分の一部をなすのであり、原案（仮協定）の趣旨の通りでなければ日本政府は「海軍制限協定」に調印できないことを通告するよう、加藤全権に求めるものであった（同前、二六六頁）。この訓令は、加藤にとって、まったく理解できないものであった。

交渉の行詰まり

この日の深夜、加藤寛治と田中国重《たなかくにしげ》陸軍少将が対策案を加藤に示した。その内容は不明だが、田中も加藤寛治同様、「帝国有史以来の一大国辱」（大正一〇年一二月二〇日付「菊池慎之介〔参謀次長〕宛田中国重書簡」上原勇作文書研究会編『上原勇作関係文書』所収）と、海軍軍縮条約の受け容れに反対であった。彼らの対策案とは、会議そのものからの離脱を示唆するものではなかったか。加藤は二人に「外相電訓不可能」と外相へ返電したと言い、さらに辞職の意向をほのめかした（前掲『加藤寛治日記』大正一一年一月一六日の条）。今や軍縮条約そのものが締結できるかどうかの瀬戸際にあった。加藤全権を見守る加藤寛治の日記には、一月一九・二〇両日の項にそれぞれ「大臣非常に煩悶す」「大臣煩悶」とあり、加藤が精神的にも追い詰められた様子を見て取れる。一月二〇日付『東京朝日新聞』は「加藤全権辞任か」との見出しを付け、交渉の行詰まりを報じた。

幣原喜重郎の働き

この時、腎臓結石を患い体調の良くない幣原喜重郎《しではらきじゅうろう》であったが、ここで加藤を助けた。戦後、彼は言う。

一たい加藤全権はアメリカ人に非常に評判がよく、ヒューズ氏の信用を得ていたが防衛現状維持の具体条件について日米間に食い違いが生じ、それに引掛かって、二進も三進も行かなくなった。加藤全権もサジを投げて、「これはいかん、或いは旗を巻いて帰らなければならんようになるかもしれない」と言い出した。これが片付かないと、比率も決まらない〔軍縮条約の草案が完成しない〕のである。そこで私〔幣原〕は、「僕に一つ考えさせてください」と云って、双方の意見を折衷したような、一つの対案を執筆して加藤全権に示した。……とにかく私の対案は日米双方の意見を近からしめるような形式のものであった。加藤全権はこの対案を見て、「これは駄目だ。おれはこれでいい。日本の海軍に関する限りこれでいい。しかし、これではヒューズの方が承知しないに違いない」という。「しかし当たって見ることは損にならないから、一つ当たって見たら如何です」と云って、本人の気の進まないのを無理に勧めた。それで加藤全権は通訳の市橋〔倭〕君を連れてヒューズ氏のところへ行ったが、三十分もたたないうちに帰ってきた。「どうでした、決裂ですか」と聞くと、彼は首を振って、「いや僕には判らん。ヒューズ氏にあれを見せたら、口の中で読んでいたが、黙ってポケットに入れて、考えてみますといった。いかにも態度が冷淡であったから、あれではだめなんだ」という。「然し僕が永い間の経験によると、ヒューズ氏は気に食わん案に対してはすぐガクガクと議論を吹っかける。彼は裁判官出身で頭が良い。だから議論を吹っかけなかったことは、必ずしも反対ではないという意味でしょう」と楽観論を唱えると、「君はお人好しで、自惚れているからいかん」といって、〔加藤は〕私をからかった。二三日経って、ヒューズから電話がかかった。加藤全権は出かけたが、直ぐ帰ってきて、「どうもおかしい、ヒューズはこのままで異論はありませんといった。異論がないわけはないとおもうのだが、向こうがいいと云うのに、なぜいいかと理屈をいう必要はないから、おれは直ぐ帰って来た」という。そしてもう一ぺん佐分利〔佐分利貞夫、駐米大使館参事〕を国務省へやって、ほんとうに異義がないかどうか、確かめてくれという。私は「あなたは海軍大臣で首席全権だ。それが直談判して、向こうがよろしいといったのを、それは本当ですかと、聞きに行けますか」といったので、加藤全権も意を安んじた。（前掲『外交五十年』五九～六一頁）

幣原作成の加藤私案

幣原が英文で作成した「全権限りの案」を携え、加藤がヒューズのもとを訪れたのは一月二二日午前一〇時である。まず加藤は、仮条約の条項でもって軍縮条約案第一九条の条項とし、それに関する詳細は別に議定書によるようヒューズに申し出たが、ヒューズはそれに極力反対した。ついに加藤は条約中に規定を設ける他はないと判断し、そこで彼は「全権限りの案」をヒューズに示した。その加藤私案は『日本外交文書―ワシントン会議軍備制限問題―』の二七五～二七六頁に収められている。それは仮協定の様式で書かれ、内容もそれを踏まえて現状維持とされる場所や島嶼《とうしょ》が具体的に書かれ、適用外とするところも同様に具体的に書かれていた。一方、日本に関しては、Japan Properという言葉を使うことを避け、現状維持とする島嶼《とうしょ》を奄美大島、小笠原諸島、台湾、澎湖諸島という具合に個別に明記されていた。

幣原によれば、加藤はそのまま帰って来たというが、実際は上院への説明のためとして、若干の質問がヒューズよりあった（同前、二七六頁）。二三日午後六時、ヒューズが修正案を日本側の事務所に持参した。それはヒューズが言うように、だいたいにおいて幣原が作成した「全権限りの案」＝加藤私案の「主義及精神」を尊重したものであった。

米国ヒューズの仲介

ただ、彼は日本案に、パナマ運河とその周辺地域およびアラスカを現状維持の制限の課せられない地域に、「沖縄島」を現状維持として制限を課す地域にそれぞれ加えることを要求した。アラスカは、防衛について現状維持の制限を課せられない千島列島に対するものであり、「沖縄島」に現状維持の制限を課すのは、その制限が課せられているフィリピンへの安全保障上の措置であると、彼は加藤にその理由を開示した。これに対し加藤は、アメリカとしては無理からぬ要求ではあろうが、日本国内において政府の立場を困難にすると思いつつも、ヒューズの「厚意」を謝した（「一月二三日請訓」同前、二八一頁）。アメリカ側はほぼ日本側の要請に応じたのである。

米英の合意

ヒューズはこの時、すでにこの件に関してイギリスのバルフォアから同意を取り付けており、この問題で「徒《いたずら》に事態を紛糾せしむるが如き外観あるは誠に遺憾」（「ヒューズによる米国案の説明」同前、二八一頁）であるとした。彼は、加藤私案をバルフォアに示しつつ、説得したに違いない。

なお、加藤は一月二二日午後六時、バルフォアに「全権限りの案」を提示した。バルフォアはすでにヒューズから日本政府の事情や加藤私案について承知しており、「日本政府が窮地に陥り非常に困難なる立場に在るを聞き、驚きたり」（「一月二二日加藤・バルフォア会見記録」同前、二七六頁）と、加藤に同情しつつも、適用除外の地域であるオーストラリアの次に its territories〔その領土〕の挿入を要求し、加藤も個人的には同意するとした。
一月二三日夜、ヒューズとの会談を終えるや、加藤は政府に対し、会談内容の報告と共に、米国案への受諾を「何卒御同意相成様《あいなるよう》切に懇願す」(「一月二三日付請訓」同前、二八一頁)、と請訓の電報を発した。最後の「懇願」が痛々しい。太平洋防備問題が加藤をとことん追い詰めていたのである。この請訓に対し、政府から回答の訓令が届いたのは、一月二八日午後八時三〇分である。加藤はこの間、一日千秋の思いで回訓の電報を待ったに違いない。しかし、中途半端な吉報であった。

日本政府からの再交渉指示

日本政府は、アリューシャン諸島(列島)にこだわった。すなわち日本政府は沖縄を制限区域に加えることに同意するが、一二月一五日の仮協定で制限区域に包含されていたアリューシャン諸島を新たに外すことはできない、沖縄もアリューシャン諸島もというのでは「我国論を納得せしめ難い」、「我より進んで千島を制限区域に加え」てもよいので、「米国側に於《お》いても協調の精神に依り是非ともアリューシャン群島を同様制限区域となすことに同意するよう御交渉相成りたく」(「一月二三日付請訓に対する訓令」同前、二八五頁)と、加藤に対し、アリューシャン諸島を防備制限区域に留め置くために、再度アメリカ側と交渉するよう指示した。

ヒューズの厚意で乗り切る

翌二九日午前、加藤はヒューズに会見し、政府の訓令の「趣旨を敷衍縷述《ふえんるじゅつ》」して、同意を求めた。これに対しヒューズは、大統領や他の全権と相談するとしていったん引き取ったが、翌日午後三時、加藤との会見席上で同意する旨を告げた（同前）。ヒューズは加藤の立場を思いやり、大統領らを説得したように思われる。ちなみに、六年後の昭和三年（一九二八）、加藤寛治は「始め強敵であったヒューズが後で加藤さん〔加藤友三郎〕の有力なる味方となった」（加藤寛治「華府会議に使して」東京朝日新聞政治部編『その頃を語る』三五三頁）と語っている。

海軍軍縮会議の終了

翌一月三〇日、公式会議で主力艦の保有率と太平洋地域の防備問題に関し、米英日三ヵ国間に合意が得られ、フランスとイタリアについても対英米一・七五で合意が成立した。ただ、巡洋艦や駆逐艦など補助艦艇については、イギリスとフランスとの間に主張の隔たりが大きく、基準排水量や搭載する大砲について合意が得られただけで、保有比率について合意を見ることができなかった。航空母艦については、ヒューズ案に対し、日本は二万七〇〇〇トン三隻、フランスは二万トン三隻を要求したが、大きな議論もなくそれぞれ認められ、イギリス・アメリカの総トン数が一三万五〇〇〇トン、日本は八万一〇〇〇トン、フランス・イタリアが六万トン、一隻の排水量の上限二万七〇〇〇トンと決められた。米英日仏伊五ヵ国の保有比率は、五対五対三対一・七五対一・七五である。こうして一九二二年（大正一一）二月一日、約二ヵ月半に及んだ海軍軍縮会議は終了した。

慰労会での演説

ここで、加藤は各国武官を招いて慰労会を開催した。彼はワシントンでの会議は軍服でなく背広を着用したが、この時だけは海軍将校の礼服を着用した。そしてワシントンで同行取材をした小松緑（『中外商業新報』記者）によれば「今まで日本語のほか解るまいと思はれた彼〔加藤〕が巧みな英語で」挨拶をし、列席者一同を感服させた（小松緑『華府会議之真相』、前掲『元帥加藤友三郎伝』一一二頁）。同席した山梨勝之進によれば、その挨拶の内容と列席者の反応は次の通りである。

　皆さんのご協力によって、世界平和のため海軍軍縮の大業が成功するようになったことはまことにご同慶にたえない。と同時に帰国したら軍縮の犠牲となる同僚、下僚の生活をいかに解決しようかと、いまから思い悩んでいる。これは日本の国情として甚だ困難な問題である。私はあえて私の苦衷を海軍の同志たる諸君に訴える……その席にいた外国武官もこの挨拶を聞いてシーンとした。（前掲『山梨勝之進先生遺芳録』八一頁）

すでに述べたように、ワシントン会議の冒頭より、加藤の心配は軍縮に伴う、軍や軍需産業における人員整理のことであった。

中国問題をめぐる「九ヵ国条約」締結

ところで、アメリカはワシントン会議に、中国問題について話し合うため、米英日仏伊に加え中国、オランダ、ポルトガル、ベルギーを招致し、この全参加国によって「九ヵ国条約」が結ばれた。中国問題については、中国全権が対華二十一ヵ条要求問題を中心に盛んに日本を非難したものの、結局、アメリカ主導により、中国以外の八ヵ国による中国の主権尊重と領土保全が確認され、経済上の門戸開放と機会均等の堅持が九ヵ国によって了承された。これは、アメリカの年来の主張である門戸開放宣言（一八九九年、一九〇〇年と二度にわたって、時の国務長官ジョン・ヘイによって各国に通牒された）の内容であり、今回「九ヵ国条約」として条約化されることとなった。他方、この条約は、締約国間に中国での既得権益を相互に尊重する義務を課すものでもあり、太平洋地域とは別に、中国大陸の現状維持を目指したものであった。

ワシントン会議閉会

ワシントンでのすべての会議が終わり、二月六日に閉会式が行なわれた。ワシントン会議は、山東懸案解決条約、海軍軍縮条約、四ヵ国条約、九ヵ国条約、ヤップ島他赤道以北太平洋委任統治諸島に関する日米条約、潜水艦及び毒ガスに関する五ヵ国条約、中国関税条約の七つの条約が締結され、一二の決議がなされるなど、大いに成果を挙げた国際会議であった。

中国の治外法権撤廃を最初に支持した友三郎

ここで九ヵ国条約締結と加藤の関わりについて触れておきたい。会議初日のヒューズの演説は軍縮問題が中心で、中国問題について大きく取り上げられることはなかった。中国側はそのことに危機感を持ち、一一月一六日に開催された第一回太平洋及極東問題委員会において、一〇項目の提案を行なった。それは、列強による中国の領土保全や門戸開放・機会均等主義の尊重（第一・二項）、中国に通告なくして列強間で中国に関する協定を結ばないこと（第三項）、列強の特殊権益等の公表（第四項）、中国の政治上・司法上・行政上の行動の自由に加えられた制限の撤廃（第五項）などであった。

アメリカをはじめ各国の反応は必ずしも積極的でなかった。しかし翌一七日、新聞記者団に対し「日本は支那《〔中国〕》の提案を考量に入るることを躊躇せず」と述べた加藤の一言が、各国全権の「多大の注意を惹起」するに至った（外務省編『日本外交文書―ワシントン会議極東問題―』五二頁）。一九日、加藤は、幣原が体調不良のため会議を欠席するなか、第二回同委員会において、中国の提案第五項は具体的には治外法権の撤廃であるとして、他の委員とも協力して関係国に対し「等しく公平にして満足なる方法に依り協定を」結びたいと述べ、中国に寄り添う姿勢を見せた（同前、五五頁）。これにフランス首席全権ブリアン、そしてイギリス首席全権バルフォアが続き、それぞれ支持を表明するとともに、一般的、具体的両面から中国問題を議論する流れを作った。これが九ヵ国条約に帰着したことは言うまでもない。「支那通」の随員帯同を断った加藤であったが、むしろそれゆえに、彼が九ヵ国条約締結のきっかけを作ったと言ってよい。

山東半島問題の解決

また、この会議の場を借りて、日中間に山東問題懸案解決条約が締結されたことも重要である。パリにおける第一次世界大戦の講和会議で、山東半島における旧ドイツ権益の扱いをめぐって日中両国は鋭く対立した結果、中国はベルサイユ講和条約に調印しなかった。したがって、山東半島に関する諸問題は解決されることなく、日中間の懸案事項となっていたのである。このワシントン会議において、アメリカ、イギリスの斡旋もあり、日中両国はワシントンで交渉を続け、妥協点が探られた。イギリスの近代日英関係史のイアン・ニッシュ（Ian H.Nish）の研究によれば、英米両国の居中調停《グッドオフィスイズ》により、山東問題について日中両国が非公式にしろ討議することに加藤が同意すると、中国全権団は北京政府と中国の世論とが反対することを承知しつつも、この会談を受け入れた（ニッシュ〈宮本盛太郎監訳〉『日本の外交政策―一八六九～一九四二―』一五〇頁）。当時、北京政府は、中国社会の世論を受け、日本と個別交渉はせず、日本の「非道」ぶりを国際世論に訴えつつ解決の糸口を模索するという外交スタンスを取っていたのである。

交渉は難航したが、中国は国庫証券（国債）を日本に交付し、一五年以内にそれを償還するという形での鉄道財産の買い上げや日中合弁による鉱山経営などについて合意が得られ、日本は山東半島の中国返還に同意した。日中両国にとって、第二次大隈内閣以来の懸案の解決に道筋がつけられたことの意義は大きい。これにも加藤はそのきっかけを作ることで関わっていた。

四　帰国とその後

ワシントンから帰国

加藤ら一行を乗せた大洋丸は、大正一一年（一九二二）三月一〇日午後二時、横浜に入港した。加藤は帰国直後、斎藤実《さいとうまこと》に「米国では死ぬかと思った」と語ったようだが（前掲『元帥加藤友三郎伝』一一七頁）、年来の消化器系疾患とストレスが彼の体を蝕んでいた。のちに山梨勝之進はワシントンでの加藤について「この頃からすでに、その兆候〔消化器系癌の〕があったにもかかわらず、何ら意にかけず、激務に奮闘された。これだけでも大した勇気といわなければならない」（前掲『山梨勝之進先生遺芳録』八〇頁）と語る。

友三郎の帰朝報告

さて、加藤は旅装を解く暇もままならず、開催中の第四五議会に出席するなど多忙な日々を送ることになる。帰国後一日おいて三月一二日、首相高橋是清主宰の帰国歓迎晩餐会（首相官邸で開催）に出席し、帰朝報告を行なった。彼はここで、軍縮の中身はすでに承知であろうからと、詳細に言及することは避け、もっぱら新時代の外交について思うところを述べた。アメリカがきわめて大胆な具体的提案を掲げ、公開の会議で堂々と所信を披瀝し、自ら先んじて犠牲を払う態度を示し、もって「近世〔ママ〕文明国民共通の一大負担を一挙に軽減せんとする意気は従来の会議と行方を異にする本会議の特色」（大正一一年三月一三日付『東京朝日新聞』）であったと、彼はワシントン会議を総括し、新たな外交様式である会議外交・公開外交の到来とその意義を高く評価したのである。

ワシントン会議は普遍的な価値を追求した場

加藤によれば、世界の列強による従来の国際談判は「排他的利己の術策」によるものであり、人類共通の目的のための国際協調の新天地を開拓するものではなかった。しかし、今回の海軍軍縮は、日米英三ヵ国が大局的な見地から真摯な意見交換をした結果、三ヵ国の海軍主力艦の比率の協定を遂げることができた、「世間ややもすれば日本は英米の圧迫を受けたりとの偏見を抱くものありと聞くも、親しく折衝の局にあたる予は、かようなること決してこれなかりしを断言し得るものなり」（同前）と彼は言う。

なるほど、従来の外交のような各国間の利害関係の調整でなく、それを越えた普遍的な理念の下での外交は、ある国にとっては時として押し付けと認識されるであろう。しかし、加藤は列強が排他的競争の旧世界より脱却し、国際協調の新天地を開拓することにより、世界平和の確立と人類負担の軽減という目的を達成できる、と述べ、各国はこの共通の目的を実現せんがために、敢えて犠牲を払い譲歩をしたが、これはみな各国が自発的にしたもので、決して他の強制によるものではない（同前）、と続ける。ワシントン会議は、従来の各国による利害関係の調整のための取引の場ではなく、各国が自主的に普遍的な価値を追求する場であった、と加藤は考えるのであった。

帰国歓迎会出席者

帰国歓迎会には首相以下全閣僚、徳川家達（貴族院議長）、粕谷義三《かすやぎぞう》（衆議院副議長）、斎藤実（朝鮮総督）、田健治郎《でんけんじろう》（台湾総督）、平田東助《ひらたとうすけ》、伊東巳代治《いとうみよじ》、後藤新平《ごとうしんぺい》、犬養毅《いぬかいつよし》ら臨時外交調査会の面々、清浦奎吾《きようらけいご》（枢密院議長）、浜尾新《はまおあらた》（同副議長）、有松英義・倉富勇三郎ら枢密顧問官、海軍・司法・文部を除く各省次官、関屋貞三郎（宮内次官）・入江為守（東宮侍従長）ら宮内省関係者、東郷平八郎・井上良馨《いのうえよしか》・川村景明《かわむらかげあき》（鹿児島、陸軍大将）の三元帥、山下源太郎（軍令部長）、岡喜七郎（警視総監）、外務省各局長ほか、当時の日本の政界・官界の要人一四二名が集まった（同前）。彼らは加藤の帰朝報告を聞き、どのように受け止めたのであろうか。ワシントン会議の理念やそのあり方についてはともかく、海軍の軍縮については、ほぼ肯定的に受け止められていた。

東郷平八郎の理解を得る

当事者である海軍はどうか。中間報告を受けた東郷平八郎が、加藤への「同情の念」を禁じ得ないと語ったことはすでに述べた。加藤の帰国後も、彼を支持する東郷の姿勢は一貫していた。のちに海相の財部彪《たからべたけし》の下で副官を務めた寺島健《てらしまけん》（中将、海兵三一期）は後年、東郷は「「責任大臣が六割にて国防上危険なしと云う以上、軍令の衝に在るものも亦之を以て与えられたる兵力量として国防の安固に任すべく、夫れにては戦争は出来ぬ抔〔など〕と責を他に転嫁すべきものに非ず」と、持論を捨てられざりしなり」と回顧し、さらに加藤寛治中将が「〔六割では〕国防上の重責に任ずる能わず」と帰朝後に説明するや、東郷は「其不《ふ》心得《こころえ》を叱正せられしと謂《い》う」と述懐している（「寺島健中将直話」、海軍大学校研究部編『元帥東郷平八郎侯ニ関スル秘話』、防衛省防衛研究所戦史研究センター史料室所蔵）。

海軍長老の反応

他の海軍の長老たちの反応はどうか。堀悌吉はのちに「加藤全権が大任を果たして帰朝せるときは朝野より凱旋将軍の如き歓迎を受けたり」としつつ、水交社における海軍関係者による歓迎会では、「井上〔井上貞馨〕、山本〔山本権兵衛〕、東郷〔東郷平八郎〕、島村〔島村速雄〕らの諸長老が加藤全権を囲みて歓談する光景は、あたかも初陣より帰り来りし愛児の功名話しを聞くの図に彷彿たるものありて、傍らより之を見る人の涙を誘ひたるものなりし位なりき」（「ワシントン会議・ロンドン会議に関する記録ノート」、前掲『堀悌吉資料集』一、五五頁）という様子であったという。加藤が山本権兵衛《やまもとごんべえ》と会ったのは、ジーメンス事件を挟み、加藤が第一艦隊司令長官に就任し海上勤務となって以来おそらく八年ぶりであろう。この時、二人はどのような会話をしたのか。大いに興味深いが、資料を欠き不明である。

海軍中枢の反応

長老に加え、海軍の中枢も、会議の結果をおおむね受け入れていた。斎藤七五郎《さいとうしちごろう》（軍令部第一班班長、のち軍令部次長）は開口一番、「なんで補助艦の制限をしてこなかったか」「でも、いずれまた補助艦の競争がはじまるのではないか」と、いかにも物足らなさそうであった（前掲『山梨勝之進先生遺芳録』九七頁）。また、地方の部隊においても軍縮は受け入れざるを得ないと考えられていたと思われる。前年の大正一〇年一二月に、司令官として砲術学校校長から大湊要港部（青森県）に着任した佐藤皐蔵《さとうこうぞう》（中将、海兵一八期）は、要港部の軍人たちに対し就任の訓示をしたが、その一節に次のようにある。

日本の軍備は、敵国がこちらに派遣してくる勢力を撃破し得る最小限度でよく、「某大国《〔アメリカ〕》」の六割にては不足で、七割ならば可なりというものではない、「今日議せられつつある軍備制限問題が如何に落ち着きするや未だ何人も予測し能わざるべきも、我が軍備は或る程度迄縮小せらるるものと覚悟せざるべからず」。（「大正一〇年一二月九日佐藤司令官着任に際し麾下の軍人一般に対し口頭訓示の要領」、『秘書官綴二　大正一〇年』所収、防衛省防衛研究所戦史研究センター史料室所蔵）

帝国議会の反応

帝国議会ではどうか。加藤は三月一五日以降、終盤の第四五議会に連日出席し、各党、各会派代表者の質問に答えた。特に彼の登院初日、貴族院議員の江木翼《えぎたすく》（勅選議員、第二次大隈内閣書記官長）からの質問は執拗であった。江木は前年七月、アメリカからの会議参加への招請があった頃より、「太平洋会議」に大きな関心を持ち、原敬《はらたかし》首相に意見を述べたり、貴族院に勉強会を立ち上げたりしていた。こうした江木の言動は、海軍次官の井出謙治より適宜ワシントンの加藤に伝えられていたが、はたして江木は主力艦保有量比率問題、防備問題の交渉経過について、事実確認を含め詳細な質問を繰り返した。これに対し、加藤はそのつど、これまた丁寧に回答した。

枢密院の反応

枢密院ではどうか。すでに触れたように、明治憲法下では政府が締結した条約を批准するにあたり、枢密院の了解を得ることが不可欠であった。ワシントン会議による七つの条約案は、伊東巳代治を委員長とする審査委員会の審議に付され、大正一一年五月から七月にかけて同院本会議に報告・審議された。本会議では、いずれも顧問官からの質問もなく、すべて全会一致で可決され、摂政である裕仁親王《ひろひとしんのう》の裁可を経て批准される運びとなった。

諸条約を批准

一連の調印済み条約の審議の最終日、すなわち大正一一年七月一日、伊東による二つの条約に関する審査報告の後、この時すでに首相であった加藤は特に発言を求めた。彼はすみやかに審査を終えることができたことについて謝意を述べ、さらに次のように付け加えた。すでに会議の主催国である米国が批准の準備を完了しているが、今ここに日本が諸条約批准の準備を終え、「諸条約成立のために尽くす誠意」を列国に示すことができることは国交上得る所が大きい（国立公文書館所蔵『枢密院会議議事録』第二八巻、二四〇頁）、と。

こうして日本は、参加五大国のなかでアメリカに続き、ワシントン会議で締結した諸条約を批准した。日本が国際的に孤立せず、新たな国際秩序構築に向けて進むことを加藤は心から願っていた。

孫光子の誕生

なお大正一一年一〇月、隆義・喜美夫妻に四女・光子が誕生した（平成二九年〈二〇一七〉没）。

第九　加藤友三郎内閣

――シベリア撤兵と軍縮の実施――

一　高橋是清の内閣改造失敗と加藤友三郎の登場

高橋是清内閣

首相の原敬《はらたかし》が大正一〇年（一九二一）一一月四日に横死すると、一一月一三日には蔵相の高橋是清《たかはしこれきよ》が首相となって原内閣をそのまま継承し、政友会は高橋を総裁に推戴した。この時、ワシントン会議に参加していた法制局長官の横田千之助《よこたせんのすけ》は急遽帰国し、新総裁高橋を補佐し、一二月二六日からの第四五議会を迎えたのである。この議会は、前議会からの懸案である教育、鉄道問題に加え、ワシントン会議に関わる諸問題に関し、両院で活発な論戦が展開された。それは海軍軍縮ばかりでなく、陸軍軍縮にも論議が及び、衆議院では各派共同提案として陸軍軍縮建議案が可決された。この議会の最中の二月一日、元老の山県有朋《やまがたありとも》が小田原の別邸「古稀庵」で、八五年にわたる生涯を終えた。

三月二六日に議会は閉会を迎え、高橋は横田や野田卯太郎《のだうたろう》らの支持を得つつ内閣改造

高橋内閣総辞職

元老松方正義は後継内閣に友三郎を奏薦

を断行しようとしたが、果たせなかった。反総裁派と目された、文相の中橋徳五郎《なかはしとくごろう》や鉄相（鉄道大臣）の元田肇《もとだはじめ》が、首相らの辞職要求に応じなかったのである。

政界でも高橋の指導力と高橋内閣存続について、疑問の声があがるようになった。六月六日、内閣改造に失敗した高橋は、組閣の大命の再降下を期待しつつ、当日の閣議で総辞職を決めた。ところが高橋の思惑とは異なり、元政友会総裁でもあった元老西園寺《さいおんじ》公望《きんもち》は、病を理由に候補者奏薦を辞退し、もう一人の元老松方正義《まつかたまさよし》に一任した。

松方は、後継内閣の首班として「日露戦争の当時東郷司令長官の参謀長として評判宜しく、近くは又華府《ワシントン》会議に於ける我が首席全権としても評判宜しかりし故、加藤男（加藤友三郎男爵）を最も適任者なり」（岡義武・林茂校訂『大正デモクラシー期の政治—松本剛吉政治日誌』大正一一年六月一二日の条）と考えていた。彼は六月六日夜、鹿児島出身の宮内大臣牧野伸顕《まきののぶあき》（大久保利通の次男、元外相・農商務相・文相）と相談のうえ、第一候補を加藤友三郎《かとうともさぶろう》、第二候補を憲政会総裁の加藤高明《かとうたかあき》とし、枢密院議長清浦奎吾《きようらけいご》と元首相の山本権兵衛《やまもとごんべえ》（松方と西園寺以外の元首相はいずれも死去していた）にも意見を聞いたうえで奏薦したい旨をあらかじめ摂政裕仁親《ひろひとしん》王《のう》に申し出、裁可を得たいとした（伊藤隆・広瀬順編『牧野伸顕日記』、大正一一年六月六日の条）。八七歳となった松方は、単独で後継内閣首班を奏薦することに不安を覚えたのであろうか。しかし、山本は意見を聞きに来訪した清浦に対し、自分はそのような相談に与る《あずか》

友三郎の健康を案ずる友人たち

資格はないと、加藤友三郎の奏薦に関わることを拒否した。清浦は「加藤友三郎首相」の可否について、山本に食い下がった。山本の加藤評は「余り好意を有せず、その人物技量を十分認めざるが如し」と、清浦が見たように高くはなかったが、松方の意向であれば「躊躇せず初志を貫徹」、すなわち加藤友三郎で行くべきである、と答えた（同前、大正一一年六月九日の条）。ジーメンス事件以降、自分に距離を置いた加藤を、山本はよくは思っていなかったのであろう。

さて、高橋内閣の後継内閣の首班に加藤の名前が挙がった頃、海軍兵学校同期生の伊《い》地知季珍《じちすえたか》（海軍中将）は、大いに不安であった。彼は「加藤大将の健康状態では総理大臣は務まらぬ、必ず健康を害して寿命を縮める、彼は海軍大臣としてならば尚役立って長く海軍の為になるだろう」と思い、島村速雄《しまむらはやお》をして加藤に首相就任を辞退するよう申し入れをさせようとした（中川繁丑編・刊『元帥島村速雄伝』二六九頁）。島村も伊地知の考えに同意し、島村から加藤に辞退するよう勧告することとなった。この時（のちに見るように六月一〇日であろう）、島村邸には島村と同郷の片岡直温《かたおかなおはる》（憲政会所属の衆議院議員）が来ており、加藤が首相就任を辞退するよう、島村に説得方を依頼するところがあった（同前）。憲政会総裁の加藤高明の名前も首相候補者に挙げられていたので、片岡が動き、島村に加藤友三郎を辞退させるよう働きかけたのである。

友三郎の首相内諾の背景

一方、政友会側では逆の動きが見られた。加藤友三郎内閣成立促進の動きである。六月一〇日未明に次期首相候補者に関する情報に接した床次竹二郎《とこなみたけじろう》内相は、同日午前六時、海相官邸に加藤を訪問し、首相就任に向け説得にかかった。その後に岡崎邦輔《おかざきくにすけ》や野田卯太郎も到着し、三人がかりで説得を試みた。彼らは高橋是清に大命再降下があることを期待するところが大きかっただけに、反対党である憲政会に政権が行くことを極度に恐れたのであろう。政友会の重鎮三名の説得を受け、加藤は首相就任を内諾した。一〇日午前一一時、政友会総裁代理として、旧知の横田千之助（前法制局長官）が加藤を訪問した（前田連山編『床次竹二郎伝』六二四〜六二八頁）。

二　貴族院内閣首相加藤友三郎——組閣事情——

海相兼任

大正一一年（一九二二）六月一〇日午後一時、海相官邸に加藤、東郷平八郎《とうごうへいはちろう》・井上良馨《いのうえよしか》の両元帥、島村速雄（軍事参議官）、山下源太郎（軍令部長）ら海軍の最高首脳が集まり、加藤の後継内閣首班受諾の可否につき会議がもたれた。ここで受諾の可否につき加藤への一任が確認された（大正一一年六月一一日付『東京日日新聞』）。その翌月に軍事参議官に就任した村上格一《むらかみかくいち》（大将、のち海相）が財部彪《たからべたけし》に後日語ったところによれば、東郷は、加藤が首相を引き受けるのであれば、海相には財部を起用するよう主張したという。これに対し加藤は、ジーメンス事件の「余焔《よえん》」を理由に拒否し、島村が加藤総理の兼任ではどうかと述べ、山下がこれに賛成したことで、加藤の海相兼任が決まった（「財部彪日記」大正一二年三月一日の条）。東郷も鹿児島出身だが、財部起用の発言と松方らによる加藤の首相推薦の動きとが連動したものであるかは不明である。

床次竹二郎の内相留任を強く希望

首相を引き受けるに際し、加藤は床次竹二郎の内相留任を強く望んだ。彼は床次を中心に首相就任を説得されたこともあろうが、原は床次を自らの後継者と考えていたようでもあり、床次は床次で政友会内部に多くの支持者を抱え、政界では将来の「首相候補」と見られていた。また、彼は貴族院の最大会派「研究会」との太いパイプを持っていた。加藤にとって、床次は政権運営に不可欠な、貴衆両院をコントロールできる貴重な人物と考えられた。加藤は床次に「副総理」を期待したのであろう。

政友会からの閣外協力

この「研究会」の領袖水野直《みずのなおし》（子爵、旧結城藩主家当主）ら同会幹部たちは、政友会の床次よりも前に、松方ら元老周辺では後継内閣の首班に加藤友三郎を考えているとの情報を摑み、その内閣成立に向け、加藤に接触していたようでもある（西尾林太郎『貴族院議員水野直とその時代』二三二頁）。彼らは原内閣に協力し、政権に参画して以来、「政権党」であることに目覚めたようだった。一〇日以降、彼らの動きは活発となる。すなわち一〇日午前中に加藤が首相就任を内諾すると、床次は「研究会」幹部の一人である小笠原長幹《おがさわらながよし》（伯爵、旧小倉藩主家当主）邸を訪れ、青木信光（子爵、旧麻田藩主家当主）や水野ら同会幹部と会し、「閣員の選択に就いて密議した」（前掲『床次竹二郎伝』六二六頁）。水野の日記に「床次氏加藤男〔加藤友三郎〕を訪問。政友会は入閣は否とて、随意に援助す」（「水野直日記」大正一一年六月一〇日の条）とあるが、加藤は「研究会」の入閣による協力に加え、政友会の閣外からの協力を取り付けた。だが、床次の入閣はなかった。政友会は原・高橋内閣のような政党内閣の継続を党の基本方針としていたので、党員でない軍人を首班とする内閣に閣僚を送り出すことは難しかったのである。

床次は水野錬太郎を推薦

床次は自らの代わりに、元内務官僚にして元政友会員でもあった、盟友水野錬太郎《みずのれんたろう》（元内務次官、前朝鮮政務総監）を内相に推薦した。さらに彼は加藤の意を受け、先の「研究会」幹部との「密議」の結果を踏まえつつ、水野錬太郎とともに貴族院から陸・海軍大臣と外務大臣を除く閣僚を選抜した。この時、加藤は東京帝国大学法科大学（のち法学部）教授（商法専攻）の岡野敬次郎《おかのけいじろう》の入閣を嘱望した。行政裁判所長官を兼任していた政友会系の貴族院勅選議員の岡野に、首相の最高相談役や閣僚の顧問としての役割を加藤は期待したようでもあった（六樹会編刊『岡野敬次郎伝』三〇五頁）。岡野は、政友会を与党とした第一次・第二次西園寺内閣および政友会系の第一次山本権兵衛内閣の法制局長官を務め、「政友会内閣」を熟知していた。

加藤友三郎内閣の閣僚たち

大正一一年六月一二日に発足した加藤友三郎内閣の陣容は左の通りである。

首相兼海相　男爵加藤友三郎　　外相　伯爵内田康哉《うちだこうさい》

内相　水野錬太郎（勅選、「交友倶楽部」）　　蔵相　市来乙彦（勅選、「研究会」）

陸相　山梨半造《やまなしはんぞう》（陸軍大将）　　法相　岡野敬次郎（勅選、「交友倶楽部」）

文相　鎌田栄吉（勅選、「交友倶楽部」）　　農商務相　荒井賢太郎（勅選、「研究会」）

逓相　子爵前田利定（「研究会」）　　鉄相　伯爵大木遠吉（「研究会」）

書記官長　宮田光雄（衆議院議員、政友会）　　法制局長官　馬場鍈一《ばばえいいち》

首相は官制上、文官である。六月一二日、山県有朋（陸軍大将）、桂太郎《かつらたろう》（同前）、山本権兵衛（海軍大将）の前例に倣い、加藤は特旨をもって現役の大将に任ぜられた。海相・陸相・外相は、いずれも原内閣、およびその延長内閣である高橋内閣からの留任であった。

貴族院院内会派「茶話会」「交友倶楽部」「研究会」

また、右の括弧内の勅選とは、貴族院勅選議員のことで、国家に功労のあった人物が内閣の推薦によって勅許を得、就任した。貴族院では伯・子・男爵議員および多額納税者議員の任期が七年であるのに対し、勅選議員は終身であった。官僚、軍人、学者がその大半で、内閣更迭の際、退陣する内閣が、政治的に近い人物を奏薦することが多かった。明治期は山県・桂系の官僚や軍人が任命されることが多く、彼らは「茶話会」なる

院内会派を形成して貴族院を主導した。日露戦争後、政友会総裁西園寺公望と陸軍大将桂太郎が交互に政権に就くようになると（桂園内閣時代）、政友会系の勅選議員が多数生まれ、彼らは「交友倶楽部《クラブ》」なる会派を組織した。他方、「研究会」は議会政治発足間もない明治二四年（一八九一）に子爵議員を中心に結成された院内会派であったが、「茶話会」と行動をともにすることで貴族院の動向に大きな影響力を持った。これに対し水野直は、青木信光と手を結びつつ、伯爵議員の小笠原長幹や大木遠吉（大木喬任嗣子）と連携し、大正八年に伯爵議員団を「研究会」に合流させ、「研究会」をして「交友倶楽部」と提携させた。こうして「研究会」は、「茶話会」から貴族院の主導権を奪い、政友会支持へと政治姿勢を転じたのである。

貴族院内閣

　高橋内閣崩壊後、政党政治の維持を基本方針とする政友会が加藤への援助を前面に打ち出せないなか、加藤は床次を介して「研究会」と「交友倶楽部」、すなわち貴族院の親政友会勢力にして同院の主要二会派から閣僚を獲得し、支持を得た。加藤内閣は正しく貴族院内閣であった。

友三郎の政策ブレーン宮田・馬場・岡野

　なお、内閣書記官長（今日の内閣官房長官とは異なり国務大臣ではなかった）の宮田光雄は東京帝国大学法科大学法律学科を卒業後、貴族院事務局職員となったが、衆議院議員に転じ、原内閣の下で福島県知事に就任し、加藤内閣発足直前までその職にあった。彼が内閣書記官長となった経緯は不明である。本書「はしがき」に述べたように、加藤没後五周年を期して『元帥加藤友三郎伝』（全二八七頁）を編んだ。また、法制局長官の馬場鍈一は官僚で、大蔵省から法制局に転じ、累進して第二部長となったが、原敬没後、党務に専念する横田千之助の後を受けて長官に就任した。水野直とは東京帝国大学法科大学政治学科の同期生である。後述のように、宮田や馬場は、大学時代の恩師である岡野ともども、内政を中心に加藤の政策ブレーンを務めたと思われる。

ところで、加藤内閣に対する世上の期待はどうであったか。原・高橋内閣と政党内閣が続いた後、新聞をはじめとする言論界や世間では政党内閣の継続を期待する声が強く、「〔衆議院に基礎を持たない〕超然内閣遂に出現」（六月一二付『東京朝日新聞』）、「逆転内閣」（同『東京日日新聞』）と、新内閣に対し冷淡であった。これに対し、アメリカでの評判はよかった。加藤内閣は「米国では非常な満足」をもって迎えられ、特にワシントンの政府筋は「加藤新首相は華盛頓《ワシントン》会議で執った卓抜な外交振りを以って、首相として手腕を振うであろうと思っている」と、六月一五日付『時事新報』が報じた。

加藤内閣の施政方針

さて、加藤は六月一四日、初閣議を開いて新内閣の施政方針について審議し、翌日その結果を内外に公表した。外交は、国際連盟規約とワシントン会議の諸条約・決議に基づき、国際協力を増進する。具体的には、①中国の平和的統一を願い、ワシントン会議における対中国際協力の精神の堅持、②ロシアの混乱の収拾を希望するとともに、「シベリア問題」の円満・迅速な解決を目指す。内政については、綱紀粛正、民心作興、行・財政整理、教育・産業の振興をはかるとした（大正一一年六月一六日付『東京日日新聞』）。外交方針が明確であるのに反し、内政方針は抽象的で、具体性に欠けた。おそらく加藤は、軍縮をはじめワシントン会議での「国際公約」をめぐる国内的措置のことで、頭がいっぱいであった。が、のちに見るように（第一〇）、数ヵ月後、積極財政から緊縮財政への転換や普通選挙制度の導入など、具体的な課題が彼の視野に入ってくる。

三　シベリア撤兵とその後の対ソ外交

シベリアからの撤兵問題に着手

加藤内閣が成立早々に手がけたのが、シベリアからの撤兵である。当初の出兵目的であるチェコ軍の救出が完了すると、一九一九年（大正八）一二月から翌年一月にかけて、イギリス、フランス、アメリカは相次いで撤退を表明、シベリアからの撤兵を完了した。しかし日本軍は駐留を続け、各地でロシア側との摩擦を生み、それはニコライエフスクの虐殺事件（尼港《にこう》事件、本書一五四〜一五五頁）につながった。

これまで進まなかった撤兵交渉

ロシア革命後の混乱を収束させたソヴィエト政権は、日本やアメリカ、イギリスなど

内閣誕生五カ月で徹兵を完了

から干渉を受けたシベリアに、一九二〇年（大正九）、一時的な措置として緩衝国家「極東共和国」を設け、日本やアメリカなどによる干渉を弱めるとともに交渉の窓口とした。これに対し、原敬首相は、陸相の田中義一《たなかぎいち》とともに国際協調の立場から撤兵を模索し、大正一〇年（一九二一）五月、シベリアからの撤兵を閣議決定するに至った。そして、八月より原内閣はこの「極東共和国」と大連《だいれん》において交渉を開始し、撤兵の実施や国交再開などを模索した。原内閣から高橋内閣に代わっても、国際社会の疑念や批判を受けつつ、その交渉は続けられた。しかし大正一一年四月、交渉は決裂した。居留民やその財産の保全を理由に、日本側が撤兵の時期を明示できなかったことが主な原因であった。

続く加藤内閣は、撤兵について条件を付けずに時期を明示した。加藤内閣は成立から一〇日後の大正一一年六月二三日、本年一〇月末までに沿海州からの撤兵を実行すると閣議決定し、翌日その声明を内外に発した。また、大連会議の失敗を受け、ソヴィエト政権代表ヨッフェ（北京駐在ソヴィエト政権代表全権）の参加を認めた会議を、九月より長春《ちょうしゅん》で再開することとした。さらに七月一五日には、長春会議の結果如何《いかん》にかかわらず、ニコライエフスクを含むサガレン州樺太《からふと》対岸からも九月末までに撤兵する方針を示した。そして、九月末には北満洲からの撤兵が完了し、尼港事件の保証占領を続ける北樺太を別にして、日本軍は一〇月二五日、シベリアからの撤兵を完了した。

しかし、問題もあった。撤兵は迅速であったが、チェコ軍から保管を委託されていたシベリア派遣軍管理下の大量の武器がなくなるという事件が発生した。派遣軍が撤兵にあたり、ウラジオストク周辺の反革命軍に渡したのではないかとの噂が流れた。大正一一年一〇月一六日付『東京日日新聞』は、日本の軍部内に反革命軍を援助することによる「極東緩衝国建設」の計画があったかどうかは知らないがとしつつも、ロシアをはじめ関係諸国の間では「日本はワシントン条約に調印したけれども……軍閥が外交を支配していると思うて《（思われ）》いる」のは残念だと論評し、政府とは別に軍が対外政策を遂行する、二重外交の可能性を指摘した。だが、二重外交の可能性という問題や尼港事件の解決という課題は残ったものの、原・高橋内閣が試みて果たせなかったシベリア撤兵という難問を、加藤内閣は成立五ヵ月にして、ともかく成し遂げたのである。

後藤新平のヨッフェ招致に期待

ところで、右の長春会議は不調に終わった。ソヴィエト政権側が尼港事件の責任を認めず、北樺太からの撤退期日の明示を日本に迫ったからである。このように日ソ間の関係が膠着状態に陥る中、後藤新平《ごとうしんぺい》が両国の国交回復に向け動き出した。彼は東京市長で日露協会会長でもあった。内相水野錬太郎によれば、大正一一年一〇月中旬、後藤が加藤のもとを訪れ、ヨッフェ（Adolph Abramovich Joffe）を東京に招致したい旨を申し出た。加藤は「ヨツフエを呼ぶことは君の自由なるも政府は何等関知せずと答えた」という。

加藤は、水野に「恐らくものにはならざるべし」と伝えている（水野錬太郎「ヨッフエ来朝の顚末」尚友倶楽部・西尾林太郎編『水野錬太郎回想録・関係文書』一三二頁）。

しかし、加藤は、水野内相や内田康哉外相ら閣僚には「ものにならないだろう」と後藤への冷淡な態度を装いつつ、他方で彼に対しては理解を示し、期待もしていた。また、海相として北樺太の石油開発には大いに関心があった（本書一五六頁）。加藤没後の大正一三年に、水野の下僚の千葉了（のち三重県・広島県・新潟県知事）が後藤新平に面会し、聞き取ったところによると、後藤は次のように語ったという。

ヨッフエを招致したるは世界の大勢に着目し、余〔後藤〕が全責任を以て発意したることなり。加藤首相は流石〔さすが〕に立眼の士にして善く大勢を洞察し余の計画を肯認せられたり。当時加藤首相は余に告げて本件は外相や内相に相談するには及ばじ、外相や内相は事務には精通せらるるも大勢を洞察し居らず、後の始末は余自身にてやるべし。ヨッフエ渡日の真意義を諒解し居れるは加藤首相一人のみなりしなり。（千葉了「ヨッフエ事件に付き後藤子爵との会談」同前一八五頁）

この時の後藤新平への加藤のスタンスは、ワシントン会議の前と同様に、中国問題の「専門家の意見は当たった試しがない」とした姿勢と一脈通ずるものがあった。

ところで、後藤はこの頃、日本と中ソ両国との連携による米英両国への対抗を構想していたという（奈良岡聰智「日ソ基本条約」、蓑原俊洋・奈良岡聰智編『ハンドブック近代日本外交史』一八一頁）。加藤はこれらの国との関係をどのように考えていたのか。

帝国国防方針の改定

実はこの時、帝国国防方針の改定作業が進められており、大正一一年一二月、参謀総長の上原勇作《うえはらゆうさく》と軍令部長の山下源太郎は、それぞれ陸相山梨半造と海相加藤に、双方合意の国防方針案を示した。そこでは、アメリカを「衝突の可能性最大」の国、一方、日本と接する中国とソ連邦両国を「親善を旨として之が利用を図ると共に常に之を威圧するの実力を備ふるを要す」（「帝国国防方針第二次改定」、海軍歴史保存会編『日本海軍史』第三巻、八八〜九〇頁所載）とされた。これに対し、加藤海相は但書《ただしがき》を付して、山梨陸相は無条件でともに「異存なし」と回答し、翌年二月にこの方針案は摂政裕仁親王の裁可を得て正式に決定・成立に至った（後述、二六六頁）。

ここでは、中ソ両国に対し「親善を旨」とする、すなわち良好な関係を結び、威圧することはあっても、少なくとも敵にしないことが国防上の戦略とされた。加藤もまたこれを踏まえ、尼港問題という日ソ間最大の障害を克服して、両国間に良好な関係を構築するきっかけとなるよう後藤・ヨッフェ会談に期待したものと思われる。

後藤・ヨッフェ会談不調

ヨッフェは大正一二年二月に病気治療を名目に来日したが、加藤や後藤の「真意」を知らされていない内相の水野錬太郎は、ヨッフェを危険な共産主義者として遇した。ヨッフェは官憲の厳しい監視にさらされ、後藤は、警察を管轄する内務省としばしば対立した。そのため、水野と後藤は疎遠となった。後藤・ヨッフェ会談は六月二八日よりポーランド公使の川上俊彦（元ハルビン総領事）との会談に引き継がれ、ヨッフェと日本側との会談は半年に及んだが、結局不調に終わった。しかし、非公式ではあるが、両者に醸成された信頼関係は、加藤没後、日ソ間の国交樹立をもたらす。

後藤新平（左）とヨッフェ

なお、シベリア出兵が完全に終了したのは、大正一四年一月に締結された日ソ基本条約の批准・発効により、日本軍が北樺太から撤退した同年五月である。

四　軍縮の実施

海軍軍縮に着手

ここでは海軍の軍縮について、艦艇の措置、海軍施設・関連施設の廃止と縮小、将兵や職工らの大量解雇、海軍士官の処遇を取り上げるとともに、陸軍の軍縮にも触れる。

大正一一年（一九二二）二月六日にアメリカ、イギリス、日本、フランス、イタリアの五ヵ国間に締結された海軍軍縮条約は、ワシントン会議のホスト国だったアメリカがいち早く批准し、日本は同年八月五日、加藤内閣の下で批准を終え、それに続いた。各国による批准が終了し、五ヵ国の批准書寄託が完了したのは翌大正一二年八月一七日のことで、この日をもって条約は効力を発した。一〇年間の「海軍《ネイバル》の休日《ホリデー》」開始である。

既成戦艦の処分

加藤は列国に先んじて、日本の批准後ただちに海軍軍縮の作業に着手し、計画を作成させた。①既成艦（戦艦・巡洋戦艦）一四隻の廃棄を断行し、②建造中のものは中止し、その一部は空母などに改装・転用する、③未起工のものは契約そのものをすべて廃棄する、との方針を決定し、批准早々の八月一六日にその旨を発表した。加藤自身が予算措置を終え、完成に見通しをつけた八八艦隊《はちはちかんたい》計画は、ここに頓挫することとなった。

その翌月すなわち大正一一年九月に、海防艦「富士《ふじ》」（旧戦艦「富士」）が兵装・装甲撤去のうえ練習特務艦とされたのを皮切りに、翌一二年九月には海防艦「三笠《みかさ》」（旧戦艦「三笠」）が関係各国の承認を得て、例外として記念艦としての保存が決まり（その後、横須賀で土中に固定されての保存）、同年一〇月、戦艦「摂津《せっつ》」が標的艦に改造され、同一二月、巡洋戦艦「生駒《いこま》」が解体処分された。

こうして大正一三年からその翌年にかけ、旧式戦艦を中心に合計一八隻、総トン数にして約四〇万トンが解体処分または撃沈処分され、一部は非戦闘艦に改造されたのである。ワシントン会議前の日本海軍の戦力は、戦艦一一、巡洋戦艦七など艦艇総計二四四隻、総トン数約九八万五〇〇〇トンであったが、条約履行後には戦艦六、巡洋戦艦四など艦艇総計二二二隻、総トン数約九七万となった（前掲『日本海軍史』第三巻、一〇四頁）。八八艦隊の完成に王手をかけた加藤らは一転、六四艦隊《ろくよんかんたい》に甘んずることとなったのである。ただ、艦艇数や総トン数があまり変わらないのは、各国とも巡洋艦・駆逐艦・潜水艦など補助艦艇を増加させ、日本もそれに対応し、その建造が増加したためである。そのことが、ジュネーブ海軍軍縮会議、さらにはロンドン海軍軍縮会議の開催につながったのは言うまでもない。

余談だが、この時の措置で、建造中の戦艦「加賀《かが》」（川崎造船所）と巡洋戦艦「赤城《あかぎ》」（呉海軍工廠）はそれぞれ空母に改造され、のちに両艦は太平洋戦争緒戦の真珠湾攻撃に参加することになる。三菱長崎造船所で工事が進められていた戦艦「土佐《とさ》」は廃艦となり、各種の実験や演習に使われた。大正一一年八月、「土佐」が呉に曳航される際、三菱造船所の千数百名の職工たちは別の船で「土佐」を港外に見送り、残り一万余名の職工たちは工場の岸壁に人垣を作り名残惜しげに「土佐」を見送った（大正一一年八月二日付『大阪毎日新聞』）。長崎半島西部に位置する、かつての海底炭鉱の作業拠点であり家族を含めた居住・生活拠点であった孤島「端島《はしま》」の島影が戦艦「土佐」の艦影に似ているということで、地元長崎では、端島を「軍艦島」と称し、今に至っている。また、加藤らの努力で廃棄を免れた戦艦「陸奥《むつ》」は、姉妹艦「長門《ながと》」とともにその後久しく最新鋭の戦艦として世界の海軍に君臨したが、昭和一八年（一九四三）六月、呉《くれ》の泊地で原因不明の爆発事故を起こして沈没した。その自慢の主砲「四一センチ砲」を敵に発することは一度もなかった。「長門」は戦後、標的艦としてアメリカの核実験で太平洋・ビキニ環礁に沈むことになる。

舞鶴鎮守府の要港部格下げ

海軍軍縮の対象は艦艇ばかりではない。港湾、工場などの陸上施設の縮小や廃止をもたらした。加藤の「軍艦丈《だけ》を減じて他の官衙（官庁の施設）其《そ》の侭《まま》にすること能わず」（「加藤全権伝言」、大分県先哲史料館編『堀悌吉資料集』一、七五頁）との指示で、それは大規模に行なわれた。大正一一年四月、舞鶴鎮守府《まいづるちんじゅふ》が要港部に格下げされ、独立した海軍教育本部や海軍建設本部が翌年度には権限を縮小され、それぞれ海軍教育局、建設局と一部局となり、海軍省に吸収されることになった。また同年一二月には、旅順《りょじゅん》要港部が廃止された。

以上のような艦艇の廃棄や官衙、関連施設の縮小は、必然的に将兵らの大量解雇を生むこととなった。准士官以上の者が約一七〇〇名、下士官・兵約五八〇〇名、職工一万四〇〇〇名が海軍を去ることになった（宮田光雄編『元帥加藤友三郎伝』一六八頁）。

将兵・職工らの大量解雇と失業者対応

海軍は日露戦争期以来、軍艦の国産化を目指して、横須賀や呉を中心に工廠の拡大を図ってきた。大正期に至り八八艦隊計画の実現を目指し、それは加速され、その分、多くの職工を抱え込むこととなった。彼らの解雇は軍人に先んじて行なわれた。解雇に伴う特別手当の財源は、直近の第四六議会の協賛を待つことなく、予備費により迅速に支給することとされた。それは例えば、勤続一年未満は日給七五日分以内、勤続三〇年以上三五年未満は日給七二〇日分で、それに共済組合からの給与金と帰郷手当を加算したものであった（大正一一年一〇月八日付『大阪毎日新聞』）。呉の海軍工廠では四〇〇〇人が解雇された。それに対応して工廠内に一〇月一一日から一〇日間、臨時職業紹介所が設置された（同年一〇月一〇日付『大阪毎日新聞』）。九五〇人が解雇される東京造兵廠でも同様な措置が取られた（同年一〇月一二日付『東京朝日新聞』夕刊）。

職工の次は軍人である。山梨勝之進《やまなしかつのしん》によれば、海軍士官たちの間で「海軍大臣は悪いことをしたとは思っていないのみか、外交官として立派に成功したような気持ちで、鼻高々と得意になっているが、軍縮による犠牲者はどうすればよいのか」と、悪評がたち、海軍士官の八割までは不平であった、という（山梨勝之進先生記念出版委員会編刊『山梨勝之進先生遺芳録』九八頁）。

将官人事

ワシントン会議後、最初の進級会議が開かれたのは大正一一年一〇月一二日から一六日にかけてである。この会議で、軍令部長の山下源太郎と元帥東郷平八郎は一言も発言せず（「財部彪日記」一〇月一四日の条）、将官人事については加藤の独壇場だった。ここで、将官クラスでは名和又八郎《なわまたはちろう》（海兵一〇期）、加藤定吉《かとうさだきち》（同前）、山屋他人《やまやたにん》（海兵一二期）の三大将が、中将クラスでは海兵一七期の六名、同一八期の四名を中心に佐藤鉄太郎《さとうてつたろう》（海兵一四期）以下一七名が、それぞれ予備役《よびえき》編入と決定された。この人事では、財部彪（海兵一五期、横須賀鎮守府長官）、竹下勇（海兵一五期、連合艦隊司令長官）、野間口兼雄（海兵一三期、教育本部長）など、薩摩閥と目された将官は無傷であった。

加藤寛治の栄進

加藤と対立した前歴のある佐藤鉄太郎が予備役編入と決まったが、ではワシントンで加藤と鋭く対立した、同じく中将の加藤寛治《かとうひろはる》（海兵一八期）はどうか。加藤寛治は大正一一年五月に軍令部次長に「昇格」し、翌年六月には第二艦隊司令長官に補せられるなど、軍令系統で栄進していった（海軍では一二月の移動が通常だが、加藤寛治がワシントンで病気に罹り帰国後一ヵ月間入院したため、発令が遅れた）。ワシントン会議で加藤の副官を務めた野村吉三郎《のむらきちさぶろう》は、ワシントンのホテルで加藤が加藤寛治に対し「もう中将になったのだから、何時までも若い者に尻を叩かれて旗ばかり振って居らずに、時によっては冷静沈着に物事を考えねばいかんよ」と叱っているのを耳にしている（木場浩介編『野村吉三郎』二二七頁）。加藤寛治は兵学校で加藤の教え子だったのだから、生徒か子供並みの扱い方だった（同前）。野村によれば、帰国後、加藤は島村速雄と同車した際、島村に対し「加藤〔加藤寛治〕も五十になったのだから、そろそろなんとかしてやらねばならんね」と語っていたという（同前、二二八頁）。彼が海軍大学校校長から軍令部次長に転じたのはそれから間もなくである。閑職から軍令の中枢機関である軍令部の次長への転補、これは加藤の如何《いか》なる意図によるものなのか、判然としない。

佐藤鉄太郎は再び軍令部の権限拡大を提言

　これに対して、佐藤鉄太郎は一年間の待命を経て予備役に編入された。その違いはどこから来るのか。佐藤は大正四年、軍令部長が出張で不在時に、次長として代理を務めるなかで軍令部の「権限拡大」を図り、海相だった加藤の逆鱗に触れた過去がある（本書一一九～一二〇頁）。また、大正一〇年一二月に、彼はイギリスが文民統制《シビリアンコントロール》体制（文民である政治家が軍隊の最高指揮権を持つ体制）を取り、統帥権を独立させたドイツを第一次世界大戦で破ったことからしても、「我海軍が文官大臣を戴くにいたるべきは明白」であり、だからこそ人事権は「軍事計画機関」である軍令部に付属させることを希望する、との意見書を山下軍令部長に提出した（佐藤鉄太郎「海軍中将佐藤鉄太郎遺稿海軍戦理学補遺」、石川泰志『佐藤鐵太郎海軍中将伝』三三八～三三九頁）。文民統制体制を担保するのは人事と予算に関する権限である。佐藤はそのうちの人事権は「軍事計画」のプロによって構成される軍令部が持つべきであると言う。それは半身不随の文民統制と言うべきであろう。彼は加藤の留守中に再度、人事権を梃子に軍令部の権限拡大を模索したのである。

加藤はワシントンから東京に戻って間もなく、佐藤を官邸に招致し、待命を告げた。この日のことは佐藤にとって忘れようとしても忘れがたい記憶となったようだが、彼の記録（「海軍中将佐藤鉄太郎遺稿海軍戦理学補遺」緒言）によると、次の通りである。

突然、待命を告げられた佐藤は、単なる待機ではなく「現役を退くの予定」であることか、と加藤に確認した。これに対し加藤は「分りそうな事だ。武官名簿を見ても君は現役中将中先任者《〔最古参〕》ではないか」と応じた。佐藤は「分かりました、畏れいりました。左様なら」と挨拶をして退室し、次に山下軍令部長を訪ね、待命になったことを告げたところ、山下は驚いて「それはとんでもない事だ。私が少しも知らない筈はない。暫く待ってくれたまえ」と言い出したという（同前、三五九頁）。佐藤はワシントン会議後の日本海軍には「劣対優戦法」研究の必要があると考え、この研究をもって自任し、予備役のリストに自分が入るとは夢にも思っていなかった（同前）。軍縮は人減らしを伴う。真っ先に加藤はその対象者として佐藤を想起し、山下に相談することなく「元来遠慮をせぬ間柄」（同前）だった佐藤に対し、自ら待命を通告した。

慰労会で一喝

佐藤は八八艦隊計画達成の必要性について、海軍部内はもとより新聞や雑誌でも熱烈に説いてきた。最古参の中将であることに加え、このこともまた加藤をして帰国早々に佐藤を待命→予備役とするよう決断させたと思われる。ちなみに、東京築地の水交社で開かれた加藤の慰労・報告会の席上、加藤は海軍軍縮会議の際に、米英五に対し対米英一・七五とされたフランスの海軍大佐が筆達者で新聞などに勝手に意見を述べていたことが会議中に問題視されたことに触れ、列席の「某中将」に対し、「貴様も筆達者でやたらに書くととんでもない事になるぞ、注意せよ」と一喝したという（「森本丞〔海兵三五期〕の回想」、加藤友三郎元帥を偲ぶ会編刊『加藤友三郎元帥』六二頁）。一喝されたのは佐藤中将であろう。

ワシントン会議の結果に基づいて、新たなアジア・太平洋地域の国際政治の枠組みが形成され、日本もこのワシントン体制に組み込まれつつあった。海軍軍政の中心にあった加藤が軍令部門を統御しつつそれを可能にしたが、今後、人事を梃子《てこ》として軍令部門が軍政部門のそれから外れることを加藤は恐れたのであろう。ワシントン体制を守るためにも、軍令部に人事権を持たせようと策動し、『太陽』や『中央公論』などの雑誌に寄稿して社会的な発信力を持つ佐藤は、もはや日本海軍には〈危険〉な人物であった。

海軍兵学校は退学を推奨

海軍軍縮の影響は、士官養成のための教育機関「海軍兵学校」にも及んだ。大正一一年一〇月一八日付『東京日日新聞』によれば、もともと「八八計画」を見越して多数募集していたのであるから、今日「六四艦隊」になってみれば、ほぼ半数の学生が過剰になる。大正九年、同一〇年の入学生はそれぞれ三〇〇名、二七四名であったが、大正一一年度には退学が勧奨され、健康不良や成績不良の生徒には留年・退学という厳しい措置が取られるようになり、入学者そのものも大正一一年、同一二年、同一三年はそれぞれ五一名、八〇名、一二七名と、激減した（前掲『日本海軍史』第三巻、一〇六頁）。

軍縮の民間企業への影響

では、民間企業についてはどうか。建造中止、契約解除から生じた民間企業、特に海軍との結び付きが深い川崎造船所と三菱造船所の損害が大きかった。大戦後における戦後不況が続くなかで、民間企業と政府の交渉は難航し、大正一五年三月に総額二〇〇〇万円の補償費が第五一議会で認められた。川崎造船所は六五七万円を、三菱造船所は一三六〇万円をそれぞれ請求したが、認められたのは川崎が約二三七万円、三菱が約二四〇万円と、補償額は請求額のそれぞれ三六パーセント、一八パーセントに過ぎなかった（小池聖一「大正後期の海軍についての一考察」四七頁）。大正一一年から一二年にかけて、関西系企業の工場では大規模な労働争議が頻発した。川崎造船所や三菱造船所も例外ではない。こうした民間企業の人員整理に関する詳細は不明だが、状況は官営の海軍工廠より厳しかったのかもしれない。

陸軍の軍縮

軍縮は海軍だけではなかった。加藤は組閣早々、陸軍にも軍縮を求めた。それは議会の要求に応えるものであった。ワシントン会議では、陸軍軍縮はフランスのブリアンの反対で議題から外された。日本国内では世論の後押しを受け、帝国議会では与野党を問わず、陸軍軍縮の声があがった。政友会は大正一一年二月二日に「陸軍緊縮整理建議案」を、犬養毅《いぬかいつよし》率いる国民党も同月七日に「軍備縮小に関する建議案」を、それぞれ衆議院に提出した。政友会は、もはや戦争は軍人の戦争ではなく国民の戦争となり、軍隊は国民軍の幹部を訓練する程度のものでよいとし、国民党は具体的に在営年限の半減(二ヵ年から一ヵ年)を、それぞれ要請するものだった。両党の主張はその後まとめられ、①徴兵による陸軍歩兵の在営期間を一年四ヵ月に短縮し、陸軍経費を四〇〇〇万円削減する、②陸海軍大臣任用に関する官制改革の実施、という二つの建議案が作成された。ともに衆議院特別委員会で満場一致で可決され、同様に衆議院本会議を通過した。

陸軍軍縮の閣議決定

加藤内閣は、こうした世論と議会の動向を踏まえ、組閣早々に陸軍軍縮の調査に着手し、六月三〇日にその大枠を閣議決定した。ワシントン会議への対応として、陸軍でも軍縮に向けた調査が進められていたとはいえ、異例の早さである。その要点は以下の通りである。①人員約五万六〇〇〇名減、行政整理分を含め経費二三〇〇万円減、馬匹《ばひつ》（馬）一万二〇〇〇頭減、②尉官級ではなく佐官級を中心に将校を淘汰する、③議会開会前にできるものは実行に着手する、④在営年限四五日短縮、⑤軽機関銃・重機関銃・迫撃砲・歩兵砲など新兵器充実のため総額一億円を大正一三年度実施計画とする（大正一一年七月一日付『東京日日新聞』）。

「山梨軍縮」

加藤内閣や陸軍は、政党が要求した在営年限の大幅減には応じなかったが、五個師団規模の人員削減と軍馬の削減を決断した。第一次世界大戦の陸戦では、もはや騎兵は不要であったし、陸上輸送は主に自動車によった。財政難ではあったが、航空機や戦車という多額の費用を要する武器はともかく、とりあえず陸戦での新たな戦術に対応する武器として、加藤内閣は機関銃や歩兵砲・迫撃砲の各部隊への配備を決断した。この軍縮は、担当した陸相山梨半造の名を取って「山梨軍縮」と呼ばれた。しかし、常設師団の廃止につながらなかったこともあり、不徹底との批判が強く残り、加藤没後、第一次加藤高明内閣（大正一三年六月成立）時に、陸相宇垣一成《うがきかずしげ》により大規模な第二次陸軍軍縮が実施されるのである。

官吏の特権廃止と暑中休暇廃止

ところで、陸軍の軍縮が決定された六月三〇日の閣議で、新たな官庁執務時間と官吏（国家公務員）の暑中休暇の廃止とが決定され、七月五日付けで実施された（閣令第六号）。

明治以来、夏期（七月一一日〜九月一〇日）における官庁の執務時間は午前中に限られ、官吏には二〇日間の暑中休暇が与えられてきた。加藤内閣は、官吏の特権廃止と業務能率向上のため、暑中休暇の廃止（ただし暑中休暇は年間二〇日の有給休暇に改められた）と季節ごとに異なる官庁の執務時間を、平日九時〜一六時、土曜日九時〜一四時、ただし夏期に限り平日八時〜一五時、土曜日八時〜一二時に統一した。官吏には年間約一〇〇時間の労働時間延長である（「池松時和大阪府知事の談話」、大正一一年七月五日付『大阪毎日新聞』夕刊）。国防力の維持を前提とすれば、「軍縮」は改めて軍に「勤勉」と「能率」を要請する。綱紀

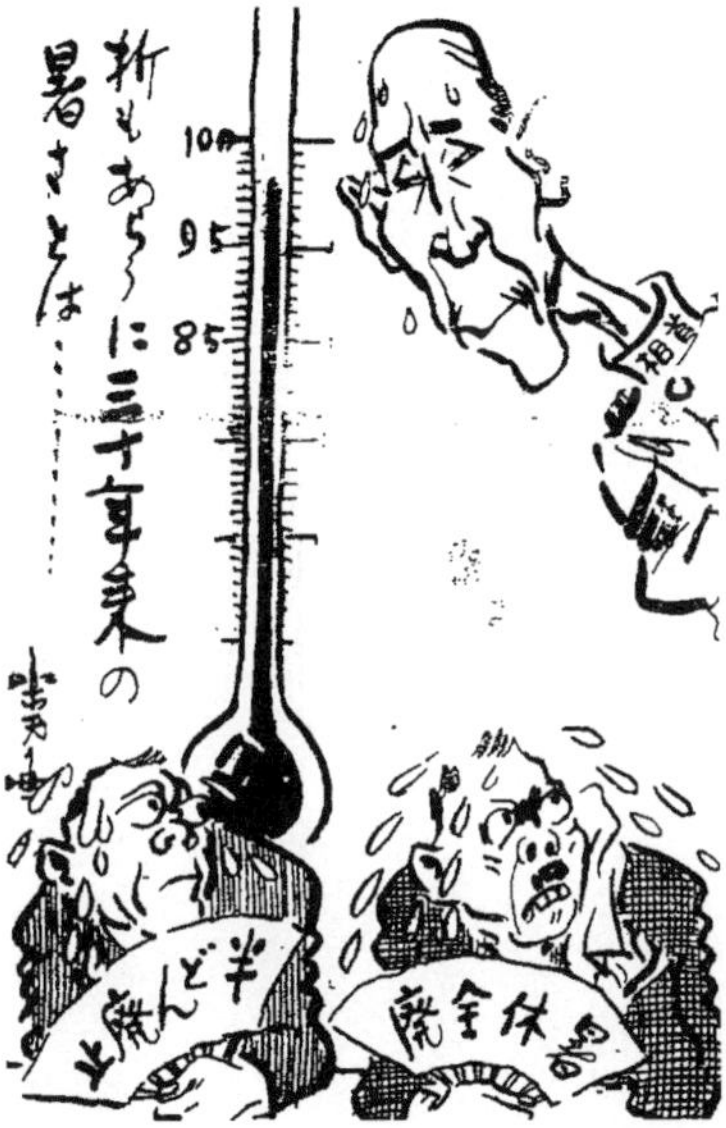

北沢楽天「折もあらうに三十年来の暑さとは」（大正 11 年 8 月 8 日付『時事新報』より）〔大正 11 年の夏は 30 年来の暑さに見舞われた。温度計は華氏 98°（36.7℃）を指している。2 人の官吏は恨めしそうに加藤首相を見上げ，加藤も申し訳なさそうである。なお，「半どん」とは半日休暇のこと〕

粛正・行財政整理を内政の施政方針に掲げ、軍縮に取りかかろうとする加藤内閣は、その実施に先立ち、広く官吏たちにも「勤勉」と「能率」を求めたのである。

五　帝国国防方針の改定

ワシントン体制下の国防方針

ワシントン会議の成果を国内的に確立するためには、条約の批准に加え、軍としてその成果を踏まえた国防の基本方針を策定することが必要となる。日露戦争後の明治四〇年（一九〇七）、軍事・国防の基本方針として、帝国国防方針が定められ、大正七年（一九一八）、第一次世界大戦の現状を踏まえつつ、その改定がなされた。そして、新たにワシントン体制が成立し、その再改定が必然となった。

参謀本部と軍令部の協議

話は加藤の首相就任前の高橋是清内閣時にさかのぼる。第四五議会の閉会間近の大正一一年三月一三日、再改定着手につき参謀本部と海軍軍令部との協議がなされ、六月四日には両者間でお互いの国防方針案が交換された。そして、加藤内閣発足早々の六月一四日には、同様の所要兵力案と作戦用兵に関わる用兵綱領案とが交換された（前掲『日本海軍史』第三巻、七二頁）。

海軍首脳会議

この間、四月六日に海相官邸で午後二時から一〇時まで、晩餐を挟んで六時間余りにわたって海軍首脳会議がもたれた。四月七日付『東京日日新聞』はその会議の様子を次のように詳しく報じている。出席者は東郷平八郎（元帥）、井上良馨（元帥）、東伏見宮依仁親王《ひがしふしみのみやよりひとしんのう》、伏見宮貞愛親王《ふしみのみやさだなるしんのう》、島村速雄をはじめ各軍事参議官、加藤（海相）、井出謙治《いでけんじ》（海軍次官）、山下源太郎（軍令部長）、安保清種《あぼきよかず》（軍令部次長）、各鎮守府司令長官、斎藤七五郎《さいとうしちごろう》（軍令部第一班班長）、各艦隊司令長官、岡田啓介《おかだけいすけ》（艦政本部長）、野間口兼雄《のまぐちかねお》（教育本部長）、志佐勝（海軍省経理局長）ら二五名。

ここで、海相の加藤は海軍軍縮条約、四ヵ国条約、九ヵ国条約、シベリア問題について詳細に報告した。それは午後二時から五時半にまで及んだ。晩餐後、七時過ぎから軍縮条約締結による善後策について話し合われ、会議は午後一〇時に終了した。訓練の強化、燃料や弾丸・魚雷・爆弾などに関わる経費の増額、上官クラスを中心に人員淘汰を図り組織の新陳代謝を促進する、航海学校や航空学校等を新設するなど教育機関を充実させる、水陸施設の改廃、廃棄艦を利用しての戦闘訓練の実施、などが協議された。

ここでの協議内容や合意事項は、軍令部の国防方針案に当然反映されたであろう。また、参謀本部と軍令部との間でそれぞれの国防方針案や用兵綱領案が交換された六月一四日に先立つ数日前、加藤内閣成立に関わる海軍首脳会議が海相官邸に招集され（六月一〇日）、在京の海軍幹部が意見交換をしている。ここでも軍縮や国防方針、用兵綱領などが話題になったに違いない。

参謀本部と軍令部の国防方針案・所要兵力案協定

加藤内閣が成立して半年たった一二月八日、参謀本部と軍令部との間に国防方針案、所要兵力案に関する公式協定が成立し、同日、山下軍令部長は加藤海相と右の二案について協議している。加藤はこれに対し、一二月二二日に、兵力の充実整備に関しては財政や国際関係等諸般の情勢を考慮し、その許す範囲で逐次実行していくとの但書を付したうえで「異存なし」と回答した（前掲『日本海軍史』第三巻、七二頁）。陸相山梨半造は一二月一一日に両案について、参謀総長上原勇作と協議し、一九日に同意の旨を無条件で回答した（同前）。そして翌大正一二年二月一〇日、加藤や山梨は両案を認証し、軍令事項である用兵綱領案の供覧を受けている。さらに国防方針案は二月二八日に閣議に諮《はか》られ、同日、加藤内閣は同意の旨を摂政裕仁親王に奉答した（同前）。

国防方針には友三郎も海相として関与

ところで、第三次帝国国防方針では、アメリカが陸海軍共通の想定敵国とされた。陸軍にとり、革命下の中露両国はもはや敵ではなかった。そこで、ワシントン体制に反発する軍令部の加藤寛治らが、参謀本部を巻き込み、加藤首相兼海相の関与を極力回避しつつ、帝国国防方針案の作成を主導したとする見方が有力である。例えば、第三次帝国国防方針の文章を貫く日米戦争宿命論のモチーフは、加藤寛治の持論を反映するものであり、この方針案は、彼が「おとなしい」山下軍令部長を押しのけ、軍令部次長として

「作戦部の枢機」を握った結果だという（麻田貞雄『両大戦間の日米関係』一六二頁）。

しかし、山下源太郎と加藤寛治との人間関係・力関係は別として、右に見たように、加藤は海相として、また首相として、帝国国防方針の再改定に関与している。海軍の対米戦力も、財政や国際関係の許す範囲で逐次実行・強化したいと彼は考えていた。国防方針の改定作業が始まったのを承知で、すでに述べたように「五〇になろうとする加藤寛治をなんとかしてやりたい」と島村に相談しつつ、加藤寛治を軍令部に次長として送り込んだ。ワシントンでの加藤寛治の言動からすれば、対米不戦を説く加藤とは大いに矛盾する主張をすることは、十分予想できたはずである。

大正一二年三月三一日付けで、佐藤鉄太郎（海兵一四期）以下、一七名の中将が予備役に編入された。その中には海兵一七期の六名とともに、佐藤皐蔵《さとうこうぞう》ら加藤寛治と海兵同期（一八期）の四名がいた。やろうと思えば、加藤寛治を予備役に追いやることはできた。それなのになぜ、加藤寛治を残したのか。それも軍令部の中枢に、である。自身が要職に留まることで、加藤友三郎は加藤寛治を抑えることができると思ったのか。その理由は不明である。

友三郎の判断が禍根を残す

加藤友三郎には、加藤寛治を買うところが少なからずあった。それが後日、加藤寛治や末次信正らを中心とした艦隊派（軍令部）を作り出し、昭和五年（一九三〇）のロンドン海軍軍縮条約をめぐり、海軍内に加藤友三郎の流れを汲む財部彪や山梨勝之進、堀悌吉《ほりていきち》ら条約派（海軍省）との対立を引き起こした。前者は次第に後者を凌駕し、軍令部に対する海軍省の優位も崩れていくこととなる。

六　日中郵便協定問題——枢密院との確執——

中国各地の日本郵便局撤去問題

加藤内閣による最初で最後の議会である第四六議会は、大正一一年（一九二二）一二月二五日に開会した。しかし、加藤内閣は、年明けの本格的論戦の開始を前に、枢密院との大きな対立を抱えるに至った。日中郵便協定問題がそれである。

一九世紀末から二〇世紀にかけて、日本を含む列強は、中国の了解を得ることなく中国各地に郵便局を設置していたが、ワシントン会議の議決により、一九二二年（大正一一）一二月末をもってその撤去を完了するとされた。加藤内閣は、日露戦争によりロシアから受け継いだ関東州租借地と南満洲鉄道付属地を除く、中国各地に存在する日本郵便局をすべて撤廃するための交渉を北京で続けていた。この時、北京では、山東懸案問題解決条約に基づく細目協定締結に関わる交渉も並行して行なわれていたが、こちらの方は順調に交渉が進められた。一九二二年一二月五日に至り細目協定が結ばれ、日本は同月一〇日、膠州湾《こうしゅうわん》租借地の行政権を中国側に引き渡し、同月一七日、青島《チンタオ》派遣軍の撤退を完了した。さらに年が明けて一月一日、有償であったが山東鉄道を中国に引き渡した。こうして、第二次大隈内閣による「二十一ヵ条要求」以来、日中間の大問題であった山東問題は一応の解決がなされた。これに対し郵便局撤去問題は、中国側が満鉄付属地内の郵便局撤廃を強硬に要求したため、交渉が難航した。

大正一一年内の解決を目指す加藤内閣は、満鉄付属地内郵便局については現状維持とするが、それを今後「両国政府間の交渉の題目と為すことあり得べき」（「南満洲鉄道付属地郵便協定」）とすることを条件に、一二月八日、ともかくも郵便物交換に関する約定はじめ三つの約定と満鉄付属地郵便協定とを中国との間に締結した。政府はこれら約定・協定の正文の到着を待ち、早速枢密院に諮詢の手続きを取った。

枢密院の異議

ところが、枢密院はこれに異議を唱えた。通常、協定にしろ約定にしろ、広く条約は批准を待って効力を発するが、今回は調印の際にそのような留保もなく、調印とともに効果を発すると理解せざるを得ず、効力を発したような条約を枢密院は審議できない、と主張したのである。また、枢密院側は満鉄付属地郵便協定を審議の単なる参考資料としたことと、その協定の内容も問題とした。ポーツマス条約によりロシアから受け継ぎ、当時の清国政府も同意した満鉄付属地に関わる日本の権利について「他日の交渉事項」

とすることは、将来にわたり日本の権利を脅かすとして、大いに問題としたのであった。

摂政裕仁親王の協定裁可

一二月二九日に開催された枢密院会議で、内閣と枢密院側の主張はすれ違い、双方がそれぞれの意見を上奏するという前代未聞の事態が発生した。これに対し一二月三一日、外相の内田康哉が、摂政の裕仁親王に拝謁し、内閣の方針を述べ裁可を乞うた。この間、伯爵の内田は宮中方面に奔走し、特に元外交官である東宮太夫の珍田捨巳《ちんだすてみ》（枢密顧問官兼任、伯爵）ら摂政側近に事情説明を行なった（大正一二年一月一日付『東京朝日新聞』）。その甲斐あってか、摂政はこれら協定をただちに裁可した（同前）。

このように内閣と枢密院とが鋭く対立するなか、加藤は二四日以来、病床にあった（後述）。三一日、内田は拝謁を終えるや、病床にある加藤を訪ね、摂政御裁可の旨を報告した。政府は翌大正一二年一月一日、外務省告示をもってこれを公布し、即日実施した。こうして辛くも加藤内閣は窮地を脱し、ワシントン会議の議決を遵守することができた。

しかし、枢密院には加藤内閣に対する強い不満が残った。他方、首相病気不在の内閣は、摂政裕仁親王の「御沙汰」によって「枢府《枢密院》の反感」を抑え込もうとした（伊藤隆・広瀬順晧編『牧野伸顕日記』大正一一年一二月三〇日の条）。平田《ひらた》東助《とうすけ》内大臣はじめ摂政の側近たちは、この内閣の求めに応じ「御沙汰書」降下の準備に動いた。一月一二日には、内大臣秘書官の入江貫一が「枢府〔枢密院〕問題解決」の件で病床に加藤を訪ねた（防衛省防衛研究所戦史研究センター史料室所蔵「岩村清一日記」大正一二年一月一二日の条）。「御沙汰書」降下に関する、報告を兼ねての打ち合わせのための来訪であろう。

首相と枢密院議長への「御沙汰書」降下

翌日に議会の再開を控えた一月二二日午後、首相の加藤と枢密院議長の清浦奎吾は、それぞれお召により霞が関離宮に伺候し、摂政はこの案件についてそれぞれに「優渥なる御沙汰」を与えた（大正一二年一月二三日付『大阪毎日』夕刊）。倉富勇三郎《くらとみゆうざぶろう》枢密顧問官によれば「諮詢の手続等に付て行違いなき様注意し、円満に進行せしむべき」と、摂政は双方に申し渡したようであった（『倉富勇三郎日記』大正一二年一月二三日の条）。しかし、このあと、一部の枢密顧問官が、加藤内閣への強い不満から貴族院での政府批判勢力に情報を提供するなど、同院における加藤内閣批判の火に油を注いだ（後述）。

伊東巳代治ら枢密院顧問官へ釈明

ところで、加藤内閣と枢密院との対立は議会終了後、収束する。三月二九日、加藤は自ら枢密院に赴き、伊東巳代治《いとうみよじ》ら郵便協定などの精査を担当した顧問官らに、同様に三一日には精査委員以外の顧問官たちに対し、それぞれ釈明し、了解を求めるところがあった。

三月二九日、加藤は釈明の冒頭、初めは郵便協定などをワシントン会議において締結した条約の施行規則くらいに考えて重きを置かなかったと、「正直」に告白したが、伊東はこれに対し「如何にも其通りならん」と応じた。また、満鉄付属地の郵便局についても「他日の交渉事項」としただけで現状を変更するものではないと政府は説明するが、そんなに単純な問題ではない、と加藤に迫った。これに対し加藤は、

伯爵（伊東巳代治）は恰《あたかも》も自分（加藤友三郎）の腹中を切開きて御覧になりたる如く、自分（加藤）の心事を洞見せられたり。実に伯爵（伊東）の御述べになりたる通りの事情なり。要するに政府の不行届に依り此くも各位を煩わし、摂政殿下の御沙汰までも拝するに至りたるは此の上もなき遺憾にして慚謝に堪えざるところなり。（同前、大正一二年三月二九日の条）

と率直に謝罪した。枢密院側は「首相の立場に同情を有し……別段質問もなくこれを諒とし」、「久しい問題はここに円満に解決を告げた」（大正一二年四月一日『大阪毎日』夕刊）。加藤は多少おどけながらも、率直に枢密院側に対し内閣の非を認め謝罪したことで、伊東ら顧問官たちの自らへの「同情」を獲得できた。加藤病気不在の加藤内閣が弄《ろう》した宮廷工作は却って事態を悪化させたが、加藤なりの実直な枢密院への対応は事態を解決に向かわせたのである。

第一〇　加藤内閣下、最初で最後の第四六議会

一　第四六議会への予算措置

第四六議会

第四六議会は大正一一年（一九二二）一二月二七日に開会し、年末年始の休会を挟んで翌一二年三月二六日に閉会した。加藤友三郎《かとうともさぶろう》内閣による議会はこれが最初で最後である。衆議院・参議院編刊『議会制度七〇年史・憲政史概観』は、この議会を「加藤首相が病軀をさげて善戦善闘し、政友会、研究会〔貴族院の会派〕の支持によって予算をはじめ、原敬の宿望であった陪審法案が憲法違反論まで出る白熱的論戦を経て成立を見、五校昇格問題も解決されて、原内閣の残務をことごとく解決」（二八四頁）した議会であると高く評価する。以下、大正一二年度予算および原内閣以来の陪審法案と五校昇格問題、そして、この議会で大いに議論された対中国政策などについて簡単に触れてみたい。

緊縮財政への転換

まず予算である。加藤内閣は成立早々、来年度予算編成方針を閣議決定した（六月二〇日）。加藤は政友会から支持をとりつけつつも、放漫財政と揶揄された政友会の積極財

政とは逆の立場からの予算編成を基本方針とした。積極財政から緊縮財政への転換である。すでに高橋内閣による大正一一年度一般会計予算総額は、戦後不況による大幅な歳入減少を考慮して、前年度の六%《パーセント》減を余儀なくさせられていた（財務省ウェブサイト「財政統計（予算決算等データ）」の「統計表一覧」参照）。そうせざるを得ない厳しい経済環境を加藤らは直視し、緊縮財政への転換を図ろうとしたのである。

行政整理準備委員会を組織

加藤は行政整理から取りかかった。六月二〇日の閣議終了後、彼は内閣としての行政整理の原案を作成するため、宮田光雄（内閣書記官長）を中心に行政整理準備委員会を組織し、馬場鍈一《ばばえいいち》（法制局長官）、西野元《にしのげん》（大蔵次官）、田昌《でんあきら》（大蔵省主計局長）を委員に任命した。西野はワシントン会議前に、加藤ら海軍幹部に対し八八艦隊《はちはちかんたい》計画による財政破綻の可能性について説いた人物である（一四八～一四九頁参照）。

さらに市来乙彦《いちきおとひこ》蔵相は六月二八日、各省一律に来年度予算案を、今年度予算の二割五分減とするよう各省に要請した。この市来のやり方に、準与党である政友会は反発した。反総裁派は従来通りの地方向け予算の拡充を要求し、総裁の高橋是清《たかはしこれきよ》らは放漫財政の修正を目指しつつも、産業振興や鉄道・港湾などの交通インフラ充実の必要性を表明した。

次年度予算案と政友会

八月から九月初旬にかけて、来年度予算概算要求案の作成作業が各省で進められるなか、加藤首相と水野錬太郎《みずのれんたろう》内相は八月一日、政友会総務の川原茂輔《かわはらもすけ》と、九月五日には同じく床次竹二郎《とこなみたけじろう》とそれぞれ会見し、来年度予算案について意見を交換している（大正一一年八月二日付・九月六日付『東京日日新聞』）。

一般会計予算概算の大蔵省査定案

一一月五日、一般会計予算概算の大蔵省査定案が各省に内示された。この大蔵省案は一般会計から四二〇〇万円の減債基金（国債償還基金）への繰り入れと三七〇〇万円規模の廃減税を実施する反面、義務教育費国庫補助の増額と新規事業については「五校昇格」（詳細とその経緯は後述）ならびに一部の治山治水事業を除き、その他は認めないという、各省にとって厳しいものであった。各省に衝撃が走り、政友会は反発した。

これに対し加藤が動いた。一一月六日、加藤は政友会側の意向を踏まえ、水野内相と岡野敬次郎《おかのけいじろう》法相に各省要求案と大蔵省査定案との「折衷」案の作成を指示（大正一一年一一月七日付『東京日日新聞』）するとともに、翌七日の閣議で、次年度予算編成大綱を「私見」として提示した。その要点は次の通り（大正一一年一一月八日付『東京朝日新聞』および『東京日日新聞』を参照）。①「五校昇格」実現と米沢高等工業学校など一六の高等専門学校に研究科設置（卒業生に学士号授与）、②義務教育整備のための国庫負担金の増額（一〇〇〇万円→四〇〇〇万円）、③港湾・治山治水事業費の相当程度の復活、④廃減税の内容の一部変更、⑤一般会計からの減債基金への繰り入れの規模縮小。

①は東京高等工業学校等の大学昇格で、原内閣以来の懸案である（後述）。②は地方自

治体の負担軽減のため、小学校教員の給与を国庫負担に切り替える措置で、③とともに政友会の強い要望による。④⑤は各省や政友会の要求をある程度容認するための財源確保のための措置である。特に、⑤は軍艦建造費捻出のため、大正九年度より四年間にわたり減債基金への一般会計からの繰り入れが停止された（大正九年法律第四〇号、第四三議会で成立）が、市来の率いる大蔵省は一年前倒しして復活させようとした。加藤は景気対策や将来の公債募集のためにその必要性を認めつつも、他の財源確保のためを考慮してか、半額削減を提議した（大正一一年一一月八日付『東京日日新聞』）。

次年度予算大綱を閣議決定

この日の閣議で、加藤の示した「私見」を軸に、ある程度の各省予算の復活を可能とする来年度予算大綱が閣議決定された。この大綱による予算編成は、政友会にも受け入れられた。政友会の幹部として総務委員であった武藤金吉《むとうきんきち》は、政府が「時代の要求」と「財政の窮状」を考慮して「緊縮財政」とともに「積極的施設」を実行したことは、「我が党年来の主張に合致」するばかりでなく、「国家の為に慶賀に堪えない」（立憲政友会編・刊『政友』二七〇号、大正一二年一月一五日刊、三六頁）と、大綱による予算編成を大いに評価する。しかし、この大綱は厳格に守られたわけではない。例えば、大綱に盛られた加藤による「私見」の⑤は修正され、減債基金への繰り入れは満額復活した。加藤は大蔵省の立場にも寄り添う姿勢を示した。

前年度予算を九パーセント縮小

議会開会を目前にした一二月二三日、加藤内閣は首相官邸で貴族院・衆議院の代表者に、来年度予算案を内示した。その規模は約一三億四六〇〇万円と、今年度予算を九パーセント縮小させたものであった。ちなみに、先述の行政整理準備委員会は、第二次大隈内閣および寺内内閣期に、政治的意図のもとに設けられた各諮問機関（防務会議、臨時外交調査会、臨時産業調査会、臨時教育行政調査会など）を軒並みに廃止し、今後の政策決定における内閣の主導権を確保するとともに経費削減を図った。同様に各省の局・課を廃止または統合して行政の簡素化を図った。こうした経費節減や一部事業の繰り延べと合わせ、一般行政費では約六五〇〇万円（さらに特別会計では約四三〇〇万円）の削減が可能となった。軍事費では、海軍を中心に約七一〇〇万円の節減があった。加藤内閣は今年度の一般会計予算総額より約一億三六〇〇万円を削減させたのである。

こうして加藤は、大蔵省と各省および政友会との間を調整しつつ、来年度予算案の策定を終えた。柔軟ではあったが、放漫財政から緊縮財政への流れを定着させようとする加藤の姿勢は不動だった。彼は今まで、目標を定め、状況を把握しつつ周辺への目配りを怠らず、漸進主義でやってきた。今回もまたそうであった。

体調の悪化と開院式欠席

ところが予算内示会を終えたその夜、加藤は下痢と発熱に見舞われた。そのまま療養を余儀なくされたため、一二月二七日の開院式に参列できなかった。しかし、彼は休会

加藤内閣閣僚（大正 11 年 12 月 28 日付『東京朝日新聞』より）
左から市来蔵相，前田逓相，大木鉄相，水野内相，鎌田文相，山梨陸相，内田外相

明けの議会再開早々の登院を目指し、海相秘書官・岩村清一（少佐、海兵三七期、のち中将）を介して議会説明資料を入手し、その資料について注文をつけるなど準備に余念がなかった（防衛省防衛研究所戦史研究センター史料室所蔵「岩村清一日記」大正一二年一月二三・二二日の条）。

議会再開第一日目すなわち大正一二年一月二三日、加藤は登院し、両院でそれぞれ施政方針演説を行なった。貴族院での演説に対し、勅選議員であり、憲政会総裁であった加藤高明《かとうたかあき》（子爵、のち首相）が、軍縮条約批准の目途がフランスやイタリアでは立っておらず、条約発効は先であり、発効前に軍縮を考慮した予算案を組んでもいいのかと加藤に問うた。これに対し加藤は、次年度予算案は財政整理を実行し、軍縮に向けた日本の誠意を列国に示すという観点によるものであると答えた。大正一二年度予算案は、軍縮に向けた加藤の不退転の姿勢を示すものであった。

二　陪審制法案・「五校昇格」問題

陪審制法案に至る経緯

続いて陪審制法案について。まず法案に至るまでの経緯である。明治憲法下では検察部門を担当する検事局が各裁判所に付置されていたが、司法省の管轄にある検事局では、時として政府に忖度《そんたく》し、人権抑圧につながる苛烈な取り調べをした。明治四二年（一九〇九）に発覚した日糖事件（大日本製糖株式会社による政友会議員への贈収賄事件）では、政友会党員が厳しい取り調べのうえ、多数起訴され、有罪となった。明治四三年には、明治天皇《めいじてんのう》の暗殺を企てたとして、桂内閣の下で、多数の社会主義者や無政府主義者が逮捕される大逆事件が起こった。この二つの事件を機に、原敬《はらたかし》を中心とした政友会は、人権擁護と国民の司法参加を目指して陪審制の導入を図り、同年「陪審制度設立ニ関スル建議案」を第二六回帝国議会衆議院に提出した。衆議院は全会一致で通過したが、桂内閣は賛否を明言しなかった。これに対し、原は特に大逆事件に関し、天皇の名において行なわれる裁判に間違いでもあれば天皇の責任問題となることもあり、裁判に国民を積極的に参加させることで、その責任の分有が可能となると考えた（三谷太一郎『政治制度としての陪審制』一二五〜一二六頁）。

原敬の〈遺志〉

原敬は首相となると、大正八年（一九一九）、臨時法制審議会（総裁穂積陳重、副総裁平沼騏一郎）への諮問を経て、大正九年一二月、陪審法案を枢密院の審議に付したが、強硬な反対意見が相次ぎ、帝国議会提出をいったん断念せざるを得なかった。その後、同法案の一部は修正され、辛くも枢密院で承認されたが、原の横死により、その成立は一時頓挫した。さらにこの法案は、高橋内閣下の第四五議会に提出され、衆議院通過後、貴族院に回付されたが審議は難航し、審議未了・廃案となった。

加藤内閣で鉄相に就任した大木遠吉《おおきえんきち》は、原内閣と高橋内閣の法相を務めており、事情を熟知していたし、内閣法制局長官の馬場鍈一は、同局参事官として陪審法案の起草や修正に大きく関わっていた。また、法相の岡野敬次郎もこの法案成立に前向きであった。他方、加藤には、〈原の遺志〉という思いもあったであろう。かくして加藤内閣は、第四六議会に同法案を提出したのである。

貴族院で反対する若槻礼次郎

前議会同様、衆議院は難なく通過したが、貴族院での審議は長引いた。前議会に続き反対の論陣を張る若槻礼次郎《わかつきれいじろう》（勅選議員、のち首相）は、三月二一日の貴族院本会議で、この法案の提案理由である司法への国民参加の拡大については根拠が薄弱であり、憲法にも抵触すると批判し、「是は前々総理大臣〔原敬〕の発案せられたものであるから之を出さぬと云うと〔故原敬の〕ご機嫌が悪いと云うて、唯出されただけで、何等其他に大なる理由も何もないのであります」と加藤内閣の姿勢を冷笑した。しかし、同日午後一一時、この法案は子爵議員中心の最大会派「研究会」と政友会系勅選議員団「交友倶楽部」との連携により、賛成一四三、反対八の圧倒的多数をもって同院を通過した（大日本帝国議会誌刊行会編・刊『大日本帝国議会誌』第一四巻、三四三頁）。

陪審法公布と「法の日」

なお、陪審法の公布は大正一二年四月一八日、施行は昭和三年（一九二八）一〇月一日である（昭和一八年四月一日に施行停止）。これを記念して翌年より一〇月一日は「司法の日」とされ、昭和三五年に改めて岸信介《きしのぶすけ》内閣により「法の日」とされ、今日に至っている。

「五校昇格」問題

さて先に触れた「五校昇格」問題であるが、この「五校」とは東京高等工業学校、大阪高等工業学校、神戸高等商業学校、東京高等師範学校、広島高等師範学校のことである。「五校」は、東京高等商業学校が大正九年（一九二〇）に東京商科大学（現一橋大学）に昇格したのに続いて、専門学校から大学へ昇格することを目標に、地元や卒業生を巻き込みつつ政府や議会に積極的な運動を展開した。そのような状況下、これに積極的に応じた文相の中橋徳五郎《なかはしとくごろう》は、高橋蔵相や大蔵省の同意を得ないまま「昇格」を〈確約〉してしまった。しかし、大正一〇年度予算にその必要経費が計上されなかったため、「五校」関係者を中心に中橋の責任が追及され、大きな政治問題となった。第四四議会でも大きく取り上げられ、文相の引責辞任の可否をめぐり、両院に騒然とした議論を巻き起こした。

続く高橋内閣下の第四五議会に関連予算が提出され、衆議院通過後、貴族院では会期ぎりぎりまで水《みず》野《の》直《なおし》ら「研究会」による「昇格決戦」が展開され、彼らは予算案通過を目指した。が、会期切れのため審議未了となった。高橋首相は中橋文相が所管する「昇格」には冷淡で、会期延長の手続きを取らなかった（西尾林太郎『大正デモクラシーの時代と貴族院』二八四〜二八五頁）。

関東大震災で「五校昇格」は遅延

加藤内閣下のこの第四六議会では、加藤の指示もあってか、文相の鎌《かま》田《た》栄吉《えいきち》は貴族院各派への説明や有力者への根回しに努めた。その甲斐あって一転、関係予算は貴族院を通過した。こうして予算措置ができ、「五校」の昇格への準備はできた。ところが半年後に関東大震災が発生し、せっかくの予算は震災関連経費に一時流用を余儀なくされた。「五校」が東京工業大学、大坂工業大学（のち大阪帝国大学工学部）、神戸商業大学（戦後、神戸大学）、東京文理科大学（戦後、東京教育大学、現筑波大学）、広島文理科大学（戦後、広島大学）に昇格できたのは、昭和四年のことである。

三　対中国政策――貴族院の動向――

第四六議会では貴族院を中心に、日中郵便協定問題に関わる対中国政策をめぐり議論が展開された。そして、それは、貴族院の外交決議の採択にまで発展した。

施政方針演説

年末年始の休会を経て大正一二年（一九二三）一月二三日、第四六議会が再開された。加藤友三郎は、貴族院での施政方針演説の冒頭で外交について触れ、日本は諸般の国際案件に関し、列国と歩調を一つにして世界恒久平和の確立に努力しつつあると、日本外交の基軸を国際協調とすることを強調した。先にも触れたように、この日、貴族院本会議において、憲政会総裁である加藤高明は、外交問題を中心に加藤に論戦を挑んだ。

加藤高明からの批判

彼は第二次大隈内閣の外相として自ら締結を推進した「二十一ヵ条条約」の中身を否定するようなワシントン会議の成果、特に山東《さんとう》問題に対する加藤内閣の姿勢に不満であった。加藤高明は、自らの外相在職中に、日露戦争以来の満洲問題に解決をつけた「二十一ヵ条条約」の内容について、後日、加藤内閣が譲歩に譲歩を続けてしまったのは誠に遺憾である、と首相に迫った。これに対し、加藤は次のように応じた。

友三郎の答弁

「元来山東問題が列国に対し幾多の誤解を生じ、之が為に山東問題以外に帝国〔日本〕の蒙り

加藤高明

ますところの不利益は僅少でないと私は信じて居るのであります」、加藤高明総裁はワシントンにおいて米英両国の監視の下で日中両国が会議をしたと言うが「甚だ遺憾」である、今までその機会がなかっただけで、この会議は日中両国の利益になるだけでなく、列国の誤解を解く上で大いに利益となる、また、内蒙古などに対し日本が持つ優先権については、日本からすれば権利放棄はいけないということになろうが、困難な状態にある今日の中国に対し「此利益……利権を放棄いたしまして好意を表し、支那〔中国〕をして自身充分なる手腕を揮《ふる》はしめる、その一端となるべき問題を放棄いたしますということは帝国〔日本〕として決して大なる不利を蒙るものでないと思うのです」と。

要するに加藤は、山東問題を引き起こした加藤高明元外相の対中国外交を批判しつつ、日本は、〔辛亥革命以来〕政治的に不安定な状況が続く中国に、国際的見地からも少しは寄り添うべきである、と主張した。

加藤内閣の外交姿勢への批判と外交刷新決議

日中郵便協定をめぐる加藤内閣との軋轢《あつれき》に加え、このような加藤の外交姿勢に対し、伊東巳代治《いとうみよじ》ら枢密院の一部の顧問官は大いに不満であった。彼らは貴族院における憲政会系の男爵議員や勅選議員らと連携し、貴族院野党であったそれぞれの院内会派「公正会」や同「茶話会」をして、ワシントン会議以来の加藤友三郎の外交姿勢を批判させた。また、その動きは、ワシントン会議以降の東アジアの国際状況を日本にとって危険と捉えた西原亀三《にしはらかめぞう》（西原借款で有名）をブレーンの一人とした水野直ら「研究会」幹部をして、「研究会」と「公正会」「茶話会」とを提携させ、貴族院での外交刷新決議を実現させた（二月一九日）。それは「帝国外交の現状誠に憂慮に絶えざるものあり」から始まる短かいものであったが、政府批判の意味を持つものであった。

しかし、この決議の主眼は、貴族院野党を中心に貴族院に蓄積されつつあった、加藤首相の外交姿勢への不満のガス抜きにあった。また原内閣以来、犬猿の仲である「研究会」と男爵議員の会派「公正会」とを接近させ、あわよくば有爵議員の政治的統合を可能にしようする水野直らの思惑もあった（前掲『貴族院議員水野直とその時代』二五一〜二六七頁）。こうした貴族院内の政治力学を加藤がどう見ていたのかは、資料を欠き不明である。

四　議会改革

貴族院改革の必要性を説く鎌田勝太郎

この議会で加藤の注目すべき発言がある。それは、大正一〇年（一九二一）以来、貴族院改革の必要性を説き、自ら小冊子『貴族院改革と将来』を作成して関係方面に配布するなど活動してきた、多額納税者議員の鎌田勝太郎（香川県選出）の質問に対する回答である。大正一二年二月六日、第四六議会貴族院本会議において鎌田は、中国、ロシア、ドイツでは帝政が崩壊して共和制となり、日本でも衆議院の選挙法が変わってきている今、貴族院議員の選出について「三五年間」何も変わらないのはいけない、加藤内閣のような貴族院内閣が貴族院の制度を改めるということは誠に都合がよい、世間の支持も得られるであろうと、加藤に迫った。

これに対し加藤は、政府として貴族院の制度改正に着手するかどうかは未定であり、委員会を設けて研究調査にかかるかどうかの決定はしてはいないが、「相当に考究を為すべき必要のあると云うことは、政府はこれを認めて居ります」と答えた。加藤は、貴族院改革について検討することの必要性を、明確に認めたのである。首相が公式な場で、貴族院改革検討の必要性を、認めたのは初めてである。

政界の底流にあった貴族院改革

最初に、首相として貴族院改革の必要性を実感したのは伊藤博文《いとうひろぶみ》である。彼は北清事《ほくしんじ》変《へん》(明治三三年〈一九〇〇〉)に際し、戦費調達のための税法改正案を、自らの政党内閣(第四次伊藤内閣)に反発した貴族院の特別委員会で否決され、同法案の本会議通過が危くなった。伊藤は貴族院議長への勅語を奏請して辛くもこの危機を乗り切ったが、この時、貴族院の改革を決意し、改革私案まで作成した。日露戦争後は、藩閥官僚勢力と政党勢力、特に政友会との政権交代が恒常化するに至り(桂園内閣時代)、衆議院議員についての制限選挙の緩和・普通選挙の実施要求とともに、衆議院と対等な権限を持つ貴族院の改革をめぐる要求は、政界の底流にあった(西尾林太郎『大正デモクラシーと貴族院改革』第一章参照)。

しかし、その後の歴代の内閣は、貴族院の構成や権能、そして選出方法など、本質的な問題について調査すらしなかったし、その必要性について言及することはなかった。先の伊藤すら、公式な場所で貴族院改革を論じたことはない。これに対し、加藤は公式な場、それも貴族院本会議でその改革についてしっかりと「考究」しなければならないと、明言したのである。

普通選挙による衆議院改革を見すえた作業

貴族院ばかりではない。衆議院改革についてはもっと早かった。組閣間もない大正一一年八月二日、加藤は地方長官会議(北海道庁長官・東京府はじめ各府県知事、朝鮮各道知事、各国務大臣、各省次官ら一二〇余名が出席)の席上、普通選挙(以下、普選)の必要性を認め、どのような内容でいつ実施するかが問題であると言明した（「首相訓示」大正一一年八月三日付『東京日日新聞』）。その後、二ヵ月を経た一〇月に、「衆議院議員選挙法調査会」が内相の水野錬太郎を委員長に設置され、同選挙法改正に向け作業が開始された。そこで得られた成案は、第四六議会終了後の大正一二年六月、加藤首相に答申され、それはただちに閣議決定を経て、臨時法制審議会に諮問された。政府の意図は、納税条件の完全撤廃ではないまでも、「独立の生計」を営むという条件付き普選か、それとも無条件の普選かというところまで争点を絞っての臨時法制審議会への諮問であった。おそらく加藤は、この審議会の答申を受け、来る第四七議会に普選法案を上程する腹積もりであったかと思われる。ちなみに大正一二年八月、枢密院における普選法案審議の日程などについて、馬場鍈一（内閣法制局長官）と倉富勇三郎《くらとみゆうざぶろう》（枢密顧問官）とが話し合っている（後述）。

ところで、普選をめぐるこうした加藤内閣への評価だが、「政友会を与党とする貴族院内閣であったにもかかわらず、（普選に反対という）旧来の政友会路線をはみ出た、独自の政策を志向し、（衆議院議員）選挙法改正に向かって大きく一歩を踏出した」と評される（松尾尊兊『普通選挙制度成立史の研究』二六二頁）。ともかく第四六議会は、普選による衆議院改革の作業が進展するなか、貴族院改革検討の必要性についても、首相自らが認めた画期的な議会であった。

成果を出した第四六議会

加藤自身もこの議会については満足していた。閉会にあたり彼は「良好な成績をあげたが、これは現内閣の主義政綱の一端を実現するを得たのにすぎず、教育の改善、文化の向上、産業の振興、貿易の発展などこれからやることが山積している」（大正一二年三月二八日付『東京日日新聞』）と、今後の政治に対し、強い意欲を示した。

加藤はこの時、岡野敬次郎（法相）、宮田光雄（内閣書記官長）、馬場鍈一（内閣法制局長官）に、今後の「施政方針」に関する調査を指示し、出来上がった成案「新施政方針ニ関スル調査」に筆を入れ、反復推敲した（宮田光雄編『元帥加藤友三郎伝』二〇三頁）。「新施政方針」は、外務省人事の刷新、対ソ外交の促進、海外移民の改善、普選促進、漸進的な地租委譲（国税である地租を地方税とする）、補助貨幣改鋳益金の使途を社会政策事業に限定、「農務省」や「交通省」の設立を含む行政改革の実施など一五項目にわたるものであった（同、二〇五〜二一四頁）。おそらく、このトリオが折に触れ、施政について加藤に進言してきたのであろう。

友三郎の見事な答弁

また、この議会における加藤の答弁ぶりも見事であった。宮田書記官長との関係で内閣書記官として加藤に仕えた船田中《ふなだなか》（のち東京市助役、衆議院議員、戦後に衆議院議長）は、この議会での加藤を次のように回顧する。

質問者がどんなに激しい口調で突っかかってきても、〔加藤総理は〕常に冷静におだやかに、しかも音吐《おんと》ろうろうと議場に徹するような答弁（当時はマイクは使わない）で、質問者を完全に説服してしまった。法制局長官の馬場先生はかなり口の悪い皮肉屋といわれた方だが、加藤総理の議会答弁にはいつも感心して、加藤総理の答弁は実にうまい。相手を少しもおこらせず、しかも後から速記を調べてみると、何等言質を取られるということがないと批評しておりました。（加藤友三郎元帥を偲ぶ会編『加藤友三郎元帥』一二七頁）

閣僚の前田利定《まえだとしさだ》（逓相）も後年、四〇年近い自らの議員（貴族院）生活を通じて、やり口は違うが、原敬と加藤は「首相としての答弁の双璧」（前田利定『利定漫筆』一一八頁）と、原とともに加藤を評価する。

第一一 終焉

一 盟友島村速雄の死

盟友島村速雄の死

大正一一年（一九二二）一二月二三日夜、二七日の第四六議会開院式を目前に、加藤友三郎《かとうともさぶろう》は突然体調を崩し、年末年始の休暇中は療養に努めた。その最中、年が明けた一月八日、島村速雄《しまむらはやお》が死去した。享年六四。島村は大正一一年一〇月に脳梗塞で倒れて以来、療養を続けてきたが、一一月半ばには寝たきりの状態に陥っていた。

島村の死は、岩村清一秘書官によって加藤に報告された。その時の様子を、岩村は「大臣〔加藤友三郎〕憮然たり」（防衛省防衛研究所戦史研究センター史料室所蔵「岩村清一日記」大正一二年一月八日の条）と日記に記している。彼の死に加藤は落胆した。島村と加藤は海軍兵学校の同期生であり、ほぼ五〇年の付き合いがあった。二人は親友であり、公務においては互いの理解者であり、盟友であった。特に「薩の海軍」と言われてきた海軍において、ジーメンス事件後、広島出身の加藤と高知出身の島村は、まさしく二人三脚で海軍の再建に尽力してきた。すでに述べたが、海相の加藤は毎年、進級会議を前に、軍令部長または軍事参議官の島村に人事案を示して協議することが恒例だった。島村は倒れた後も進級会議を気にしていたという（中川繁丑編・刊『元帥島村速雄伝』三〇六頁）。

元帥位を死後追贈

島村が死去する直前に、海兵同期の藤井較一《ふじいこういち》大将が手紙で加藤に対し、島村を元帥にするよう進言したが、加藤はもとよりそのつもりであると、次官に藤井への返事を出すよう岩村に指示していた（前掲「岩村清一日記」大正一二年一月六日の条）。死去したその日、島村は元帥府に列せられた。一月一一日、島村の葬儀が執り行われ、加藤は山下源太郎軍令部長ら五人の大将とともに、陪柩者を務めた。

二　財部彪の海相就任事情

湯河原温泉で転地療養

病身の加藤には、島村速雄の死は堪《こた》えたであろう。しかし、加藤には議会が控えていた。大正一二年（一九二三）一月二三日に議会が再開され、三月二七日に閉会するまで、二ヵ月余りにわたった審議を、彼は一日も欠席することなく乗り切った。その無理がたたってか、三月後半の衰弱ぶりは、誰に目にも明らかであった。四月後半は、湯河原温泉に転地して療養に努めた。

この頃、加藤の負担を軽減するために専任海相を置くべきとの議論が顕在化した。例えば、軍令部長の山下源太郎は財部《たからべ》彪《たけし》との懇談の折、加藤の右腕ともいうべき井出《いで》謙《けん》治《じ》次官の更迭について話題が及ぶと、「今度は君がやるのだ、君と村上〔村上格一、大将〕とうんと遣って貰うのだ」(『財部彪日記』大正一二年三月一一日の条)と、海相・次官の交替を望む発言をしている。

海相の後任をめぐって

しかし、加藤は海相の椅子を、できれば財部に譲りたくなかった。七年九ヵ月に及ぶ自らの海相時代において、海軍省および軍令部の枢要なポストに、薩摩閥に属する将官が就くことはなかった。いや、加藤が就かせないようにしたというのが正確かもしれない。彼は鈴木《すずき》貫太郎《かんたろう》(呉鎮守府長官、中将)を後任に望んだ。鈴木は人事局長を経験し、八《や》代《しろ》六郎《ろくろう》海相の下で次官を務め、八代に代わり加藤が海相に就任した当初の一年間、加藤の懇請により次官に留まり、加藤を助けた。しかし、軍政嫌いの鈴木は、海相就任を拒んだ(鈴木一編『鈴木貫太郎自伝』二二五頁)。

次官の井出(中将)は、軍務局長を経験しており、海相に昇格しても何ら問題はなかったが、加藤の下で軍縮を実施してきたことから、海軍部内では人望がなく、海軍部内の風当たりは井出に集まった。山梨《やまなし》勝《かつ》之《の》進《しん》によれば、「花柳界出の夫人を持つような上司は中央の顕職におけないとの声となった」という。井出は結婚する時、人事局長の了

薩摩閥の財部彪が海相に決定

財部　彪

承を得ていたにもかかわらず、である（山梨勝之進先生記念出版委員会編『山梨勝之進先生遺芳録』九九頁）。そうなると、軍政方面の経験を持つ海軍大将は栃内《とちない》曽次郎《そうじろう》で、この時、佐世保鎮守府司令長官であった。彼は軍務局長、次官の経歴を持ち、キャリアとしては申し分なかったが、加藤はその行政能力をあまり評価しなかったようである（平松良太「第一次世界大戦と加藤友三郎の海軍改革―一九一五～一九二三―（三）」一一五～一一六頁）。また、次官の経験はないが、軍務局長を経験した野間口兼雄《のまぐちかねお》（軍事参議官）もいたが、財部と同じ鹿児島出身であった。

結局、加藤は以前に東郷平八郎《とうごうへいはちろう》が推した、山本権兵衛《やまもとごんべえ》の娘婿である財部を選んだ。加藤内閣が成立する時、「財部海相」の実現を島村が阻止してくれた。しかし、島村はもういない。東郷の信頼と支持とが海軍部内における自らの統制力の源泉の重要な一部であることを自覚する加藤は、東郷の意向を無視できなかった。ワシントン会議後の軍縮と補助艦艇の増強を目指す海軍を託せるのは財部をおいて外にない、と彼は判断したに違いない。東郷や山下軍令部長に相談のうえでの決断であった。五月一三日、加藤は財部を海相官邸に呼び、海相就任を要請した。財部はその場で海相就任を受諾し、新次官などの人事を加藤と意見調整をして、官邸を退出した(『財部彪日記』大正一二年五月一三日の条)。この時、加藤は「来年後継内閣予測」についても話題にしており(同前)、今年はおろか、次の第四七議会も乗りきり、次の内閣につなげるつもりであった。

三　加藤の死

鎌倉で静養

大正一二年(一九二三)五月一五日、加藤は海相の座を財部彪に譲り、二四日には住み慣れた海相官邸を引き払い、新たに求めた青山南町の私邸に移った。六月となり、彼は医師の勧めもあって鎌倉に静養したが、病勢は徐々に増していった。

大腸癌の転移

法相の岡野敬次郎《おかのけいじろう》の記録(宮田光雄編『元帥加藤友三郎伝』二二〇〜二二七頁に所収)によると、前年一一月に医師は加藤の病名を大腸癌と診断しており、湯河原に転地療養をした時点で、癌はすでに肝臓に転移していた。第四六議会に加藤が首相として出席できたのはまさしく奇蹟であったと、医師団の意見は一致していた。七月に至り病状は一進一退を繰り返し、ある医師は一一月下旬まで持つかどうか、と見ていた。

友三郎に死病の自覚なし

しかし、加藤は自分に死期が迫っているとは考えなかったようだ。彼は、娘婿の船越《ふなこし》隆義《たかよし》には、重病ではあるが死病ではないので総理を続ける、と語り（『財部彪日記』大正一二年八月一七日の条）、財部に対しては「〔来たる第四七〕議会を切り抜くるとは言わざるも、病気は恢復する自覚在るを以て、重職〔首相〕を尚ほ継続し行ふ決心なり」（同前、大正一二年八月二一日の条）と述べている。

友三郎の普選への思い

加藤は、臨時法制審議会に諮問中の普選法案の審議が終わり次第、ただちにそれを枢密院に送り、同院の了解を得て、来るべき第四七議会に上程するつもりではなかったか。ちなみに八月二三日、枢密顧問官の倉富勇三郎《くらとみゆうざぶろう》は、法制局長官の馬場鍈一《ばばえいいち》に対し、枢密院での普選法案審議の日程について、九月一〇日以前に審議開始とする必要があるか否かと内閣側の意向を尋ね、枢密院側としては選挙人の資格要件を「独立の生計を営む者位の処」とすることで、内閣側と「折り合える」のではないか、と述べている（『倉富勇三郎日記』大正一二年八月二三日の条）。なお、それから一年半後、選挙人の資格について、いくつかの欠格条項がつけられはしたが、第二次護憲運動を経て成立した第一次加藤高明内閣の下で、普選法案が両院を通過した（大正一四年三月。同年五月、公布）。

さて、医師団の一人であった本多忠夫（海軍軍医中将）は加藤の余命を、よくいって来月末日までと見ていた。本多は昨日（八月二〇日）も加藤に対し、病気が重いことをやんわり言ったが、本人は感ぜず、その楽観的なのは病気による「蠟燭の将に消えんとし、明を放つが如し」(『財部彪日記』大正一二年八月二一日の条)、すなわち死ぬ直前の一瞬の輝きではないかと、加藤の前向きさを捉えていた。

友三郎の死と元帥位追贈

八月二四日早朝、病状は急変した。医師の注射によって痛みが消えた後、加藤は夫人と船越夫妻を枕頭に招き、「俺の生命はもう数時間だ」と言い、約二〇分にわたり遺言を述べた(「鈴木海軍省医務局長談」、前掲『元帥加藤友三郎伝』二二八〜二二九頁)。その後、昇、愛子、光子の三人の孫が祖父を見舞うが、午後〇時三五分、加藤は息を引き取った。享年六二。ただちに外相の内田康哉《うちだこうさい》が臨時首相となる手続きが取られた。

この日、加藤のもとには宮中からお見舞いの品が届けられ、加藤には勲功により子爵に陞爵《しょうしゃく》、官位を正二位へと一級進め、大勲位に叙して菊花大綬章が授けられた。また、元帥の称号が与えられ、元帥府に列せられた。

葬儀は海軍葬

現職の内閣総理大臣であり、現役の海軍大将であった彼の葬儀は、海軍葬喪令により、海軍葬をもって首相官邸を会場にして執行するよう決定された。喪主は加藤の女婿の船越隆義(海軍大佐、東宮武官兼侍従武官)。自宅に安置された遺骸は八月二七日、自動車に移され、海軍省を経由して首相官邸に改めて安置された。二八日、勅使が差遣され、誄詞《るいし》、幣帛《へいはく》、神饌《しんせん》、榊《さかき》などが供えられた。また、皇后、皇太子、秩父宮《ちちぶのみや》、閑院宮《かんいんのみや》、東伏見《ひがしふしみの》

加藤友三郎墓（東京都港区・青山霊園所在，令和６年７月撮影）

宮《みや》はじめ、各宮家から参列のための御使が派せられた。

葬儀は二八日午後〇時三〇分に開始された。海軍儀仗隊が派遣され、横須賀から品川沖に回航された戦艦「榛名《はるな》」は半旗を掲げ、弔砲を発射した。葬儀には右の勅使や各宮家の使者の他に、加藤内閣の諸閣僚、馬場鍈一法制局長官・宮田光雄内閣書記官長ら葬儀幹事として内閣の指名によった二二名の文武官、陪柩者として吉松茂太郎（海兵同期）、藤井較一（同前）、加藤定吉《かとうさだきち》、山下源太郎、名和又八郎《なわまたはちろう》、村上格一《むらかみかくいち》、栃内曽次郎の七大将、そして東郷平八郎と井上良馨《いのうえよしか》両元帥ら数百名が参列した（同前、二三六～二三七頁）。さらに午後二時から四時までの間、告別式が行なわれ、各国の大使・公使、海軍軍人、その他各界の著名人など多数が玉串《たまぐし》を奉奠《ほうてん》した。また、葬儀にあたり、内外のさまざまな機関や団体が弔辞を供したが、中国はワシントン会議をともにした外交総長の顧維鈞が中華民国政府を代表して弔辞を寄せた。

なお、加藤が重体に陥るや、宮田や馬場を中心に、加藤の信頼が厚かった岡野法相を内閣首班に擁立し、加藤内閣の実質的な存続を図ろうとする動きがあった（西尾林太郎『貴族院議員水野直とその時代』二六八〜二六九頁）。「普選」など、加藤が遺り残したことを受け継ごうとしたのであろう。

おわりに

加藤友三郎《かとうともさぶろう》は、「薩の海軍」と言われた明治期の海軍において、薩摩出身の大御所であった山本権兵衛《やまもとごんべえ》にその才覚を見込まれ、藩閥の外にありながら異例の「出世」を遂げた。日露戦争時には、東郷平八郎《とうごうへいはちろう》大将麾下の連合艦隊の参謀長として、日本海海戦に大勝し、戦後は海軍次官として斎藤実《さいとうまこと》海相を補佐した。その後、呉鎮守府《くれちんじゅふ》司令長官や第一艦隊司令長官を歴任し、大正四年（一九一五）八月、海軍大臣に就任した。彼はその後、歴代の内閣の海相を務め、その在任期間は七年九ヵ月に及んだ。それは山本の在任期間七年二ヵ月を超え、最長の斎藤実の八年三ヵ月に迫るものである。

山本は極東の一小国でしかなかった日本で、ロシアに対抗できる海軍を作り上げ、日露戦争勝利に大きく貢献した。加藤はそれを斎藤の下で、そして自ら海相として、イギリス、アメリカの海軍と並び称されるまでに育て上げた。

しかし、海軍はその建設・維持に膨大な資金を要する。海軍予算は例えば、大正一〇年に総予算（今日の一般会計予算）の三一・五五パーセントにまで膨れ上がった（佐藤市郎『海軍五十年史』三三〇頁）。イギリスやアメリカでも財政上の悩みを抱えていた。イギリスは第一次世界大戦で大きく傷つき、アメリカに巨額の負債を負った。そのアメリカでは、国民の多くが大戦前の孤立主義への復帰を望み、ウィルソン政権下で膨張の一途を辿った海軍予算の大幅な縮小を要求した。さらに、日米英三ヵ国の財政・政治事情に加え、三ヵ国間には日英同盟存続の可否をめぐる問題があった。ここで新大統領ハーディングは、東アジアに孤立主義とは矛盾する外交戦略をとった。彼は一九世紀末以来のアメリカの対中外交の原則（門戸開放・機会均等・領土保全）を軸に、アジア・太平洋地域に新たな国際秩序の構築を目指した。

ワシントン会議はこうして開催された。この国際会議によって、関係各国による中国の現状維持が保証される一方、日本は「八八艦隊《はちはちかんたい》」計画の挫折を余儀なくされ、日英同盟を廃棄、そして山東半島《さんとうはんとう》から撤退した。これらのことは、いずれも、その後の日本の歴史に小さからぬ影響を及ぼすこととなる。こうして成立した東アジアの国際政治の枠組みを、我々は「ワシントン体制」と呼ぶが、ソヴィエト・ロシア抜き、統一国家としての実体を欠く中国という二つの不安定要素を孕みながらも、それはほぼ一〇年にわたる「平和」をアジア・太平洋地域にもたらした。この時、日本では明治国家が大きく変容し、「大正デモクラシー」の時代を迎えていた。

ワシントン会議に日本の首席全権委員として参加した加藤は、アメリカから帰国して間もなく内閣総理大臣に就任し、大正デモクラシーと向き合った。大正デモクラシーは、政党内閣制確立のための、普通選挙（普選）と貴族院改革（貴革）の実現を目指す運動であった。加藤は、政府の方針をそれなりの普選実現に一歩大きく踏み出させ、貴族院改革検討の必要性を、政府として初めて公式に認めた。大正デモクラシーの二本柱の一つ（普選）は立てられつつあり、もう一つ（貴革）は明確に政府、言論界、政界を構成する人々の念頭に置かれた。少しずつではあったが、大正デモクラシーという運動が加藤により、具体的に「普選」と「貴革」に収斂させられつつあったと言ってよい。この二本柱の一つの「普選」は、加藤の首相在任中の死去により、続く第二次山本権兵衛内閣に引き継がれるが、「虎ノ門事件」（皇太子裕仁親王《ひろひとしんのう》の暗殺未遂事件）により、この内閣は短命に終わる。二本柱はさらに官僚・貴族院内閣、すなわち清浦奎吾《きようらけいご》内閣を経て、第二次護憲運動により成立した政党内閣、第一次加藤高明《かとうたかあき》内閣（護憲三派内閣）によって打ち立てられたのである（「貴革」は「微温的」と広く揶揄されたが）。

その二本柱を打ち立てた外交官出身の加藤高明は、対中国外交については強硬派であった。彼はかつて第二次大隈重信《おおくましげのぶ》内閣で「対華二十一ヵ条要求」を外相として主導し、その後も、日露戦争によって獲得した日本の権益擁護に腐心し、議会を中心に対中強硬外交の論陣をはった。これに対し加藤友三郎は「支那通《〔中国〕》」の既成概念を排し、ワシントン会議で中国に寄り添う姿勢を示した。ところが、加藤高明は第二次護憲運動後、自らを首班とする内閣発足にあたり、外相には義弟の幣原《しではら》喜《き》重郎《じゅうろう》を起用する。その後の憲政会―民政党内閣では、幣原がほぼ一貫して外相を務め、いわゆる「幣原外交」が展開されたのである。対米英協調・中国への内政不干渉がその金看板であった。

　本書でも折に触れて述べたが、それは寺内内閣末期以来の加藤友三郎―幣原喜重郎路線の延長線上にあり、原敬《はらたかし》内閣で確立され、高橋是清《たかはしこれきよ》内閣、加藤友三郎内閣へと継承された。その後、加藤高明が政権を獲得した時、その内閣は対中強硬外交を改め、幣原外交によるようになる。外交に一貫性を持たせるためなのか理由は判然としないが、ともかく加藤友三郎―幣原喜重郎による外交が憲政会とその後身の民政党政権で定着する。

　他方、原内閣、続く高橋内閣そして加藤友三郎内閣の後、政友会では、幣原や加藤友三郎の考え方とは真逆の外交路線が次第に取られるようになっていった。昭和初期のいわゆる「田中《〔田中義一〕》外交」である。加藤が心血を注いで築き上げて来たワシントン体制を維持発展させる主体は、政友会ではなく、憲政会─民政党がとって代わる。先に述べたように、首相の加藤友三郎は第四六議会終了後、今後の施政方針を検討し、その冒頭に「外務省人事の刷新」を挙げた。外務省育ちの者のみが外交にあたるのではなく、部外より「広く常識を有して政治の大体に通ずる者」を採用し、「新空気を注入」して外務行政の刷新を図ろうと考えた（宮田光雄編・刊『元帥加藤友三郎伝』二〇三～二〇四頁）。彼は「広く常識を有して政治の大体に通ずる者」に、ワシントン体制下の外交を担わせようとしたのである。

ところで、何が加藤をして大正デモクラシーに向き合わせ、「容認」させたのか。もとよりワシントン会議での経験や見聞によったのではあろうが、第一次世界大戦に関する情報や知識がより重要であったように思われる。大戦時、加藤は緒戦において第一艦隊司令長官であったが、後半は海軍大臣としてヨーロッパの戦況や主要各国の多方面にわたる情報に接することができた。大戦は長引いて消耗戦となり、主要な交戦国は、国力のすべてを戦争に投入する国家総力戦を強いられた。加藤は、日本と同様に海洋国家であり、同盟国であったイギリスに注目したであろう。総力戦は陸海軍という軍部だけでは遂行できず、政治・経済、そして広く社会全体の協力と動員を不可欠とする。

イギリスでは、自由党のロイド・ジョージを首相とする、自由・保守・労働三党による挙国一致内閣が成立し、政党内閣による戦争指導体制が構築された。特に一九一七年九月の改革で、参謀総長や軍令部長の権限は作戦・用兵に限定され、動員や金融・経済など広範な戦時体制に関わる業務は政党による内閣に一元化された。日本海軍は、ロンドン駐在の武官による報告で、この制度改革を把握していた（平松良太「第一次世界大戦と加藤友三郎の海軍改革」㈠、一〇五頁）。

加藤は、海軍省内に兵資調査会を組織し、船舶や海軍関連の機器や砲弾・魚雷などの消耗品を中心に広範な産業調査を実施した。そして、日本の工業生産力の実体を把握し、戦時における動員の可能性について検討した。その結果、彼は、現状では日本に総力戦体制を構築することは困難と認識するに至った。軍部だけで総力戦は戦えないと考えた。

また、加藤は、国内では原敬、そしてワシントンではロイド・ジョージ内閣の外相を務めたバルフォア、弁護士にしてニューヨーク州知事を経験した国務長官ヒューズら何人かの政治家との交流で、軍事プロではない政党政治家、すなわち軍事アマチュアによる戦争指導の可能性と有効性を実感したのではないか。政党内閣、言い換えれば軍事のアマチュア集団による国家総力戦体制の構築を目指す時、日本における当面の課題は、軍の長官としての文官大臣を実現することであった。彼はワシントンから海軍次官の井出謙治《いでけんじ》に宛てた「伝言」のなかで「文官大臣制度は早晩出現すべし。之に応ずる準備を為し置くべし。英国流に近きものにすべし」（「加藤全権伝言」）と述べるに至った。

海相の加藤がワシントン会議で留守中、原敬や高橋是清は首相として海軍大臣事務管理の職に就いたが、陸軍は文官大臣の導入につながるとして、これに反対した。軍部大臣文官制の実現のためには、まず軍部大臣現役武官制が廃止され、予備役《よびえき》か後備役《こうびえき》の将官が実際に軍部大臣に就任するという段階が必要であろうが、第一次山本内閣によりそれが廃されてもなお、明治憲法下でその後、現役以外の将官が軍部大臣に就任することはなかった。加藤が言う文官による陸軍大臣・海軍大臣の「早晩出現」は困難だった。

加藤は同じく「加藤全権伝言」で「国防は軍人の専有物にあらず」と喝破《かっぱ》した。これと同じことを、加藤より前に言った海軍の将官がいる。秋山真之《あきやまさねゆき》である。大正五年（一九一六）二月、秋山は海軍省から軍令部に転じ、臨時海軍軍事調査委員に就任し、山梨勝之進《やまなしかつのしん》らと第一次世界大戦下の欧米を視察した。彼は各地で海軍関係者と交流し、帰国後、その見聞の一端を講演や新聞などのインタビュー記事で紹介した。それが編集者によって一冊にまとめられたが、そのなかの「欧州大戦と工業」の項で、「国防の時務は決して軍人の専業ではない。国民悉《ことごと》く之に任ぜねばならぬので、特に工業家は此点に深く留意して貰わねばならぬ」（田中宏巳『人物叢書　秋山真之』二五七頁）と彼は言う。そして、秋山はさらに戦争を思想や精神の問題としても捉え、第一次世界大戦後における自らの進むべき道として、求道者への道を選んだ。これに対し、加藤は政治家への道に踏み出した。彼は政治・外交の問題として大戦後の社会の変化を捉え、漸進的に海軍を変え、さらに政治を改革しようとした。「普選」実現はその一つである。

　細身の加藤は、晩年には「残燭《ざんしょく》」と呼ばれ、加藤内閣は「残燭内閣」と揶揄された（「残燭内閣　一」、大正一一年六月一三日付『東京日日新聞』）。「残燭」とは、消えかかった蠟燭《ろうそく》などの灯火のことである。彼は病魔に侵され、さらに痩せたが、もはや彼に残された時間はなかった。しかし、彼は倦《う》むことなく改革実現を目指した。晩唐の官僚政治家・李商隠《りしょういん》（八一二〜八五八）の名詩に「春蚕《しゅんさん》死に到りて糸方《まさ》に尽き、蠟炬《ろうきょ》灰と成り、涙はじめて乾く」（春の蚕《かいこ》は死に至るまで糸を吐き続け、蠟燭は燃え尽き灰になるまで蠟の涙を流し続ける）とある。加藤は海軍とともに成長し、軍政家として大成した。さらに、政治家としてソヴィエト・ロシア、中国、アメリカを視野に入れた国際協調外交と国内改革の入り口に歩を進めたところで命が尽きた。蠟燭が燃え尽き、灰になるように。

　加藤友三郎は、日本の外交と国内政治の両面で、ワシントン体制の創設者《ファウンダー》であった。

加藤家関係系図

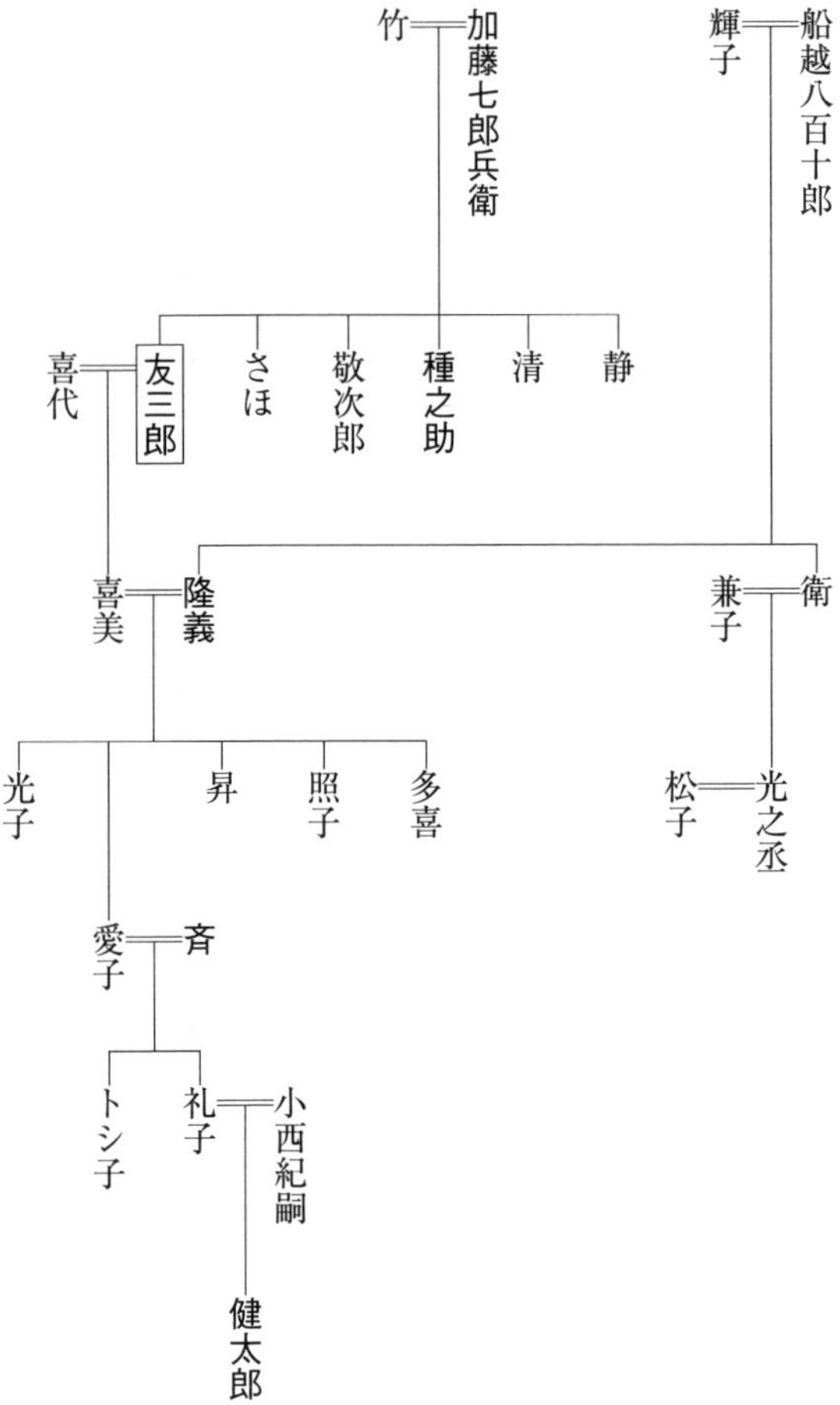

（注）太字は加藤家当主を示す。

略年譜

（改暦前は旧暦年月日による）

年次	西暦	年齢	事蹟	参考事項
文久 元	一八六一	〇	二月二二日、広島市大手町に誕生	
三	一八六三	二	八月五日、父七郎兵衛死去	
明治 元	一八六七	六	七月、長兄種之助、官軍の一員として、上野・福島・仙台を転戦	一月、鳥羽・伏見の戦い勃発
四	一八七一	一〇		七月、廃藩置県
五	一八七二	一一	二月、兄種之助に従い上京	
六	一八七三	一二	一〇月、海軍兵学寮に入学	一〇月、明治六年政変（西郷隆盛ら下野）
九	一八七六	一五	九月、海軍兵学校予科を終了し、本科に進む	
一三	一八八〇	一九	四月、北米に向け遠洋航海に出発（一〇月、帰国）○一二月、海軍兵学校を卒業、海軍少尉補となる	
一五	一八八二	二一	四月、「龍驤」に乗艦○一二月、南太平洋に向け遠洋航海に出発（翌年九月、帰国）	
一六	一八八三	二二	一〇月、海軍兵学校通学士官となる（翌年一〇月、	

			修了）	
明治一七	一八八四	二三	一一月、海軍少尉に任官	
一九	一八八六	二五	二月、海軍兵学校砲術教授心得（一一月、教授）○一二月、海軍大尉となる	
二〇	一八八七	二六	七月、練習艦「筑波」に乗艦○九月、北米に向け遠洋航海に出発（翌年七月、帰国）	
二一	一八八八	二七	一一月、海軍大学校甲種学生となる（翌年八月まで）	
二二	一八八九	二八	八月、砲術訓練生として「浅間」に乗艦（翌年三月、砲術長の資格を得る）	二月、大日本帝国憲法発布、皇室典範・衆議院議員選挙法・会計法等公布
二三	一八九〇	二九	五月、「高千穂」に乗艦○七月、恵美鉄允次女喜代と結婚○一二月、母竹死去	一一月、第一回帝国議会開会
二四	一八九一	三〇	四月、横須賀鎮守府海兵団分隊長となる○一一月一四日、兄種之助死去○一一月二二日、造兵監督官として英国に向け出発	五月、大津事件起こる○同月、ロシア、シベリア鉄道建設に着工
二五	一八九二	三一	二月、家督を相続○六月一二日、長女喜美誕生	
二六	一八九三	三二	六月、「吉野」砲術長、同回航委員となる○一〇月、「吉野」に乗艦、英国を出発（翌年三月、帰国）	
二七	一八九四	三三	七月二三日、「吉野」に乗艦し、佐世保軍港より出征○七月二五日、豊島沖海戦に参加○九月一七	七月、日英通商航海条約調印○八月、日清戦争勃発

			日、黄海海戦に参加○一二月、海軍省軍務局第一課課員となる	
二八	一八九五	三四	二月、海軍少佐となる○九月、日清戦争の功績により金鵄勲章功五級・単光旭日章を授与される	四月、下関条約締結、三国干渉起こる
二九	一八九六	三五	一一月、海軍大学校教官となる	
三〇	一八九七	三六	一二月、海軍中佐、「八島」副長となる	一〇月、朝鮮、国号を大韓帝国と改称
三一	一八九八	三七	一〇月、「筑紫」艦長に補せられ、清国に派遣される（翌年六月、帰国）	四月、米西戦争勃発（一二月、アメリカ、フィリピン・グァムをスペインより割譲）○七月、アメリカ、ハワイを併合○一一月、山本権兵衛、海相に就任
三二	一八九九	三八	六月、海軍省軍務局軍事課長心得となる（九月、課長）○九月、海軍大佐となる	九月、米、中国の門戸開放・機会均等（翌年さらに領土保全）を列強に要請
三三	一九〇〇	三九	五月、海軍教育本部第一部長兼務となる	六月、北清事変勃発○九月、立憲政友会結成
三五	一九〇二	四一	六月、常備艦隊参謀長となる	一月、第一次日英同盟協約締結
三六	一九〇三	四二	二月、海軍大演習艦隊編成中第二艦隊参謀長となる○一〇月、海軍省軍務局第一課長兼第二課長となる○一二月二八日、第二艦隊参謀長となる	七月、東清鉄道開通

明治三七	一九〇四	四三	二月六日、「出雲」に乗艦、佐世保軍港より出征○八月、蔚山沖海戦に参加○九月、海軍少将となる○一二月、東郷平八郎・上村彦之丞らと上京	二月八日、日露戦争勃発（宣戦布告は二月一〇日）○同二三日、日韓議定書調印
三八	一九〇五	四四	一月一二日、第一艦隊参謀長に転ずる○五月、「三笠」に乗艦し、日本海海戦に参加○一二月、海軍省軍務局長となる	一月、旅順陥落○八月、第二次日英同盟協約締結○九月、ポーツマス講和条約締結、日比谷焼討ち事件起こる
三九	一九〇六	四五	一月、海軍次官に補せられる（同年一一月まで軍務局長兼任）○四月、日露戦争の功績により金鵄勲章功二級・旭日重光章を授与される	一一月、南満洲鉄道株式会社設立
四〇	一九〇七	四六	五月、海軍省司法局長事務取扱となる（四二年一二年まで）	四月、帝国国防方針（海軍の国防所要兵力として八八艦隊保有が定められる）
四一	一九〇八	四七	八月、海軍中将となる○一〇月、米国艦隊接待委員長となる	一〇月一八日、米国大西洋艦隊来航
四二	一九〇九	四八	一二月、呉鎮守府司令長官に補せられる	一〇月、伊藤博文、ハルビンで暗殺される
四三	一九一〇	四九	一〇月、長女喜美、海軍大尉船越隆義と結婚	七月、第二次日露協約調印○八月、韓国併合条約締結
四四	一九一一	五〇		一〇月、辛亥革命始まる（翌年二月、清朝滅亡）

四五	一九一二	五一		七月三〇日、「大正」と改元
大正 二	一九一三	五二	一月、初孫多喜誕生○一二月、第一艦隊司令長官に補せられる	二月、第一次山本権兵衛内閣成立（翌年三月、総辞職）
三	一九一四	五三	三月、清浦奎吾に対し海相就任を辞退○八月、「摂津」に乗艦し、対独作戦に従事○九月、二人目の孫照子誕生	四月、第二次大隈重信内閣成立○五月、山本権兵衛・斎藤実ら予備役に編入○六月、防務会議、二個師団増設・八四艦隊計画を承認○八月、対独宣戦布告
四	一九一五	五四	八月一〇日、第二次大隈内閣の海相に就任○同月二八日、海軍大将となる○一〇月、八代六郎案を引き継ぎ、艦政本部を艦政部と海軍技術本部に分割○一二月、軍令部次長佐藤鉄太郎を更迭	八月、八代六郎、海相を辞任
五	一九一六	五五	九月、三人目の孫昇誕生○一〇月九日、寺内内閣の海相に就任	五月、ユトランド沖海戦○一〇月、寺内正毅内閣成立
六	一九一七	五六	六月、海軍省内に兵資調査委員会を発足させる	四月、米国、対独宣戦布告○七月、八・四艦隊計画予算、第三九議会で承認される
七	一九一八	五七	一月、戦艦「石見」「朝日」をウラジオストックに派遣○九月二九日、原内閣の海相に就任	六月、帝国国防方針第一次改訂（海軍国防所要兵力として八八艦隊保有を確認）○七月、シベリア出兵宣言○八月、富山県に米騒動発生○九月、

				原敬内閣成立○一一月、シベリアにオムスク政権成立
大正八	一九一九	五八	五月、オムスク政権承認の後、北樺太の油田確保を閣議に提議し、了承される○一二月、潜水艦の技術をドイツから導入する旨を閣議に提議し、了承される	六月、ベルサイユ講和条約調印、ILO加盟○一〇月、呉海軍工廠でストライキが発生○一二月、オムスク政権崩壊
九	一九二〇	五九	四月、航空技術導入のため小林躋造を英国に派遣○七月、四人目の孫愛子誕生○九月、華族に列せられ男爵に叙せられる○一〇月、艦政本部を復活させる○一一月、旧主浅野長勲孫浅野長武・安子の婚礼の媒酌人を務める	一月、国際連盟発足○三月（～五月）、尼港事件起こる○七月、八八艦隊計画完成予算、第四三議会で承認される
一〇	一九二一	六〇	七月、島村速雄と製油所視察のため新潟県に出張○九月、ワシントン会議の首席全権委員となる○一〇月一五日、横浜より米国に向かう○一一月一三日、高橋内閣の海相に就任○一二月一二日「対米六割」受諾を表明○一二月一三日、四ヵ国条約調印○同月二七日、加藤寛治陪席の上、堀悌吉に海軍次官宛「加藤全権伝言」を口述筆記させる	三月、皇太子裕仁親王、外遊に出発（九月、帰国）○一一月四日、原敬首相、東京駅で刺殺される○同月一二日、ワシントン会議開催（翌年二月六日、閉会）○同月一三日、高橋是清内閣成立○同月二五日、皇太子裕仁親王、摂政となる
一一	一九二二	六一	二月四日、山東懸案解決条約調印○同月六日、海軍軍縮条約・九ヵ国条約調印○三月一〇日、帰国○同月一二日、首相主催帰国歓迎晩餐会席上、帰	

			朝報告で「世界平和の確立と人類負担の軽減」に言及○六月一二日、内閣総理大臣となる（海相兼任）○一〇月、五人目の孫光子誕生○一二月二二日、但書を付して第三次帝国国防方針案について「異存なし」と回答	
一二	一九二三	六二	三月、枢密院に出向き、日中郵便協定問題について謝罪○五月一五日、海相を辞任○五月二四日、海相官邸より青山南町六丁目の自宅に転居○八月二四日、死去、死亡公告に先立ち、勲功により子爵に陞爵、元帥の称号および大勲位菊花大綬章が授与される○八月二八日、海軍葬喪令により、海軍葬挙行	二月一日、ヨッフェ来日○同月、第三次帝国国防方針（海軍については軍縮条約の規定通りによる）成立○五月一五日、財部彪、海相に就任○八月一五日、海軍軍縮条約発効○八月二五日、内田康哉臨時内閣総理大臣となる○九月一日、関東大震災発災○九月二日、第二次山本権兵衛内閣成立

参考文献

一　未刊行史料

国会図書館憲政資料所蔵

「斎藤実関係文書」「財部彪関係文書」「都築馨六関係文書」「水野直関係文書」

防衛省防衛研究所戦史研究センター史料室所蔵

「上田良武日記」「岩村清一日記」「加藤全権伝言」「加藤大臣海軍次官往復電報綴」「元帥東郷平八郎侯ニ関スル秘話」「大正六年公文備考」「大正九年官房秘書官雑綴」「秘書官綴一・二　大正一〇年」

二　刊行史料

伊　藤　隆　編　『大正初期山県有朋談話筆記』（『近代日本史料選書』二）　山川出版社　一九八一年

伊藤隆・野村実編　『海軍大将小林躋造覚書』（『近代日本史料選書』三）　山川出版社　一九八一年

伊　藤　隆　他　編　『続・現代史資料』五・海軍・加藤寛治日記　みすず書房　一九九四年

伊藤隆・広瀬順晧編　『牧野伸顕日記』　中央公論社　一九九〇年

上原勇作関係文書研究会編　『上原勇作関係文書』　東京大学出版会　一九七六年

大分県立先哲史料館編『堀悌吉資料集』一・二　大分県教育委員会　二〇〇六・〇七年
大山梓編『山県有朋意見書』　原書房　一九六六年
岡義武・林茂校訂『大正デモクラシー期の政治—松本剛吉政治日誌—』　岩波書店　一九五九年
海軍軍令部編『極秘明治三十七八年海戦史』第二部巻一　海軍軍令部　一九一〇年
外務省編『日本外交文書』大正期追補四・ワシントン会議軍備制限問題　外務省　一九七四年
外務省編『日本外交文書』大正期追補五・ワシントン会議・極東問題　外務省　一九七六年
宮内省臨時帝室編修局編『明治天皇紀』第一〇〜一二巻　吉川弘文館　一九七四〜七五年
倉富勇三郎日記研究会編『倉富勇三郎日記』第三巻　国書刊行会　二〇一五年
国立公文書館所蔵『枢密院会議議事録』二二・二八　東京大学出版会　一九八五年
尚友倶楽部・西尾林太郎編『水野錬太郎回想録・関係文書』　山川出版社　一九九八年
尚友倶楽部・季武嘉也・櫻井良樹編『財部彪日記』海軍大臣時代　芙蓉書房出版　二〇二一年
大日本帝国議会誌刊行会編『大日本帝国議会誌』第一四巻　大日本帝国議会誌刊行会　一九三〇年
日本サッカー協会編『日本サッカー協会百年史』　日本サッカー協会　二〇二三年
原奎一郎・林茂編『原敬日記』三〜五　福村出版　一九六五年
坂野潤治・広瀬順晧・増田知子・渡辺恭夫編『財部彪日記』海軍次官時代・上・下

山本四郎編『第二次大隈内閣関係史料』（『近代日本史料選書』一二）京都女子大学　一九七九年
山川出版社　一九八三年

三　伝記・回想録

新井達夫『加藤友三郎』時事通信社　一九五八年
石川泰志『佐藤鐵太郎海軍中将伝』原書房　二〇〇〇年
小笠原長生監修『類聚伝記大日本史』第一三巻・海軍篇　雄山閣　一九三六年
加藤友三郎元帥を偲ぶ会実行委員会編『加藤友三郎元帥』加藤友三郎元帥を偲ぶ会実行委員会　一九六八年
加藤寛治大将伝記編纂会編『加藤寛治大将伝』加藤寛治大将伝記編纂会　一九四一年
北岡伸一『後藤新平』（『中公新書』八八一）中央公論社　一九八八年
木場浩介編『野村吉三郎』野村吉三郎伝記刊行会　一九六一年
工藤美知尋『海軍大将加藤友三郎と軍縮時代』（『光人社NF文庫』）光人社　二〇一一年
斎藤子爵記念会編『子爵斎藤実伝』第二・四巻　斎藤子爵記念会　一九四一・四二年
鈴木一編『鈴木貫太郎自伝』時事通信社　一九六八年
田中宏巳『秋山真之』（『人物叢書』）吉川弘文館　二〇〇四年
高橋信一編『我か海軍と高橋三吉』高橋信一　一九七〇年

田辺良平『わが国の軍備縮小に身命を捧げた加藤友三郎』 春秋社 二〇〇四年
種稲秀司『幣原喜重郎』（『人物叢書』） 吉川弘文館 二〇二一年
東京朝日新聞社政治部編『その頃を語る』 東京朝日新聞社 一九二八年
東京日日新聞社・大阪毎日新聞社編『参戦二十提督回顧卅年 日露大海戦を語る』 東京日日新聞社・大阪毎日新聞社 一九三五年
徳富猪一郎監修『伯爵清浦奎吾伝』下 伯爵清浦奎吾伝刊行会 一九三五年
豊田穣『蒼茫の海―提督加藤友三郎の生涯―』（『光人社NF文庫』） 潮書房光人社 二〇一六年
中川繁丑編『元帥島村速雄伝』 中川繁丑 一九三三年
西尾林太郎『貴族院議員水野直とその時代』 芙蓉書房出版 二〇二一年
西野喜与作『歴代蔵相伝』 東洋経済新報社出版部 一九三〇年
前田連山編『床次竹二郎伝』 床次竹二郎伝記刊行会 一九三九年
宮田光雄編『元帥加藤友三郎伝』 宮田光雄 一九二八年
六樹会編『岡野敬次郎伝』 六樹会 一九二六年
山梨勝之進先生記念出版委員会編『山梨勝之進先生遺芳録』 山梨勝之進先生記念出版委員会 一九六八年
故伯爵山本海軍大将伝記編纂会編『伯爵山本権兵衛伝』上・下 原書房 一九六八年

若槻礼次郎『明治・大正・昭和政界秘史―古風庵回顧録―』（『講談社学術文庫』六一九）
講談社 一九八三年

四 著書・論文

麻田貞雄『両大戦間の日米関係―海軍と政策決定過程―』 東京大学出版会 一九九三年
麻田雅文「シベリア出兵からソ連との国交樹立へ」（筒井清忠編『大正史講義』）
筑摩書房 二〇二一年
イアン・ニッシュ（宮本盛太郎監訳）『日本の外交政策一八六九―一九四二』
ミネルヴァ書房 一九九四年
池田清『海軍と日本』（『中公新書』六三二） 中央公論社 一九八一年
Yamato Ichihashi〔市橋倭〕『The Washington Conference and After』
Stanford University Press 一九二八年
NHKドキュメント昭和取材班編『ドキュメント昭和』五・オレンジ作戦
角川書店 一九八六年
大竹博吉監訳『ウィッテ伯回想記 日露戦争と露西亜革命』上〔復刻版〕
原書房 一九七二年
小笠原長生『鉄桜随筆』 実業之日本社 一九二六年

海軍兵学校編『海軍兵学校沿革』原書房 一九六八年
海軍歴史保存会編『日本海軍史』第一〜五・九〜一一巻 第一法規出版 一九九五年
海軍省大臣官房編『山本権兵衛と海軍』原書房 一九六六年
外務省編『小村外交史』原書房 一九六六年
川井裕「外国軍艦の日本訪問に関する一考察―一九〇八年（明治四一）の米国大西洋艦隊を対象として―」（防衛省防衛研究所戦史研究センター『戦史研究年報』第一四号）二〇一一年
呉市史編纂委員会編『呉市史』第四巻 呉市役所 一九七六年
小池聖一「ワシントン海軍軍縮会議前後の海軍部内状況―「両加藤の対立」再考―」（『日本歴史』第四八〇号）一九八八年
小池聖一「大正後期の海軍についての一考察―第一次・第二次財部彪海相期の海軍部内を中心に―」（『軍事史学』第二五巻第一号）一九八九年
斎藤良衛『近世東洋外交史序説』巖松堂 一九二七年
佐藤市郎『海軍五十年史』鱒書房 一九四三年
衆議院・参議院編『議会制度七十年史』憲政史概観 大蔵省印刷局 一九六三年
季武嘉也「日露戦後の薩派」（『日本歴史』第四七八号）一九八八年
季武嘉也『大正期の政治構造』吉川弘文館 一九九八年

中川小十郎『近代日本の政局と西園寺公望』吉川弘文館 一九八七年
永石正孝『海軍航空隊年誌』出版共同社 一九六一年
奈良岡聰智「第一次世界大戦と対華二十一カ条要求」（筒井清忠編『大正史講義』）筑摩書房 二〇二一年
西尾林太郎『大正デモクラシーの時代と貴族院』成文堂 二〇〇五年
西尾林太郎『大正デモクラシーと貴族院改革』成文堂 二〇一六年
西尾林太郎「加藤友三郎と日露戦争」（『愛知淑徳大学論叢』交流文化学部篇・第一三号）二〇二三年
西尾林太郎「漫画家北沢楽天が見た加藤友三郎内閣—漫画に描かれた一年二か月の治績—」（『愛知淑徳大学論叢』交流文化学部篇・第一四号）二〇二四年
原暉之『シベリア出兵—革命と干渉 1917～1922—』筑摩書房 一九八九年
平松良太「第一次世界大戦と加藤友三郎の海軍改革—一九一五～一九二三年（一）～（三）—」（京都大学法学会『法学論叢』一六七巻六号、一六八巻四号・六号）二〇一〇～一一年
馮青『中国海軍と近代日中関係』錦正社 二〇一一年
前田利定『利定漫筆』竹柏会 一九四三年
松尾尊兊『普通選挙制度成立史の研究』岩波書店 一九八九年

三谷太一郎『政治制度としての陪審制』 東京大学出版会 二〇〇一年
蓑原俊洋・奈良岡聰智編『ハンドブック近代日本外交史』 ミネルヴァ書房 二〇一六年
三和良一『概説日本経済史』近現代 東京大学出版会 二〇〇二年
室山義正「日露戦後財政と海軍拡張政策――「八・八」艦隊構想の財政過程――」（原朗編『近代日本の経済と政治』） 山川出版社 一九八六年
望月小太郎『華府会議の真相』 慶文堂 一九二二年
保田孝一『最後のロシア皇帝ニコライ二世の日記』（『朝日選書』四〇三） 朝日新聞社 一九九〇年
横手慎二『日露戦争史』（『中公新書』一七九二） 中央公論新社 二〇〇五年
横浜開港資料館編『開港のひろば』一〇一号 横浜開港資料館 二〇〇八年
財務省ウェブサイト「財政統計（予算決算等データ）」

著者略歴

一九五〇年　愛知県に生まれる
一九七四年　早稲田大学政治経済学部政治学科卒業
一九八一年　早稲田大学大学院政治学研究科博士後期課程退学
現在　愛知淑徳大学名誉教授・博士（政治学）

主要著書

『大正デモクラシーの時代と貴族院』（成文堂、二〇〇五年）
『大正デモクラシーと貴族院改革』（成文堂、二〇一六年）
『阪谷芳郎』（吉川弘文館、二〇一九年）
『貴族院議員水野直とその時代』（芙蓉書房出版、二〇二一年）

人物叢書　新装版

加藤友三郎

二〇二四年（令和六）十月十日　第一版第一刷発行

著　者　西《にし》尾《お》林《りん》太《た》郎《ろう》
編集者　日本歴史学会
　　　　代表者　藤田　覚
発行者　吉川道郎
発行所　株式会社　吉川弘文館
東京都文京区本郷七丁目二番八号
郵便番号一一三—〇〇三三
電話〇三—三八一三—九一五一〈代表〉
振替口座〇〇一〇〇—五—二四四
https://www.yoshikawa-k.co.jp/
印刷＝株式会社 平文社
製本＝ナショナル製本協同組合

ISBN978-4-642-05317-4

『人物叢書』(新装版)刊行のことば

人物叢書は、個人が埋没された歴史書が盛行した時代に、「歴史を動かすものは人間である。個人の伝記が明らかにされないで、歴史の叙述は完全であり得ない」という信念のもとに、専門学者に執筆を依頼し、日本歴史学会が編集し、吉川弘文館が刊行した一大伝記集である。

幸いに読書界の支持を得て、百冊刊行の折には菊池寛賞を授けられる栄誉に浴した。

しかし発行以来すでに四半世紀を経過し、長期品切れ本が増加し、読書界の要望にそい得ない状態にもなったので、この際既刊本の体裁を一新して再編成し、定期的に配本できるような方策をとることにした。既刊本は一八四冊であるが、まだ未刊である重要人物の伝記についても鋭意刊行を進める方針であり、その体裁も新形式をとることとした。

こうして刊行当初の精神に思いを致し、人物叢書を蘇らせようとするのが、今回の企図である。大方のご支援を得ることができれば幸せである。

昭和六十年五月

日本歴史学会
代表者 坂本太郎

日本歴史学会編集

人物叢書〈新装版〉

▽没年順に配列　▽一、四〇〇円〜三、五〇〇円（税別）
▽書目の一部は電子書籍、オンデマンド版もございます。詳しくは出版図書目録、または小社ホームページをご覧ください。

源頼光　朧谷寿著
藤原道長　山中裕著
藤原行成　黒板伸夫著
藤原彰子　服藤早苗著
源頼義　元木泰雄著
成尋　水口幹記著
清少納言　岸上慎二著
和泉式部　山中裕著
源義家　安田元久著
大江匡房　川口久雄著
奥州藤原氏四代　高橋富雄著
藤原頼長　橋本義彦著
藤原忠実　元木泰雄著
源頼政　多賀宗隼著
平清盛　五味文彦著
源義経　渡辺保著
西行　目崎徳衛著
後白河上皇　安田元久著
千葉常胤　福田豊彦著

源通親　橋本義彦著
文覚　山田昭全著
藤原俊成　久保田淳著
畠山重忠　貫達人著
法然　田村圓澄著
栄西　多賀宗隼著
北条義時　安田元久著
大江広元　上杉和彦著
北条政子　渡辺保著
慈円　多賀宗隼著
明恵　田中久夫著
三浦義村　高橋秀樹著
藤原定家　村山修一著
北条泰時　上横手雅敬著
道元　竹内道雄著
北条重時　森幸夫著
親鸞　赤松俊秀著
北条時頼　高橋慎一朗著
日蓮　大野達之助著

阿仏尼　田渕句美子著
北条時宗　川添昭二著
一遍　大橋俊雄著
叡尊・忍性　和島芳男著
京極為兼　井上宗雄著
金沢貞顕　永井晋著
菊池氏三代　杉本尚雄著
新田義貞　峰岸純夫著
花園天皇　岩橋小弥太著
赤松円心・満祐　高坂好著
卜部兼好　冨倉徳次郎著
覚如　重松明久著
足利直冬　瀬野精一郎著
佐々木導誉　森茂暁著
二条良基　小川剛生著
細川頼之　小川信著
足利義満　臼井信義著
今川了俊　川添昭二著
足利義持　伊藤喜良著

世阿弥　今泉淑夫著
上杉憲実　田辺久子著
山名宗全　川岡勉著
経覚　酒井紀美著
一条兼良　永島福太郎著
亀泉集証　今泉淑夫著
蓮如　笠原一男著
宗祇　奥田勲著
尋尊　安田次郎著
万里集九　中川徳之助著
三条西実隆　芳賀幸四郎著
大内義隆　福尾猛市郎著
ザヴィエル　吉田小五郎著
三好長慶　長江正一著
今川義元　有光友學著
武田信玄　奥野高広著
朝倉義景　水藤真著
浅井氏三代　宮島敬一著
里見義堯　滝川恒昭著

上杉謙信　山田邦明著
織田信長　池上裕子著
明智光秀　高柳光寿著
大友宗麟　外山幹夫著
千利休　芳賀幸四郎著
松井友閑　竹本千鶴著
豊臣秀次　藤田恒春著
ルイス・フロイス　五野井隆史著
足利義昭　奥野高広著
前田利家　岩沢愿彦著
長宗我部元親　山本大著
安国寺恵瓊　河合正治著
石田三成　今井林太郎著
黒田孝高　中野等著
真田昌幸　柴辻俊六著
最上義光　伊藤清郎著
前田利長　見瀬和雄著
高山右近　海老沢有道著
島井宗室　田中健夫著

淀君　桑田忠親著
片桐且元　曽根勇二著
徳川家康　藤井讓治著
藤原惺窩　太田青丘著
支倉常長　五野井隆史著
高台院　福田千鶴著
徳川秀忠　山本博文著
伊達政宗　小林清治著
天草時貞　岡田章雄著
立花宗茂　中野等著
宮本武蔵　大倉隆二著
小堀遠州　森蘊著
徳川家光　藤井讓治著
由比正雪　進士慶幹著
佐倉惣五郎　児玉幸多著
林羅山　堀勇雄著
松平信綱　大野瑞男著
国姓爺　石原道博著
野中兼山　横川末吉著

保科正之　小池　進著
隠　元　平久保章著
徳川和子　久保貴子著
酒井忠清　福田千鶴著
朱舜水　石原道博著
池田光政　谷口澄夫著
山鹿素行　堀　勇雄著
井原西鶴　森　銑三著
松尾芭蕉　阿部喜三男著
三井高利　中田易直著
河村瑞賢　古田良一著
徳川光圀　鈴木暎一著
契　沖　久松潜一著
市川団十郎　西山松之助著
伊藤仁斎　石田一良著
徳川綱吉　塚本　学著
貝原益軒　井上　忠著
前田綱紀　若林喜三郎著
近松門左衛門　河竹繁俊著

新井白石　宮崎道生著
鴻池善右衛門　宮本又次著
石田梅岩　柴田　実著
太宰春台　武部善人著
徳川吉宗　辻　達也著
大岡忠相　大石　学著
賀茂真淵　三枝康高著
平賀源内　城福　勇著
与謝蕪村　田中善信著
三浦梅園　田口正治著
毛利重就　小川國治著
本居宣長　城福　勇著
山村才助　鮎沢信太郎著
木内石亭　斎藤　忠著
小石元俊　山本四郎著
山東京伝　小池藤五郎著
杉田玄白　片桐一男著
塙　保己一　太田善麿著
上杉鷹山　横山昭男著

大田南畝　浜田義一郎著
只野真葛　関　民子著
小林一茶　小林計一郎著
大黒屋光太夫　亀井高孝著
松平定信　高澤憲治著
菅江真澄　菊池勇夫著
鶴屋南北　古井戸秀夫著
島津重豪　芳　即正著
狩谷棭斎　梅谷文夫著
最上徳内　島谷良吉著
遠山景晋　藤田　覚著
渡辺崋山　佐藤昌介著
柳亭種彦　伊狩　章著
香川景樹　兼清正徳著
平田篤胤　田原嗣郎著
間宮林蔵　洞　富雄著
滝沢馬琴　麻生磯次著
調所広郷　芳　即正著
橘　守部　鈴木暎一著

黒住宗忠　原　敬吾著
水野忠邦　北島正元著
帆足万里　帆足図南次著
江川坦庵　仲田正之著
藤田東湖　鈴木暎一著
二宮尊徳　大藤　修著
広瀬淡窓　井上義巳著
大原幽学　中井信彦著
島津斉彬　芳　即正著
月　照　友松圓諦著
橋本左内　山口宗之著
井伊直弼　吉田常吉著
吉田東洋　平尾道雄著
緒方洪庵　梅溪　昇著
佐久間象山　大平喜間多著
真木和泉　山口宗之著
高島秋帆　有馬成甫著
シーボルト　板沢武雄著
高杉晋作　梅溪　昇著
川路聖謨　川田貞夫著
横井小楠　圭室諦成著
小松帯刀　高村直助著
山内容堂　平尾道雄著
江藤新平　杉谷　昭著
和　宮　武部敏夫著
西郷隆盛　田中惣五郎著
ハリス　坂田精一著
森　有礼　犬塚孝明著
松平春嶽　川端太平著
中村敬宇　高橋昌郎著
河竹黙阿弥　河竹繁俊著
寺島宗則　犬塚孝明著
樋口一葉　塩田良平著
ジョセフ＝ヒコ　近盛晴嘉著
勝　海舟　石井　孝著
臥雲辰致　村瀬正章著
黒田清隆　井黒弥太郎著
伊藤圭介　杉本　勲著
福沢諭吉　会田倉吉著
星　亨　中村菊男著
中江兆民　飛鳥井雅道著
西村茂樹　高橋昌郎著
正岡子規　久保田正文著
清沢満之　吉田久一著
滝　廉太郎　小長久子著
副島種臣　安岡昭男著
田口卯吉　田口　親著
福地桜痴　柳田　泉著
陸　羯南　有山輝雄著
児島惟謙　田畑　忍著
荒井郁之助　原田　朗著
幸徳秋水　西尾陽太郎著
ヘボン　高谷道男著
石川啄木　岩城之徳著
乃木希典　松下芳男著
岡倉天心　斎藤隆三著
桂　太郎　宇野俊一著

徳川慶喜　家近良樹著
加藤弘之　田畑　忍著
山路愛山　坂本多加雄著
伊沢修二　上沼八郎著
秋山真之　田中宏巳著
前島　密　山口　修著
成瀬仁蔵　中嶌　邦著
前田正名　祖田　修著
大隈重信　中村尚美著
山県有朋　藤村道生著
大井憲太郎　平野義太郎著
加藤友三郎　西尾林太郎著
河野広中　長井純市著
富岡鉄斎　小高根太郎著
大正天皇　古川隆久著
津田梅子　山崎孝子著
豊田佐吉　楫西光速著
渋沢栄一　土屋喬雄著
有馬四郎助　三吉　明著
武藤山治　入交好脩著
坪内逍遙　大村弘毅著
山室軍平　三吉　明著
阪谷芳郎　西尾林太郎著
南方熊楠　笠井　清著
山本五十六　田中宏巳著
中野正剛　猪俣敬太郎著
三宅雪嶺　中野目　徹著
近衛文麿　古川隆久著
河上　肇　住谷悦治著
牧野伸顕　茶谷誠一著
幣原喜重郎　種稲秀司著
御木本幸吉　大林日出雄著
尾崎行雄　伊佐秀雄著
緒方竹虎　栗田直樹著
中田　薫　北　康宏著
石橋湛山　姜　克實著
八木秀次　沢井　実著
森戸辰男　小池聖一著

▽以下続刊